Peter Ludes

Elemente internationaler Medienwissenschaften

Peter Ludes

Elemente internationaler Medienwissenschaften

Eine Einführung in innovative Konzepte

VS VERLAG

Bibliografische Information der Deutschen Nationalbibliothek
Die Deutsche Nationalbibliothek verzeichnet diese Publikation in der
Deutschen Nationalbibliografie; detaillierte bibliografische Daten sind im Internet über
<http://dnb.d-nb.de> abrufbar.

1. Auflage 2011

Alle Rechte vorbehalten
© VS Verlag für Sozialwissenschaften | Springer Fachmedien Wiesbaden GmbH 2011

Lektorat: Barbara Emig-Roller | Eva Brechtel-Wahl

VS Verlag für Sozialwissenschaften ist eine Marke von Springer Fachmedien.
Springer Fachmedien ist Teil der Fachverlagsgruppe Springer Science+Business Media.
www.vs-verlag.de

Umschlaggestaltung: KünkelLopka Medienentwicklung, Heidelberg
Druck und buchbinderische Verarbeitung: Ten Brink, Meppel
Gedruckt auf säurefreiem und chlorfrei gebleichtem Papier
Printed in the Netherlands

ISBN 978-3-531-18247-6

Inhaltsverzeichnis

Einleitung: Dialogische Medienwissenschaften 9

1. Vernetzte Kommunikationssplitter 15
   1.1 Beobachten 15
   1.2 Symbolisieren 18
   1.3 Vernetzen 20
   1.4 Folgen 25
   1.5 Alternativen 30

2. Schlüsselbild-Gewohnheiten 33
   2.1 Schlüsselbilder 34
   2.2 Visuelle Habitualisierungen 42
   2.3 Ursprünge menschlicher Kommunikation 46

3. Informationsüberfluss? Wissensknappheit! 49
   3.1 Informationsüberfluss? 49
   3.2 Bildschirmmedien in den USA im Vergleich
       zur Volksrepublik China 52
   3.3 Knappheiten an Wissen 60

4. Brasilianisierung Europas und indische Vielfalt 65
   4.1 Ängste 65
   4.2 Zivilisationsumbrüche 69
   4.3 Vernetzte Wirklichkeitssplitter und Assoziationsspiele 76
   4.4 Transnationale Mediennetze – Indische
       Volks- und Massenmedien 78
   4.5 Kommunikationszukünfte 80

5. Multiple Symbolisierungen 83
   5.1 Internationalisierung und Technisierung 83
   5.2 Kämpfe um Symbole 87
   5.3 Geld 91
   5.4 Medienzivilisierung 93
   5.5 Reflexive Medienzivilisierung 100

6. Vernetzte Medienöffentlichkeiten 111
   6.1 Gemischte Meldungen im „kostenlosen" Kaufhaus 111
   6.2 Des-/Informations- und Ex-/Kommunikationsplattformen 113

6.3 Kollektive Gedächtnisse und Vernachlässigungen..................... 115
6.4 Massen-Selbst-Kommunikation oder die
Popularisierung von Schwatzbuden 118

7. Informationsumbrüche.. 121
7.1 Symbolisch generalisierte Kommunikations- und
Verbreitungsmedien 121
7.2 Konventionalisierung, Standardisierung und
Des-/Orientierung 125
7.3 Key Invisibles: Zur Anästhesie der Bildschirmmedien 128
7.4 Infrastrukturen der Verschleierung... 135
7.5 Infrastrukturen des Aufdeckens:
Wikileaks und Online- Journalismus... 137

8. Internationale Medienwissenschaften - Eine europäische Perspektive.. 139
8.1 Die vier Hauptmedienarten 139
8.2 Elemente internationaler Medienwissenschaften: Ein Überblick. 141
8.3 Aufmerksamkeitsmärkte und Ko-Orientierung 149

9. Vollsinnliche Erlebnisse 153
9.1 Audio-visuelle Erlebnisse... 153
9.2 Audio-visuelle (Selbst-) Präsentationen: YouTube 160
9.3 Ungewissheiten 162

Dank und Nachweise.. 168
Basisliteratur, -DVDs und -Links... 170
Literaturverzeichnis... 171
Register 189

Abbildungsverzeichnis

Abbildung 1: Staatsoberhäupter in Fernseh-Jahresrückblicken (Brasilien,
Deutschland, USA), 2000-2010 36
Abbildung 2: Einfache Leute in Fernseh-Jahresrückblicken (Deutschland, USA),
2000-2010 38
Abbildung 3: Zusammenfassung des Kooperationsmodells menschlicher
Kommunikation..48
Abbildung 4: Anhalten eines Panzers, 1989 – 2006...............................89

Tabellenverzeichnis

Tabelle 1: Schlüsselbilder und ähnliche Konzepte..40

Tabelle 2: Definitionsmerkmale für Schlüsselbilder..41

Tabelle 3: Länder und Regionen in Fernseh-Jahresrückblicken in CBS (1999 – 2010) und CCTV 4/CCTV 9 (2008 und 2009) sowie Jahrhundert-Rückblicken in den USA...55

Tabelle 4: Akteure in Fernseh-Jahresrückblicken in CBS (1999 – 2010) und CCTV 4/CCTV 9 (2008 und 2009) sowie Jahrhundert-Rückblicken in den USA...56

Tabelle 5: Repertoire von Handlungen im Spiel Peacemaker...........................78

Tabelle 6: Nationale Symbole – „CBS Evening News", „Tagesschau" und „Aktuelle Kamera"...86

Tabelle 7: Top 3: Akteure/Themenbereiche/Länder (Regionen) in CBS-Fernsehjahresrückblicken, 1999-2010..128

Tabelle 8: Least 3: Akteure/Themenbereiche/Länder (Regionen) in CBS Fernsehjahresrückblicken, 1999-2010...129

Tabelle 9: Top 3 und Least 3 Ereignisorte der Berichterstattung der CBS Evening News, der Tagesschau und der Aktuellen Kamera, 1949 bzw. 1952 bis 1998 bzw. 1990...129

Tabelle 10: Top 3 und Least 3 Sachgebiete der Berichterstattung der CBS Evening News, der Tagesschau und der Aktuellen Kamera, bis 1998 bzw. 1990...129

Tabelle 11: Top 3 und Least 3 Handelnde der Berichterstattung der CBS Evening News, der Tagesschau und der Aktuellen Kamera, bis 1998 bzw. 1990...130

Tabelle 12: Ungleichheiten und Konflikte 1999 (Human Development Report 1999)...131

Tabelle 13: Ungleichheiten und Konflikte 2007/2008 (Human Development Report 2007/08)..131

Tabelle 14: Ungleichheiten und Konflikte 2010 (Human Development Report 2010)...132

Tabelle 15: Menschliche Entwicklung: Rang und Massenmedien in Brasilien, China, Deutschland, Indien und USA (Human Development Report 2010: 206ff.)...133

Tabelle 16: Netzmedien in Brasilien, China, Deutschland, Indien und USA (Human Development Report 2010: 211ff.)..133

Tabelle 17: Telefon und Internet in Brasilien, China, Deutschland, Indien und USA (Human Development Report 2010: 211ff.)......................................133

Tabelle 18: Zeitungen, Radio und Fernsehen in Brasilien, China, Deutschland, Indien und USA (Nordicom 2010). 134

Tabelle 19: Medien und Gesellschaften. 142

Tabelle 20: Internationale Medienwissenschaften. 148

Einleitung: Dialogische Medienwissenschaften

Auch das 21. Jahrhundert wird nur mit allen Sinnen erlebt und verstanden werden können. Multi-moderne Netzwerkgesellschaften werden multimodale Massen- und Netzmedien organisieren, in persönliche Interaktionen integrieren – und lernen müssen, mit den unterschiedlichen Entwicklungspfaden und Highways massenmedial weniger erschlossener Regionen umzugehen. Nicht-technische Verbreitungsmedien wie religiöse Feste, Straßentheater oder Demonstrationen werden zunehmend durch Massen- und Mobilmedien transformiert. „Brückenmedien" zwischen vollsinnlichen Erfahrungen und technisch sowohl begrenzten als auch erweiterten Erfahrungen müssen entwickelt werden, um Kommunikationsprozesse zwischen sehr verschieden integrierten Kommunikationsgemeinschaften zu ermöglichen. Für die nächsten Jahrzehnte werden audio-visuelle Medien maßgeblich bleiben, als Übergangsphase zu multimodalen. Deshalb wird sich diese Einführung in Internationale Medienwissenschaften auf Prozesse der Visualisierung konzentrieren, im Rückblick auf langfristige Prozesse massenhaft geteilter Orientierungs- und Kommunikationsmittel und im Vorblick auf die Vernetzung von Kommunikationssplittern in wieder stärker integrierenden ganzheitlichen Kommunikationsprozessen.

Das erfordert einen hier explizierten Dialog zwischen kultur- und medienwissenschaftlichen, sozial- und kommunikationswissenschaftlichen Einsichten. Anknüpfend an Theorien von Tomasello, Frey und Singer sind neuere Medientheorien weiter zu entwickeln im Verbund mit der Zivilisationstheorie von Elias, der Diskurstheorie Habermas' und der Systemtheorie Luhmanns (vgl. bereits Ludes 1989) sowie der Netzwerk-Gesellschaftstheorie Castells' und Kommunikationstheorien von McQuail, Kumar und Thussu.

Menschliches Überleben erfordert gemeinsame Deutungen und Bedeutungen, Horizonte und Gedächtnisse. Kulturanthropologische und entwicklungspsychologische Untersuchungen von Tomasello (2008 und 2009, vgl. auch Tomasello et al. 2009), verdeutlichen, wie sehr diese kommunikativen Kompetenzen in der frühkindlichen Entwicklung fundiert sind. Neuere Studien der Gehirnforschung von Singer (2000 und 2009) zeigen die universelle Verbreitung von Mustererkennungen:

„Unser visuelles System hat die Tendenz, Konturen, die zusammenhängen, als zu einer Fi-
gur gehörig zu sehen. Das Gleiche gilt für benachbarte Elemente eines Bildes (Kriterium
der Nähe) oder für Elemente, die ähnliche Merkmale wie gleiche Farbe oder gleiche Textur
aufweisen (Kriterium der Ähnlichkeit). Ein besonders effizientes Gruppierungskriterium,
das vermutlich angeboren und den meisten Spezies gemeinsam ist, bezeichnet man als Kriterium des ‚gemeinsamen Schicksals': Konturen, die sich mit der gleichen Geschwindigkeit
in die gleiche Richtung bewegen, werden sofort vom Hintergrund abgegrenzt und dem gleichen Objekt zugeordnet. (...) Hinzu kommen eine Reihe komplexer Kriterien wie die Ge-
schlossenheit oder die ‚gute Fortsetzung' sich überschneidender Konturen. Letzteres bezieht
sich auf die Tatsache, dass unser Sehsystem automatisch Konturen harmonisch und kontinuierlich fortsetzt, auch wenn diese zum Teil unsichtbar, weil verdeckt sind. (...) Ganz ähnliche Segmentierungsprobleme ergeben sich in den anderen Sinnesmodalitäten, und die
Segmentierungsregeln folgen ähnlichen Gestaltprinzipien. In der Regel werden solche Sig-
nale zusammengefasst, die entweder räumlich oder zeitlich kontingent sind oder Ähnlichkeiten in den modalitätsspezifischen Merkmalen aufweisen". (Singer 2000: 138, s. weiterführend Singer 2009.)

Sprachforscher wie Trabant (2009) erläutern, wie Sprachen mit begrenzten Zei-
chenvorräten differenzierte Weltbeschreibungen und Horizonterweiterungen
ermöglichen. „Das Charakteristische menschlicher Sprache ist nun aber gerade,
dass sie über das Kommunikative hinausgeht und es um die Dimension der
Welt-Aneignung erweitert und diese unendlich ausbaut. (...) Mit zehn bis achtzig Lautbewegungen (Phonemen) kann der Mensch die Welt ‚fassen', wie es
kein anderes Lebewesen vermag." (Trabant 2009: 30).

Hier stellt sich im Kontext multimodaler Präsentationen und Verständigun-
gen die Frage, ob es für Bilder (und Musik) ähnlich fundamentale und nume-
risch begrenzte Elemente gibt. Massenmediale Präsentationen (re-) produzieren
die Unbekümmertheit, ihre besonderen Rahmungen und Orientierungen seien
selbstverständlich. Die formalen Gemeinsamkeiten von Informations- und
Kommunikationstechniken und auch vieler Medienformate dürfen aber nicht
über die Brüche zwischen den verschiedenen Medienkulturen hinwegtäuschen.
Die Horizonte sind je verschieden, ihre Vermittlung bedarf der Einübung in
mehrere Weltsichten: aus unterschiedlichen kulturellen Überzeugungen, Alters-
phasen und – wenn möglich – auch aus der Sicht verschiedener Genders.

Selbst wenn man nur die Geburts- und wahrscheinlichen Sterbedaten der
aktuell zum Beispiel in Deutschland lebenden Menschen zugrunde legt, ergibt
sich ein biologisch determinierter Zeithorizont von etwa 200 Jahren, also seit
Beginn des 20. Jahrhunderts, als unsere nun ältesten MitbürgerInnen geboren
wurden – bis Anfang des 22. Jahrhunderts, wenn ein immer noch beachtlicher
Prozentsatz der in diesem Jahrzehnt geborenen Menschen sterben wird. Nehmen
wir das Alter von Staaten oder Institutionen, ergeben sich meist noch wesentlich
langfristigere Horizonte. Es ist ein grundlegender Mangel „heutiger" Medien,
dass sie sich oft an den kurzfristigen Perspektiven von Agrargesellschaften orientieren, obwohl Kernenergie und Gentechnologie die Zeithorizonte bisher

kommunizierter Geschichte sprengen. Generationenspezifische Medienerfahrungen vermitteln zudem sehr begrenzte unterschiedliche „Offensichtlichkeiten", die sich wechselseitig ergänzen. Immer mehr Menschen weltweit wachsen mit medialisierten Welt-Anschauungen auf: Mischungen aus Tönen, Bildern, Texten, von Selbstdarstellungen, PR, Werbung, Propaganda, Docufiction, InfoEdutainment, vereinzelt Informationen; mit Druckmedien, Radio, Fernsehen, Computerschirmen und Gameboys bis hin zu Nintendo Wii-interaktiv. Eingebunden in diese Medienwelten sind unmittelbare Erfahrungen, vollsinnlich und nicht nur mono- oder bisensuell. Für jeden Typ alltäglicher und außeralltäglicher Erfahrungen, wie Elternliebe oder Ödipus-Komplex, Kochen, Spielen, Sport oder Sterben, gibt es mediale Vervielfachungen, Modifizierungen, Übertönungen und Übertreibungen. Diese medialen Parallelwelten rahmen und prägen alltägliche Erlebnismuster und Verhaltensmodelle.

Die Mehrdimensionalität von Symbolisierungen bedarf weiterer differenzierter Studien, die sich auf widersprüchliche Prozesse der Internationalisierung, Technisierung, Trivialisierung und teilweise fundamentalistischen Überhöhungen konzentrieren. Untersuchungen für einen verständnisvolleren Umgang mit Symbolen in allen Hauptbereichen moderner Gesellschaften gehören zum Überlebensprogramm für das 21. Jahrhundert:

1) Es gibt nur einen sehr begrenzten weltweiten Bestand an Wissen und fast global bekannten Zeichen. Insofern sind letztere knapp und besonders wertvoll. Deshalb ist es auch in den nächsten Jahrzehnten notwendig, kulturspezifische Wissensmuster zu erforschen – mehr als von der Existenz weltweiter Informationsnetze auszugehen.

2) Es gibt zwar einige grundlegende Gemeinsamkeiten zwischen ökonomischen Berechnungen in verschiedenen Kulturen – aber kein ähnlich gemeinsames Verständnis „allgemeiner" Information, Bildung oder Unterhaltung.

3) Die zunehmenden interkulturellen Kontakte erfordern es, von multiethnischen, multi-kulturellen, multimodernen, multi-medialen und multimodalen Gesellschaften auszugehen. Diese „Vielfalt der Moderne" (Eisenstadt 2000), diese „Multi-Moderne" (Ludes 2001a) stellt zunehmende Anforderungen an große Teile der Bevölkerungen, mit Unübersichtlichkeiten und Widersprüchen, sowohl der Zeichen als auch der Inhalte, umzugehen. Nur so ist der „Zerbrechlichkeit moderner Gesellschaften" (Stehr 2000) zu begegnen, die ein Einüben in neue Verhaltensweisen und den Umgang mit Ungewissheiten und „Restrisiken" erfordert.

4) Sozialwissenschaftliche Massenkommunikations- und Risikoforschung, demokratietheoretische Untersuchungen, kulturwissenschaftliche Studien und medienwissenschaftliche Analysen müssen hierfür interdisziplinär und interna-

tional organisiert werden, in längerfristigen Netzwerken, die widersprüchliche Arten von Information in unterschiedlichen Kulturen und Medien berücksichtigen.

5) Während der nächsten Jahre könnten sich Spezialistinnen und Spezialisten langfristiger Medienentwicklungen und internationaler Kommunikationskontexte hierbei auf die Klärung übergreifender Maßstäbe konzentrieren. Entscheidende Ansätze hierzu gibt es bei UNESCO (2005 und 2010) und den Vereinten Nationen (UNDESA 2005 und 2010a/2010b). Derartige Forschungskontexte würden der Entwicklung kultureller Äquivalente der technischen Definition von „bits of information" dienen. Hierbei muss allerdings die historisch und kulturell spezifische Kontextualisierung und Konnotation unterschiedlicher Informationseinheiten und sinngebender Konventionen differenziert werden; Entwicklungsmuster des 20. Jahrhunderts bilden die Voraussetzungen des Entwicklungspotenzials in den ersten Jahrzehnten des 21. Jahrhunderts. Nur wenn wir die verschiedenartigen kollektiven bzw. sozialen Gedächtnisse je verschiedener Kulturen (die Anfang des 21. Jahrhunderts stärker interagieren) in Betracht ziehen, werden wir besser als bisher in der Lage sein zu verstehen, ob es überhaupt einen Informationsüberfluss gibt – oder ob nicht gerade neue Informationsknappheiten entstehen. Der weitgehende Mangel an Hintergrundwissen wird erst durch derartige kultur- und medienwissenschaftliche Aufklärungen überwunden. Zur Verringerung von Missverständnissen beizutragen ist Voraussetzung für jeden Versuch, in den nächsten Jahrzehnten die wichtigsten ökologischen, ökonomischen, militärischen und politischen Umbrüche zu meistern. Die Förderung visueller Kulturen, die nationalsprachlich organisierte Massenmedien teilweise überwinden, wird hierbei besonders zu beachten sein (vgl. Evans/Hall 1999 und Elkins 2010).

Die sich allmählich in einigen Medien ansatzweise etablierende „Weltsprache von Schlüsselbildern" (Ludes 2005, 2011 und Kramer/Ludes 2010) ist – verglichen mit z.B. gemeinsam geteilten zeitlichen Koordinierungen – in einer frühen Phase ihrer Standardisierung. Ihre Entwicklung wird durch folgende Faktoren gefördert:

–   Sehen und Hören sind notwendig für alle Arten menschlicher Aktivitäten. Je mehr menschliche Beziehungen sich kulturübergreifend ähnlicher werden, desto verständlicher wird ihre Darstellung über verschiedene Bildschirmmedien.

–   Da derartige Darstellungen soziokulturell wichtig sind, werden sie immer wieder präsentiert. Je stärker zudem die technischen Plattformen standardisiert werden, desto schneller sind üblicherweise die Präsentationsmuster zu erkennen.

- Da diese Präsentationsmuster weit verbreitet werden und wichtig für verschiedene Lebensbereiche sind, wird ihre Produktion und Präsentation immer professioneller. Je mehr zudem die (massen- oder zielgruppenspezifische) Selbstdarstellung Ansehen steigert, desto mehr Zeit, Energie und Kreativität investieren Menschen in den Gebrauch Aufmerksamkeit erregender und allgemeiner verständlicher Selbstdarstellungen.
- Da Medienbilder aber immer in vollsinnliche Erfahrungen eingebunden bleiben, können sie nie von allen Angehörigen einer Kultur eindeutig interpretiert werden. Audio-visuelle Kommunikation (s. bereits Zielinski 1989) erfordert deshalb ein überschaubares Repertoire an Bildern, die „Schlüssel" zu umfassenderen Sinnzusammenhängen bieten.

Diese Hauptdimensionen der wechselseitigen Abhängigkeiten der Kommunikation von Angesicht zu Angesicht, der technischen Formatierung und Verbreitung von Bildern, der Professionalisierung ihrer Produktion und Präsentation plus einer weiteren Verbreitung visueller Kompetenz machen einige der Hauptmuster der Entwicklung von „Schlüsselbildern" aus. Diese entwickeln sich nie ganz harmonisch in exakt denselben Weisen, Rhythmen und Geschwindigkeiten; Brüche und Widersprüche oder Gegenbilder sind immer wieder zu erwarten. So haben moderne Gesellschaften ein hohes Maß an speziellen Beobachtungen ökonomischer Entwicklungen institutionalisiert - über die zunehmende Monetarisierung und Marktorientierung von immer mehr Produktionsabläufen, Dienstleistungen und Gütern. Diese für zahlreiche Interaktionen unausweichliche und fast unablässige Rückkoppelung in Geld messbarer Beobachtungen wird z.B. in der Europäischen Währungsunion offensichtlich transnational verstärkt, angeglichen, standardisiert und detailliert vergleichbar. Konkrete Verhaltensweisen (nicht nur Kaufakte, sondern auch Konsum- und allgemeine Lebensqualitätsziele) werden so reguliert und koordiniert. Die Bereiche, in denen das stumme Medium Geld (wie Habermas bereits 1981 erläuterte) nicht dominiert, werden immer stärker zurückgedrängt.

Ein Großteil technischer Verbreitungsmedien, von Druckmedien über Rundfunkmedien zu Multimedianetzen vermittelt kurzfristige, oft tages- oder gar sekundenaktuelle Orientierungen. Symbolisch generalisierte Kommunikationsmedien wie Geld, Macht, Wahrheit oder Liebe vermitteln mittelfristig relevante Interaktivitäts- und Koordinationspotenziale. Normative Medien wie Leitideen, Menschenrechte oder Solidaritätsprinzipien (vgl. Münch 1998, 1999 und 2001) orientieren umfassendere Gruppierungen (auch im Generationenwechsel) über regulative Prinzipien der Weltwahrnehmung, Verständigung und Entscheidungsfindung. Im Alltag kaum reflektiert, vielmehr als (unausweichlich) selbstverständlich vorausgesetzt, werden grundlegende Orientierungsmuster wie Zeit, Raum oder Alternativen.

Die in der Eliasschen Zivilisationstheorie herausgearbeitete „Ausbreitung des Zwangs zur Langsicht und des Selbstzwangs" wird durch multimediale Vernetzungen und visuelle Koordinationen umgebrochen: Kommunikation über verschiedene Zeitzonen hinweg, Informationsaustausch in kurzen Zeitabständen oder Echtzeit, audiovisuelle Dateien, die Nähe und Gleichzeitigkeit simulieren, lösen generationenlang als vertrauenswürdig unterstellte lineare Zeithorizonte in teilweise konkurrierenden Zeitfenstern und Arbeitskoordinationen auf. Die medientechnische Transformation überlieferter Symbole und deren Ergänzung durch professionell hergestellte und massenhaft verbreitete Abarten verändern bisher grundlegende Merkmale von Symbolisierungsprozessen. So werden deren kommunikative und integrative Potentiale im massenmedialen kommerziellen Einsatz verschoben in Richtung mehr oder weniger explizit übergeordneter Motivierungen zu Aufmerksamkeit oder Kaufabsichten. Hierdurch werden traditionelle Dimensionen des Außergewöhnlichen oder gar Heiligen trivialisiert, in Firmenlogos oder durch Stars profanisiert - Prozesse, die, selbst wenn sie auf einen Teil der Symboltransformationen begrenzt bleiben, Auswirkungen auf umfassendere Symbolverständnisse haben. In diesem Sinne ist ein Bedeutungsverlust überlieferter und neuer Symbole nicht nur in ihren massenmedialen Präsentationen für den weitaus überwiegenden Teil der MediennutzerInnen fast unausweichlich.

Diese neuen Herausforderungen des 21. Jahrhunderts für Module internationaler Medienwissenschaften, die vollsinnliche Kommunikationsprozesse berücksichtigen, werden in den folgenden Kapiteln angenommen: als (1) vernetzte Kommunikationssplitter, (2) Schlüsselbild-Gewohnheiten, (3) Informationsüberfluss und Wissensknappheit, (4) Brasilianisierung Europas und indische Vielfalt, (5) multiple Symbolisierungen, (6) vernetzte Medienöffentlichkeiten, (7) Informationsumbrüche und Infrastrukturen der Verschleierung, (8) europäische Perspektiven und (9) vollsinnliche Erlebnisse. Hierbei ist klar, dass diese Einführung – die zum Beispiel solche in die Kultur- (Assmann 2008) und Medienwissenschaft (Ludes 2003), Kommunikations- (Beck 2010), Bild- (Bruhn 2003 und 2009) und Publizistikwissenschaft (Bonfadelli 2010) ergänzt – weiterhin durch verzerrte Auswahlmuster geprägt wird: Es erfolgen nur erste Blicke von einer durch englisch- und deutschsprachige Literatur geprägten Sicht hin zu Horizonten darüber hinaus, von Untersuchungen allein zu den USA oder der EU auch zu Brasilien, Indien und China, von Arbeiten allein von westlichen Autoren zu internationalen, von Texten zu Schlüsselbildern, von Massen- und Netzwerkmedien zu vollsinnlichen Kommunikations- und Erlebnisformen als Schlüsselelementen aller gesellschaftlichen und individuellen Entwicklungen.

1. Vernetzte Kommunikationssplitter

1.1 Beobachten

„Sind die Mediendiskurse und -bilder einer anachronistisch anmutenden Finanzmarktdramaturgie nicht ein Anzeichen dafür, dass die mediale Krisenbewältigung selbst in eine Wahrnehmungs- und Deutungskrise verwickelt ist" bzw. „sich die Krise schon längst einer angemessenen Darstellbarkeit" entzogen hat (Reichert 2009: 182)? „Die Beschleunigung der Zeitdimension in den Finanzmärkten verändert Modalitäten, wie die beteiligten Akteure sich und andere Marktteilnehmer beobachten, wie Erwartungen aufgebaut, geändert und revidiert werden" (ebd.: 205), wobei „die einzigen Institutionen, die heute wie das Finanzsystem global und in Echtzeit operieren, die Massenmedien sind" (Arnoldi 2009: 76). Nach der Nuklearkatastrophe im März 2011 in Japan ist auch an deren Auswirkungen zu erinnern, die – im Unterschied zu Tschernobyl 1986 – in Echtzeit durch Fernsehbilder weltweit kommuniziert wurden, ebenso wie die hilflosen Versuche ihrer Bewältigung.

Es wäre deshalb irreführend, Medienwissenschaften national zu verstehen und weiter zu machen wie vor diesen Krisen. Doch die Kommunikations- und MedienwissenschaftlerInnen werden in vorläufig unlösbare Dilemmata verwickelt. Ihre Untersuchungsbereiche werden durch die rasante Beschleunigung der Verbreitung und Durchsetzung technischer Verbreitungsmedien in allen Weltkulturkreisen immer umfangreicher. Zugleich gehören die Kommunikations- und Medienwissenschaften immer noch zu den kleinen Fächern, deren personelle Ausstattung und Forschungskapazitäten im Verhältnis zu den gesellschaftlichen Herausforderungen und studentischen Nachfragen extrem eingeengt sind. Dies liegt nicht nur an einer allgemeinen Mittelknappheit, sondern auch an der Verteidigung überlieferter Besitzstände durch weniger nachgefragte (Eltern- und Nachbar-) Disziplinen.

Der durchgehende Nationalismus deutscher Nachrichten, meist über 50 Prozent der gebrachten Meldungen oder der Sendezeit - und das kaum verändert seit mehr als einem halben Jahrhundert - gefährdet unseren Orientierungssinn. Für diejenigen, die sich nur von nationaler Nahrung ernähren, mag das genügen - aber das dürfte eine Minderheit sein. Selbst Lokalreporter würden ein solches

Buffet meiden: Wieso darf unsere geistige Nahrung, das neuzeitliche Äquivalent für Morgen- oder Abendgebet, nationaler sein als Essen, Autos oder Medikamente? Liegt das an unreflektierter Tradition, zwanghaft weitergegeben an jede Volontärin?

„Tagesschau" und „heute", diese Titel machen bereits deutlich, woran die MacherInnen sich orientieren: am Kreislauf der Natur, an unseren biologischen Zeiteinteilungen. Aber sind sie wirklich überzeugt - und wie oft wird dies in Redaktionskonferenzen diskutiert -, dass wirtschaftliche, politische, ökologische und militärische Prozesse sich am besten mit dieser Zeiteinheit erfassen lassen? Das ist zwar ein weltweit verbreitetes Maß, aber mehr durch unreflektierte Alltagstraditionen als durch professionelle Bewertungen. Tagesaktualität sollte immer wieder hinterfragt werden und die Tagesschau kann über den Tag, ja das Jahrzehnt, hinausweisen. Denn sonst kommt es fast zwangsläufig zu Nebensächlichkeiten: Selbst im Alltagsleben, viel mehr aber in Wirtschaft, Politik, Wissenschaft kann das, was unter Tagesgesichtspunkten berichtenswert erscheint, nur selten über den Tag hinaus wirken. Unbekümmert um diese Grundkategorien der Nachrichtenauswahl, ihre räumliche und zeitliche Varianz, reproduzieren Nachrichtenagenturen, PR-Agenturen und Redaktionen gemeinsam, Tag für Tag (oder Woche für Woche, wenn uns der „Spiegel" vorgehalten wird), räumliche und zeitliche Vorstellungen, die eher auf Ackerbau und Viehzucht als auf internationale Finanzkrisen, Nuklearkatastrophen, Informationstechnologien und Gentechniken vorbereiten. Und zugleich reproduzieren sie die Unbekümmertheit, diese Orientierungen seien selbstverständlich.

In Deutschland gibt es bereits zahlreiche arbeitslose JournalistInnen. Diese bilden ein großes Potential für die PR-Agenturen, die aufgrund anderer Finanzierung ehemals journalistische Kompetenz nutzen und transformieren. Die teilweise Verdrängung journalistischer Professionalität, Themenauswahl und Präsentation durch Information Broker im Internet wird (neben den Zusatzinformationen, die hierdurch angeboten werden) negative Auswirkungen haben. Eine vorrangige Orientierung an den Profitinteressen der Shareholder wird Informations-Abstürze mit sich bringen, wofür die mangelhafte Berichterstattung über die heraufziehende weltweite Finanzkatastrophe ein besonders wichtiges Beispiel der Weltrisikogesellschaft ist. (Vgl. Arlt/Storz 2010, Arnoldi 2009 und Dullien 2008, grundsätzlich Beck/Grande 2010).

Eines der vernachlässigten Themen Anfang des 21. Jahrhunderts ist die schleichende Abschaffung des für eine allgemeine Öffentlichkeit wirkenden Journalismus und dessen Verdrängung durch Marketing: Kosten- und Profitorientierung als entscheidendes Kriterium der Nachrichtenauswahl - dieser Trend aus den USA (Medien Tenor 2002: 75) setzte sich auch in Europa durch: Profit Center statt Redaktionen, Märkte statt Öffentlichkeiten, Betriebswirte statt Journalisten. Interviews hierzu, eigene Serien zu dieser Bildungskatastrophe wären nötig, um eine PISA-Katastrophe für Erwachsene zu verhindern. Die Besonderheit, dass JournalistInnen hierbei als Vertreter eigener Interessen erscheinen könnten, sollte problematisiert werden, darf aber nicht dazu führen, die gesellschaftlichen Aufgaben des Journalismus in der allgemeinen Medienberichterstattung zu vernachlässigen.

Die Rolle der PR-Agenturen ist hierbei zwiespältig: die unstrittig erfolgte Professionalisierung ihrer SpezialistInnen, ihre Kooperation mit den Redaktionen wird weiterhin ergänzt durch Öffentlichkeitsbearbeitung im Hintergrund. Die zunehmende Möglichkeit für aktive InternetnutzerInnen mit einem hohen Zeitbudget zu eigenen Recherchen, diese Zusammenhänge selbst zu hinterfragen, darf nicht von der allgemeinen journalistischen Aufgabe ablenken. Hier sollten weder Ausreden für PR-Leute noch für den Journalismus vorfabriziert werden. Den Trends zur Untergrabung des Journalismus müssten vielmehr drei Orientierungsmuster entgegenwirken:

Globalisierung: Diese bedeutet nicht, dass alle Länder, Kulturkreise oder Erdteile gleichbedeutend füreinander sind. Aber dass über die Mehrheit der Menschheit, außerhalb der OECD-Staaten, oft der Mantel des Schweigens ausgebreitet wird, bereitet nicht auf wechselseitige Abhängigkeiten mit Produzenten und Konsumenten, politischen Führern oder terroristischen Extremisten vor. Bei dem Gedankenexperiment, dass in den wichtigsten Medien in Deutschland einige Wochen lang die in den Sozialwissenschaften unterschiedenen Weltkulturkreise gleichmäßig berücksichtigt würden, mag es manchen den Informationshunger verschlagen: Afrika, arabische Länder, China, Indien, Japan, Lateinamerika, Osteuropa und (alphabetisch zuletzt) der Westen (bestehend aus Westeuropa, Nordamerika, nur teilweise dem multikulturellen Australien und Neuseeland) würden jede Redaktion überfordern und jede Universität bzw. ihre Historiker, Geistes- oder Sozialwissenschaftler, egal ob männlich oder weiblich.

Unabhängigkeit: von direktem und indirektem politischem Einfluss, Sponsoren und Werbekunden, das wäre schon was. Aber dazu noch unabhängig von der Nachrichtenhierarchie wie sie von Agenturen vorgegeben wird, vom Zeitaufwand, den Umformulierungen und Nachrecherchen erfordern, von der Anstrengung, die neue Themen abverlangen. Diese Unabhängigkeit wird nur in großen Redaktionen und selten erlaubt. Investigativer Journalismus ist weder ein eigenes Studienfach (im Unterschied zu Public Relations) noch ein eigenes Ressort.

Zivilcourage: ist nicht gerade erforderlich, um diese Unabhängigkeit (womöglich nur langsam und in Netzwerken zur Recherche) einzuüben. Aber als eigene Herausforderung, die traditionellen Nachrichtenkriterien in den je eigenen Agenturen, Redaktionen und Ausbildungsstätten zu reflektieren und gegen

Marktzwänge zu einem großen öffentlichen Thema zu machen, sind Globalisierung, Unabhängigkeit und Zivilcourage Orientierungsmuster, die über Nationalismus, Aktualitätszwang, Nebensächlichkeiten und Unbekümmertheit hinausführen. Sie zeigen auch, dass der „Neue Journalismus", der sich entwickelt, an unreflektierte Traditionen der Nachrichtenauswahl anknüpft - aufgrund verfestigter Ressorts, Vorlieben und Kompetenzen. Zugleich werden traditionelle Chancen zur eigenständigen Recherche in den Redaktionen durch Umformulierungen von Agenturmeldungen ersetzt.

Bei allem Gerede von einer Informationsüberflutung durch die Massenmedien, v.a. das Internet, bleiben diese neuartigen Informationschancen aber doch hinter gut recherchierten und kritisch reflektierten Informationsangeboten zu symbolischer Verständigung (Abschnitt 2) in technischen, ökonomischen, gesellschaftlichen und kulturellen Prozessen der wichtigsten Weltkulturkreise (Abschnitt 3) zurück. Deshalb können in diesem Kapitel nur einige „Folgen" (Abschnitt 4) und „Alternativen" (Abschnitt 5) angedeutet werden.

1.2 Symbolisieren

Die Medien- und Kommunikationswissenschaften – um hier diese Reihenfolge (die einigen als identifizierende Rangfolge erscheinen mag) zu präsentieren – bearbeiten gemeinsame Problemfelder. Hierzu gehört die Entwicklung von Symbolen, die allerdings im Zeitalter ihrer medientechnischen Reproduzierbarkeit, Differenzierung und Trivialisierung, ebenso wie ihrer teilweisen Internationalisierung, sowohl in ihren kulturellen Tiefendimensionen als auch ihrer Medialisierung verstanden werden muss. Das letzte Werk von Norbert Elias, an dem er bis zu seinem Tode im August 1990 arbeitete, „Toward a Symbol Theory" (1991, hier zitiert nach der dt. Übersetzung 2001), bietet hierfür wichtige Einsichten: „Eine beispiellose Ausweitung des Wissens, das sich als realistisch und gegen bloßes Phantasiewissen gewappnet präsentiert, geht Hand in Hand mit einem fortgesetzten Zweifel bezüglich der Existenz von irgend etwas unabhängig vom Wissenden. Das ist der Wurm im Apfel der Moderne." (S. 27f) Aber der „grundlegendste Aspekt" der menschlichen Gattung ist ihre Fähigkeit, „neuartige Erfahrungen in Form von Symbolen aufzunehmen, zu speichern und zu verarbeiten" (58f). Gesprochenen Symbolen „wurden in einem späteren Entwicklungsstadium visuelle und schriftliche oder gedruckte Symbole (...) hinzugefügt." (60) Menschen sind „in einer fünften Dimension (zusätzlich zu dem dreidimensionalen Raum und der Zeit, P.L.) lokalisiert, in derjenigen der Symbole, die Menschen als Mittel der Kommunikation und der Identifizierung dienen (...) Eine solche Kommunikation erfordert jedoch spezielle Symbole, die den Adressaten einer Mitteilung eindeutig über die Position sämtlicher Personen innerhalb oder bezüglich der kommunikativen Figuration informieren, auf die in einer Botschaft Bezug genommen wird." (76f)

Bei allen Versuchen, Medienumbrüche zu beschreiben, zu verstehen und zu erklären, sind deshalb auch die (kulturspezifischen) Standardisierungen und Konventionalisierungen von (Medien-) Symbolen zu berücksichtigen. Denn „eine Entdeckung nimmt nur dann den Charakter des Wissens an, wenn sie sich durch Symbole repräsentieren läßt, die hinreichend standardisiert sind, um von anderen verstanden und überprüft werden zu können." (189) In diesem Sinne entwickelte sich im letzten Jahrhundert ein Kommunikationsumbruch von gesprochenen und geschriebenen, oft national standardisierten Sprachen hin zur allmählichen Verbreitung von transnational verständlichen „Sprachen" technisch hergestellter und massenmedial verbreiteter Bilder. Diese zeigen oft transkulturell, ja global, grundlegend ähnliche Medienformate und Schemata der visuellen Re-/Präsentationen. Sie nutzen damit im Unterschied zu gesprochenen und geschriebenen Texten transkulturelle Gemeinsamkeiten weltweit eingesetzter Medientechnologien, -formate und der Professionalisierung der Medienberufe.

Es ist bereits eine weitere Konvergenz der Medienformate und „Schlüsselbilder" abzusehen, die durch den Einsatz je neuer Informations- und Kommunikationstechnologien verstärkt wird. Nicht nur die zunehmenden ökonomischen, ökologischen, militärischen und terroristischen Vernetzungen, sondern auch relativ eigendynamische Entwicklungsmuster elektronisch verbreiteter Bildsymbole fördern eine Balanceverschiebung hin zu mehr transkulturellen und zu geringen Teilen globalen Vernetzungen und Bildsymbolen, die aber weiterhin auch mit lokalen und nationalen vernetzt werden. Bilderkennungsverfahren (Ludes 2011, Teil I) werden den Prozess einer Herausbildung transkulturell wirksamer Bildsymbole beschleunigen. Dieser muss nicht nur aus ökonomischen oder medien- und kommunikationswissenschaftlichen Gründen besser verstanden werden, sondern weil globale Missverständnisse teuer und gefährlich sind.

Auch deshalb sind Untersuchungen von Medieninhalten und -formaten auf solche der Kommunikationskontexte im Sinne von Rezeptions- oder Nutzungsstudien angewiesen, aber auch auf Studien längerfristiger, als relativ natürlich unterstellter Orientierungsmuster und Sprachkonventionen. Diese werden nicht nur durch die Individualmedien, zielgruppenspezifische Medien und Massenmedien vermittelt. Ebenso prägend oder prägender (s. z.B. Norris und Inglehart 2009) sind die konkreten sozio-ökonomischen Entwicklungsmuster in ihren wechselseitigen Abhängigkeiten mit kulturellen (insbesondere religiösen) Traditionen, hierdurch emergierenden Aspirationsniveaus und demokratischen Insti-

tutionen. Medien- und KommunikationswissenschaftlerInnen sollten deshalb die
zurzeit am weitesten entwickelte Theorie des „Informationszeitalters" nutzen,
Manuel Castells' gleichnamige Trilogie (1996-98, hier zitiert nach der deutschen Übersetzung 2001-03) und sein Buch „Communication Power" (2009).

1.3 Vernetzen

Lassen wir Castells in diesem Abschnitt selbst zu Wort kommen (römische Zif-
fern nennen die Bände): „Eine technologische Revolution, in deren Mittelpunkt
die Informationstechnologien stehen, hat begonnen, die materielle Basis der
Gesellschaft in zunehmenden Tempo umzuformen." (I, 1) „Japan, Spanien, China und Brasilien sind ebenso wie die Vereinigten Staaten informationelle Gesellschaften (...) und an globale Netzwerke von Reichtum, Macht und Symbolen
angeschlossen." (I, 21) „Die technologischen Durchbrüche sind in Clustern von
Innovationen aufgetreten"; technologische Innovation „ist Ausdruck eines gege-
benen Wissensstandes, einer bestimmten institutionellen und industriellen Umwelt, einer gewissen Verfügbarkeit von Fertigkeiten, ein technologisches Problem zu definieren und zu lösen, einer ökonomischen Mentalität, solche Anwendungen gewinnbringend einzusetzen, und eines Netzwerkes von Produzenten
und Nutzern, die ihre Erfahrungen kumulativ miteinander austauschen können
und dabei durch Benutzung und Veränderung lernen" (I, 39).

   Unter Informationstechnologien fasst Castells (I, 32) „Mikroelektronik,
Computer (Hardware und Software), Funk und Telekommunikation und elektronische Optik (...) auch die Gentechnik." Er vertritt hierbei keinen Technikde-
terminismus, sondern die systematisch vergleichende Erforschung der konkreten
Beiträge technischer Entwicklungen in dem komplexen Zusammenspiel von
wissenschaftlichen Entdeckungen, Herstellungsverfahren, Markterschließungen
oder der Schaffung neuer Märkte und deren Aufnahme neuer Angebote. Dieses
Zusammenspiel ist pfadabhängig, abhängig von der Überschreitung profitabler
Schwellenwerte und weiterhin, auch in den USA, mit staatlichen Subventionen
verbunden. Castells konkretisiert die wirtschaftlichen, gesellschaftlichen und
kulturellen Aspekte eines weiten Spektrums von Zeitreihen (je unterschiedlich
weit reichend von z.B. 1900-1994), wodurch je historisch oder kulturkreis-
spezifische Anteile der Informations- und Kommunikationstechnologien in je
komplexen Interaktionen deutlich werden. Denn Technologie „verkörpere (...)
die Fähigkeit von Gesellschaften, sich grundlegend zu verändern" (I, 7). Abzu-
lesen ist dies, mehr oder weniger deutlich, an Produktivitätszuwächsen, Kapital-
strömen, Gütern im internationalen Handel nach Technologie-Intensität, Aus-
landsdirektinvestitionen, grenzüberschreitenden Zusammenschlüssen und Er-

werbungen, Export-Anteilen, dem Wachstums des high-tech-Sektors, der Beschäftigungszunahme, dem Wachstum von Produktivität, Beschäftigung und Einkommen. Auch im engeren Sinne medientechnologische Trends werden von Castells in Zeitreihen konkretisiert, Medienverkäufe für wichtige Mediengruppen, strategische Allianzen, Internet-Hosts, Entwicklungen von domains, Informationsströme und Exporte von Information aus den Vereinigten Staaten in wichtige Weltregionen und -zentren.

Die folgenden Lehren zieht Castells aus der informationstechnologischen Revolution seit den siebziger Jahren des 20. Jahrhunderts: die Entwicklung einer Neuen Wirtschaftsform: Informationalismus, Globalisierung, Vernetzung (I, Kap. 2), von Netzwerk-Unternehmen (I, Kap. 3), die Transformation von Arbeit und Beschäftigung (I, Kap. 4), die Kultur der realen Virtualität: Die Integration der elektronischen Kommunikation, das Ende des Massenpublikums und die Entstehung der interaktiven Netzwerke (I, Kap. 5), woraus sich neuartige Orientierungsmuster ergeben: Der Raum der Ströme (I, Kap. 6), Zeitlose Zeit (I, Kap. 7) und Die Netzwerkgesellschaft (I, Schluss). Diese Kapitel vermitteln also empirisch begründete neue Konzepte und vernetzte Modelle der Transformationen von Wirtschaft, Gesellschaft, Kultur, die als Netzwerkgesellschaft in einem neuen Informationszeitalter zu beschreiben, verstehen und erklären seien.

Castells (I, 17, Anm. 26) übernimmt Daniel Bells Definition von Wissen als „Sammlung in sich geordneter Aussagen über Fakten und Ideen, die ein vernünftiges Urteil oder ein experimentelles Ergebnis zum Ausdruck bringen und anderen durch irgendein Kommunikationsmedium in systematischer Form übermittelt werden." „Information" definiert er, im Anschluß an Marc Porat, als „Daten, die organisiert und kommuniziert worden sind". Castells (I, 43, Anm. 43) erwartet die nächste informationstechnologische Revolution „im frühen 21. Jahrhundert" als enges Zusammenwirken „der biologischen Revolution (...) mit neuen Computertechnologien".

In konkreten, vernetzten Einzelfallstudien werden die im ersten Band erarbeiteten Konzepte im folgenden 2. Band unter der Perspektive der „Macht der Identität" angewandt und ausgebaut: Die himmlischen Gefilde der Gemeinschaft: Identität und Sinn in der Netzwerkgesellschaft (II, Kap. 1), Das andere Gesicht der Erde: Soziale Bewegungen gegen die neue globale Ordnung (II, Kap. 2), Das Ergrünen des Ich: die Umweltbewegung (II, Kap. 3), Das Ende des Patriarchalismus. Soziale Bewegungen, Familie und Sexualität im Informationszeitalter (II; Kap. 4), Ein machtloser Staat (II, Kap. 5), Informationelle Politik und die Krise der Demokratie (II, Kap. 6). Wiederum führen zahlreiche Zeitreihenanalysen zu historisch und kulturell konkretisierten Einsichten, z.B. zu Scheidungsquoten, außerehelichen Geburten, Haushalten alleinerziehender Eltern, Einpersonen-Haushalten, der Gesamtfertilitätsrate nach Hauptregionen der

Welt, der Erwerbsquote und Gesamtbeschäftigung nach Geschlecht, Teilzeitarbeit, der Internationalisierung der Volkswirtschaften und der öffentlichen Finanzen, Nachrichtenquellen in den USA: 1959-1992, Wahlbeteiligungen. Die geografische Verteilung der Patrioten-Gruppen in den USA, die Stabilität von Ehen, Einstellungen der öffentlichen Meinung zur Größe von Staat, Verwaltung und öffentlichen Dienstleistungen (in den USA 1984-1995), zur Glaubwürdigkeit von Nachrichtenquellen in den USA (1959-1991) ebenso wie zur durchschnittlichen Zahl von Korruptionsberichten pro Zeitung/Zeitschrift in den USA, 1880-1992 – diese Zeitreihenanalysen sind keine willkürlich herausgegriffenen Veranschaulichungen des Autors. Vielmehr knüpft Castells jeweils an den aktuellen Stand der Forschung in den (hier erstmals unter dem Aspekt der Rolle der Informations- und Kommunikationstechnologien integrierten) Sozialwissenschaften an. Hierdurch ist seine Theorie des Informationszeitalters sowohl vielfach begründet als auch differenziert überprüfbar und sowohl ein Beitrag zu dialogischen Sozial- und Kulturwissenschaften als auch den jeweiligen Einzeldisziplinen.

In traditionellen Begrifflichkeiten ließe sich Band 2: „Die Macht der Identität" der Mikro- und Meso-Ebene (im Unterschied zu Makro-Analysen) zuordnen. Aber Castells' Argumentation macht gerade deutlich, wie sehr diese Perspektiven ineinander greifen: Gesamtgesellschaftliche, ja teilweise globale Entwicklungsmuster sind nur zu verstehen und zu erklären, wenn z.B. das Zusammenwirken von Globalisierung, Informationalisierung, sozialen Bewegungen und neuen Projekt-Identitäten untersucht wird. Aus kommunikations- und medienwissenschaftlichen Blickwinkeln sind hierbei v.a. die Einsichten zu Medien als Raum der Politik: Show-Politik und Politik-Marketing, zur Amerikanisierung der europäischen Politik und der in nicht-westlichen Kulturkreisen erhellend. So erkennt Castells (II, S. 372-375) eine „Wieder-Erschaffung des lokalen Staates", Chancen und Grenzen der „elektronischen Kommunikation für die Stärkung der politischen Demokratie und der horizontalen Kommunikation unter den Bürgerinnen und Bürgern" und eine verstärkte „Entwicklung der symbolischen Politik". Da in der deutschsprachigen Politikwissenschaft und Soziologie hierzu wichtige Beiträge (z.B. von Ulrich Sarcinelli, Thomas Meyer und Hans-Georg Soeffner) vorliegen, ergeben sich gerade hier Chancen zur Berücksichtigung dieser empirischen Untersuchungen und Theoriebildungen in einem umfassenderen Diskussionskontext der internationalen Sozialwissenschaften.

In Band 3 konzentriert sich Castells auf den Zerfall und die Entstehung unterschiedlicher staatlicher Organisationsformen, u.a. im Kontext der sonst oft unterschlagenen kriminellen Ökonomie: Die Krise des industriellen Etatismus und der Zusammenbruch der Sowjetunion (III, Kap. 1), Die Entstehung der Vierten Welt: Informationeller Kapitalismus, Armut und soziale Exklusion (III,

Kap. 2), Die perverse Koppelung: Die globale kriminelle Ökonomie (III, Kap. 3), Entwicklung und Krise in der asiatischen Pazifikregion: Globalisierung und Staat (III, Kap. 4), Die Vereinigung Europas: Globalisierung, Identität und der Netzwerkstaat (III, Kap. 5). Castells' „Schluss: Unsere Welt verstehen" betont die Bedeutung der Informationstechnologie und der vorherrschenden Netzwerklogik für alle Versuche, die „neue Welt" zu verstehen, erklären und durch bewusstes, zielgerichtetes Handeln zu ändern. Unterschiedliche Schätzungen des sowjetischen Volkseinkommens von 1928-1987 werden hierbei ebenso berücksichtigt wie das Brutto-Inlands-Produkt pro Kopf in 55 Ländern, Nahrungsproduktion und Aids in Afrika, die Anzahl der Insassen von Gefängnissen in den USA oder illegaler Einwanderer in die Europäische Union, Aktien- und Grundstückswerte in Japan, illegale und kriminelle Netzwerke in Russland.

Durch dieses weitgespannte Netz seiner Datenaufnahme und -analyse werden Zusammenhänge deutlich, die bei kurzfristig und kleinräumig isolierenden empirischen Untersuchungen durch die ceteris paribus-Klausel, die Randbedingungen blieben gleich, mehr überspielt als in Rechnung gestellt werden. Zwar verdeutlicht Castells seine Theorie des Informationszeitalters oft mit historisch herausragenden Beispielen, für diese wurden aber vielschichtige Informationen berücksichtigt, die viele multivariate Verfahren in den Schatten stellen. Die Überlegungen zur Rolle der Medien bei der Niederschlagung des Putsches in der ehemaligen Sowjetunion im August 1991 (III, S. 63f) sind dementsprechend in differenzierte Beobachtungen wirtschaftlicher Entwicklungen und nationalistischer Mobilisierungen eingebunden. Neue Informationstechnologien (hier v.a. das Satellitenfernsehen) wurden „zum unverzichtbaren Werkzeug für die effektive Durchführung der Prozesse sozioökonomischer Neustrukturierung. Besonders bedeutsam war dabei die Rolle, Vernetzung als dynamische, selbstexpandierende Organisationsform menschlicher Tätigkeit zu ermöglichen. Diese vorherrschende Netzwerklogik prägt alle Bereiche des gesellschaftlichen und wirtschaftlichen Lebens." (III, S. 387) Damit entstand eine

„Kultur der realen Virtualität", in der Medien-Symbole „die tatsächliche Erfahrung umfassen. (...) Die materielle Basis, die erklärt, warum die reale Virtualität es vermag, die Vorstellungskraft der Menschen und ihre Repräsentationssysteme in die Hand zu bekommen, ist die Tatsache, dass sich ihr Leben im Raum der Ströme und der zeitlosen Zeit abspielt. Einerseits sind herrschende Funktionen und Werte in der Gesellschaft in Simultaneität und ohne physische Nähe organisiert (...) Andererseits werden die herrschenden Werte und Interessen (...) konstruiert, in der zeitlosen Landschaft von Computernetzwerken und elektronischen Medien" (III, S. 401).

Trotz seiner sehr differenzierten Analysen kommt Castells also zu übergeneralisierenden Schlussfolgerungen, die die sozio-ökonomischen Rahmungen der Bedeutung neuer Informations- und Kommunikationstechnologien und die sozi-

al stark differierenden Kommunikationskontexte vernachlässigen. Castells' Trilogie ist deshalb kein Ersatz für Einzelstudien in den Kommunikations- und
Medienwissenschaften, sondern ein Angebot, konkrete Medien- und Kommuni-
kationsuntersuchungen in weiter zu entwickelnde umfassendere Theorien zu
integrieren.

Wichtiger als eine Aufmerksamkeitsverschiebung hin zu problemorientiert
kooperierenden Geistes- und Sozialwissenschaften und einer verstärkten Nutzung transdisziplinärer Konzepte, Methoden und Theorien für die Kommunika-
tions- und Medienwissenschaften ist aber die Transformation von Forschungs-
designs, Lehrplänen und Kooperationen. Hierzu gehören eine stärkere Ergänzung von empirischen Einzeluntersuchungen durch interkulturell (über den
westlichen Kulturkreis hinaus) vergleichende Studien, gemeinsame Lehrveran-
staltungen und Teilprojekte in kulturwissenschaftlichen Forschungsnetzen. Erst
dadurch wird auch die dringend notwendige stärkere Berücksichtigung kommu-
nikations- und medienwissenschaftlicher Erkenntnisse in den Geistes- und Sozialwissenschaften insgesamt wahrscheinlicher. Notwendig ist auch eine Ergänzung der vorrangigen Orientierung an Kausalmodellen oder der luhmannschen
Systemtheorie durch Netzwerkanalysen.

Denn „neue Schlüsselbegriffe wie Attraktoren, Phasenporträts, emergente
Eigenschaften, Fraktale eröffnen neue Perspektiven (...) Insgesamt entwickelt
sich das informationstechnologische Paradigma nicht in Richtung seiner Schlie-
ßung als System, sondern hin zu einer Offenheit als Netzwerk mit vielen Anbin-
dungen." (I, 81) „Ein Netzwerk besteht aus mehreren untereinander verbundenen Knoten. (...) Wirtschaftsunternehmen und zunehmend auch Organisationen
und Institutionen sind in Netzwerken mit variabler Geometrie organisiert" (I,
528-9), weshalb ich von „Globalisierungen" (s. auch Berger/Huntington 2002)
im Plural schreibe. Sozialwissenschaftliche „Netzwerkanalysen" von internationaler Bedeutung gibt es zumindest seit Jacob Morenos Soziometrie in „Who
Shall Survive?" (1953), und Norbert Elias' Quantifizierung seiner Figurations-
analysen in „Was ist Soziologie" (1970, Tab. 1: Wachstum der Beziehungsmög-
lichkeiten im Verhältnis zur Zahl der Individuen in einem Beziehungsgeflecht).
Sie wurden inzwischen für zahlreiche Probleme genutzt (z.B. Emirbayer und
Goodwin 1994 oder Krebs 2002, in der deutschsprachigen Kommunikationswissenschaft v.a. von Schenk 1995). Aber erst Castells hat die Beobachtungen zur
De-Nationalisierung (s. die je aktuellen Ergebnisse des Bremer Sonderfor-
schungsbereichs „Staatlichkeit im Wandel": www.staatlichkeit.uni-bremen.de)
und internationalen ökonomischen Vernetzungen in eine allgemeinere Theorie
integriert. Diese macht plausibel, dass sich tatsächlich immer mehr Netzwerke
in Ergänzung zu oder auf Kosten von territorial oder funktional definierten
Kommunikations- oder Integrationseinheiten durchsetzen. Immer kostengünsti

gere und weiter verbreitete Informations- und Kommunikationstechnologien, multimediale Übertragungsnetze und Medienformate beschleunigen die Vernetzungen von Wirtschaft, Gesellschaft und Kultur staats- und kulturkreisübergreifend. Castells' Theorie hat deshalb weitreichende Konsequenzen für die Kommunikations- und Medienwissenschaften:

> „Letztendlich werden die Kräfte, die in den Mediennetzwerken stecken, von der Macht der Ströme, die in Struktur und Sprache dieser Netzwerke enthalten ist, auf den zweiten Platz verwiesen. (...) Wegen der Konvergenz zwischen historischer Evolution und technologischem Wandel sind wir in ein rein kulturelles Muster sozialer Interaktion und gesellschaftlicher Organisation eingetreten. Dies ist der Grund, warum Information das Schlüsselelement unserer gesellschaftlichen Organisation ist und warum Ströme von Botschaften und Bildern zwischen Netzwerken den roten Faden unserer Gesellschaftsstruktur bilden." (I, 535, 536)

Castells' zahlreiche Zeitreihenanalysen wirtschaftlicher, gesellschaftlicher, kultureller Prozesse, in verschiedenen Kulturkreisen, systematisch verglichen, mit konkreten („qualitativen") Einzelfallbeispielen, führten somit zu einer empiriegesättigten, informationsreichen Theorie des Informationszeitalters, die von ihm bereits weiterentwickelt wurde (Castells 2001 bzw. 2003 und 2009 – s. unten).

1.4 Folgen

Die internationalen Sozialwissenschaften, so eine Folgerung nicht nur aus Castells' Theorie des Informationszeitalters, müssen also auch von geistes- oder kulturwissenschaftlich orientierten MedienwissenschaftlerInnen herangezogen werden, da Medienentwicklungen spezielle soziale Teilprozesse sind, die nur in ihren Interdependenzen mit anderen sozialen Entwicklungen verstanden werden können. „Globale Netze – nationale Knoten", so lässt sich aber die Topologie vieler medien- und kommunikationswissenschaftlicher Lehrpläne, Forschungen und Erkenntnisse hierzulande weiterhin kennzeichnen. (Vgl. Ludes/Müller/Nees 2010) Dies geschieht nicht immer nur aus Mittelknappheiten oder wegen der Bedeutung regionaler oder nationaler AbsolventInnenmärkte. Damit tragen wir aber (als nicht beabsichtigter heimlicher Lehrplan) bei zu Vorstellungen über den Westen gegenüber dem Rest der „weniger entwickelten" Welt, was Territorialität implizit immer wieder bestätigt.

Symbolische Vernetzungen, ihre Vermittlung von Orientierungs- und Kommunikationsmitteln, sind nicht losgelöst von den weiteren Elementarfunktionen menschlicher Gesellschaften (die Elias wiederholt hervorhob): der Produktion und Verteilung von Lebensmitteln, der Kontrolle von Gewalt und der Vermittlung von Selbstkontrolle. Castells scheint dies in seinen Schlussfolgerungen manchmal aus dem konzentrierten Blickwinkel zu verlieren. Die formalen Gemeinsamkeiten von Informations- und Kommunikationstechniken und auch vieler Medienformate dürfen nicht über die Brüche zwischen den verschiedenen Medienkulturen hinwegtäuschen. „Medienumbrüche" sind nur im historischen und interkulturellen Vergleich zu verstehen. Deshalb müssen wir die Medien- und Kommunikationswissenschaften, nicht nur im Westen (vgl. Kumar 2010), „entwestlichen" (s. Curran und Park 2000).

Ein langes und gesundes Leben führen; viel wissen und verstehen; einen gesicherten und hohen Lebensstandard haben: Hierauf beziehen sich gute Wünsche zum neuen Jahr oder zum Geburtstag. Für viele Menschen bedeutet dies eher: Nicht schon bei der Geburt oder als Kleinkind sterben, keine großen Schmerzen haben, nicht geschlagen, verletzt, verstümmelt, gefoltert, getötet zu werden. Nicht Wasser aus einem weit entfernten, dazu noch verschmutzten Fluss zu holen, Lehrer zu haben, die nicht schlagen und totalitär in Klassen mit mehr als 60 Schülern Lernfreude abstumpfen; Zugang zu einigen Büchern, Zeitungen, die nicht zensiert oder manipuliert sind, Radios, die in der eigenen Sprache Informationen und Unterhaltung anbieten, Fernsehprogramme, die nicht bei jeder Stromstörung ausfallen oder gar ein PC, der in der Tat persönlich genutzt werden und richtig rechnen kann. Nie wieder Hunger, nie wieder im Dreck auf der Strasse und überfallen von Banditen oder korrupten Polizisten – eine eigene kleine Wohnung...

So lassen sich die wichtigsten Kriterien der von der UNESCO seit 1990 herausgegebenen Reporte zur menschlichen Entwicklung (http://hdr.undp.org/) übersetzen – sie wären keine überflüssigen Maßstäbe zur Nachrichtenauswahl in Massenmedien. 2,6 Milliarden Menschen, fast 40 Prozent der Menschheit, müssen täglich mit weniger als zwei Dollar auskommen. „The income gap between the fifth of the world's people living in the richest countries and the fifth in the poorest was 74 to 1 in 1997, up from 60 to 1 in 1960." (Human Development Report 1999: 3) Bornschier (2008: 109) differenziert und aktualisiert: „Die Ungleichheitskomponente innerhalb von Gesellschaften nimmt ungebrochen von 1988 bis 2002 zu, die Ungleichheitskomponente zwischen Gesellschaften stabilisiert sich im Verlauf der 1990er Jahre auf hohem Niveau. Die gesamte Welteinkommensungleichheit stabilisiert sich ebenfalls auf einem historisch betrachtet sehr hohen Niveau".

Die gut recherchierten UNESCO-Reports konzentrieren sich auf die Menschenrechte, Chancen auf ein langes und gesundes Leben, eine gute Schulausbildung und den allgemeinen Lebensstandard, aber auch auf Wirtschaft, Militär, Politik und Kommunikation. Die statistischen Indikatoren werden immer wieder interkulturell vergleichend geprüft. Demgegenüber werden die Kriterien zur Auswahl des „Wichtigsten vom Tage, aus aller Welt" aber kaum irgendwo in der Presse, im Radio, im Fernsehen oder auf den meistgenutzten Websites diskutiert. Warum gibt es keine Korrelationen zwischen der Anzahl der Ermordeten und an vermeidbaren Krankheiten Gestorbenen/Tag oder je Jahr und der Länge der Berichterstattung über sie: Wer, was, wann, wo, wie und warum müssten recherchiert werden, den Problemen entsprechend umfangreich.

Die Fernsehjahresrückblicke der wichtigsten Sender in den USA und Deutschland zum Beispiel lassen keine Berücksichtigung derart fundamentaler Nachrichtenkriterien erkennen. Noch lässt sich sehen, dass der Umfang der Berichterstattung über nachgewiesene Betrugsfälle, offensichtliche Veruntreuung oder grobe Fahrlässigkeit bei finanziellen Transaktionen dem Umfang der Berichterstattung korrespondiert. Ein „kleines" Beispiel: Wolfgang Clement fragte bereits am 05.10.08 in seinem Kommentar „Faire Grenzen für die Finanzmärkte" in der „Welt am Sonntag", wie es möglich war, dass „allein die 25 Topverdiener dieser eher als Wettbüros denn als Banken wirkenden Institute in einem Jahr etwa 200 Milliarden Dollar abkassiert haben sollen." Oder: „175 Milliarden Dollar erhielten die neun größten US-Banken vom Steuerzahler, wovon sie umgehend 33 Milliarden ihren Managern an Prämien spendierten" (Die Zeit, 6. Aug. 2009, S. 35). Und in einem „Spiegel-Gespräch" erläuterte der ehemalige Premierminister Großbritanniens, Gordon Brown: „Wenn die Londoner Top-Banker im Jahrzehnt vor der Krise zehn Prozent ihrer Bezüge auf ein Sicherungskonto eingezahlt hätten, dann wären da 50 Milliarden Pfund zusammengekommen. Das ist exakt die Summe, die der britische Steuerzahler bereit stellen musste, um die Banken zu retten." (Der Spiegel 8/2011: 84)

Manuel Castells, der in den letzten Jahren meist zitierte Kommunikationswissenschaftler und einer der am meisten beachteten Sozialwissenschaftler weltweit, veröffentlichte 2009 eine umfangreiche Theorie zur Macht (der Kommunikation) in Netzwerkgesellschaften, die traditionelle Machttheorien aufhebt: Macht und Gegenmacht durch Kommunikation im digitalen Zeitalter, in Netzwerken menschlichen Bewusstseins und der Macht, die Programmierung von Kommunikationsnetzen, eine neue Medienpolitik, Politik der Skandale, Krise der Demokratie und die Re-Programmierung von Kommunikationsnetzen durch soziale Bewegungen, rebellische Politik und eine neue Öffentlichkeit.

Denn für die USA ließ sich eindeutig nachweisen (Castells 2009: 174ff), dass die Fehlwahrnehmungen der Öffentlichkeit zum Krieg im Irak direkt mit deren Nutzung von Nachrichtenquellen korrelierten: Sie waren signifikant höher bei den Nutzern von Fox, CBS, ABC und CNN als bei Zeitungslesern oder Nutzern der nicht-kommerziellen Radionetze oder des Public Broadcasting Service (der aber nur von wenigen regelmäßig gesehen wird). Im Jahre 2007 (Castells 2009: 195f) glaubten 36 Prozent der Bevölkerung, die US-amerikanische Presse schade der Demokratie – im Unterschied zu 23 Prozent 1985. In Europa (Eurobarometer 2007: 54) vertrauten mehr Befragte dem Radio (66 %) und dem Fernsehen (58 %) als der Presse (47 %) oder dem Internet (39 %). Laut Eurobarometer 2010 (130) vertrauten immer noch mehr Befragte dem Radio (58 %) und dem Fernsehen (49 %) als der Presse (42 %) oder dem Internet (37 %).

Militärische Spezialisten wurden vom Pentagon als „unabhängige Experten" verkauft (Castells 2009: 265f) – und als dies aufgedeckt wurde, berichteten die Mainstream-Medien nicht hierüber. Wenn man Umfragen glaubt, waren 2005 72 Prozent der Chinesen mit den Bedingungen in ihrem Nationalstaat zufrieden, ein Anteil höher als in jedem anderen Land der Welt (Pew Global Attitudes Project 2005). Auf die Frage, wie zufrieden sie mit den Bedingungen in ihrem Nationalstaat seien, antworten 2010 sogar 87 % der Chinesen: ‚zufrieden' (Pew Global Attitudes Project 2010).

Das öffentliche Vertrauen in Regierungen und politische Institutionen verringerte sich erheblich während der letzten drei Jahrzehnte. In der EU (Eurobarometer 2007) misstrauten mehr als 80 Prozent politischen Parteien und mehr als zwei Drittel ihren nationalen Regierungen. Jahrzehntelange Perioden des Misstrauens in Regierungen führen zu einer Krise der Demokratien. (Castells 2009: 285-287). Etwas neuere Zahlen zeigen, dass 2010 84 % politischen Parteien und 71 % ihren nationalen Regierungen misstrauten (Eurobarometer 2010: 125). Castells (2009: 422ff) schlussfolgert: Die Eigentümer globaler Multimediaunternehmen setzen ihre Interessen (Profite und Macht) durch, indem sie Menschen in Nutzergruppen verwandeln, die Bilder ihres eigenen Lebens konsumieren. Kommunikationsangebote in Netzwerken werden nach diesen Kriterien ausgewählt; Konsumentenfreiheiten bewegen sich in diesem Rahmen, auch wenn er mal überwunden wird, in einem ungleichen Wettbewerb zwischen professionellen Medienprodukten und Heimvideoqualität oder Schwatzforen. Dieses dynamische Interface zwischen politischen und Mediennetzen wird in traditionellen Verständnissen von Medienpolitik ausgeblendet und erfordert in Massenmedien und sozialwissenschaftlichen Studien das Sichtbarmachen der Vernetzungen zwischen Finanzkapital und Medien, politischen, kulturellen, militärischen und globalen kriminellen Netzen mit dem (nach Castells) entscheidenden globalen Netzwerk der Produktion und Anwendung von Technologien.

Auch ein weiterer Grundbegriff der Sozialwissenschaften, „Klasse", seit längerem aus Massenmedien und vielen sozialwissenschaftlichen Untersuchungen verbannt, gewinnt neue Bedeutung, wenn man sich nicht allein auf westliche Demokratien konzentriert, sondern z.B. auf China: „the have-less population encompasses large proportions of the 147 million internal migrants, more than 30 million laid-off workers, another 100 million or so retirees, and a large number of the 189 million youth between the ages of fifteen and twenty-four, including about 30 million students as well as school dropouts, unemployed and underemployed youth. (...) the emergence of working-class network society is about the fundamental enlargement of network society through processes of social differentiation and networked connectivity (...) which is emblematic of the new technosocial reality emerging in much of the global South." (Qiu 2009: 4, 6 und 8) Wer die Re-organisation von Klassen im Weberschen Sinn (Qiu 2009: 13) durch sehr verschieden funktionsfähige und teure Informations- und Kommunikationstechnologien nicht zur Kenntnis nimmt, sollte zumindest „Globalisierung" aus seinem/ihrem Sprachschatz streichen.

Viele Massenmedien sind im Gegensatz zu diesen globalisierenden Anforderungen geprägt durch Jahrzehnte alte nationale Berichterstattungstraditionen im Ressortdenken. Personalisierung, Dramatisierung und kurzfristige Skandalisierung von Einzelereignissen in den Massenmedien führen weit hinter Einsichten in die skizzierten Probleme zurück. Wiederholte kleinere Veröffentlichungen zu Detailproblemen isolierter Theorietraditionen tragen auch kaum zur Aufklärung bei. Wer sich Verbesserungen der Informations- und Demokratiekrise durch das Internet erhofft, sollte zur Kenntnis nehmen: Die dominierenden Domains gehören Organisationen mit Sitz in den USA, 19 sind profitorientiert, die einzige Ausnahme ist Wikipedia. Ende 2010 veröffentlichte www.alexa.com die folgende Rangordnung: Google; Facebook; YouTube; Yahoo; Windows Live; Baidu.com (Chinese); Wikipedia; Blogger.com; Twitter; QQ.Com (Chinese); MSN; Yahoo China; Chinese site; Google India; Amazon.com; Chinese site; Google Deutsch; Google China; Wordpress.com; Google UK.

Fuchs (2009: 95-105) fragt, inwieweit Webnutzer unter diesen Bedingungen autonom gegenüber dem Kapital sein könnten - sie gehörten vielmehr zu einer ausgebeuteten Klasse von Wissensarbeitern. Seiner Auffassung nach sind Sichtbarkeit und Aufmerksamkeitsökonomie zentrale Internetfilter, die mächtige Akteure bevorzugen. Indymedia zum Beispiel, die populärste alternative Internetplattform, komme auf Platz 4147 der am meisten genutzten Websites (alexa.com, 2. August 2008, Platz 4106 am 12. August 2009, Platz 4809 am 03. Oktober 2010). Insgesamt machte die Informationsindustrie (Medien, Halbleiter, Software und Dienste, Hardware und Telekommunikation) Anfang des ersten Jahrzehnts 4,59 Prozent der Gesamtanlagen der weltweit größten Unternehmen aus.

Von Macht und Gegenmacht allein zu sprechen – und nicht auch von Ohnmacht, von Information und Wissen – und nicht auch von Desinformation und Ignoranz, von Sichtbarkeit – und nicht auch Unsichtbarem oder unsichtbar Gemachtem verfestigt deshalb irreführende Präsentations- und Wahrnehmungsmuster. Neuere Studien zu Korrelationen zwischen dem Vorhandensein starker öffentlich-rechtlich organisierter Radio- und Fernsehsender und auch politisch relevanter Allgemeinbildung (Curran/Iyengar/Brink/Salovaara-Moring 2009), belegen zum Beispiel, dass Nachrichtenaufklärung demokratische Willensbildung fördert.

1.5 Alternativen

Netzwerkgesellschaften ersetzen nicht den Nationalstaat, sondern ergänzen und transformieren ihn. Insbesondere in Krisenzeiten haben viele Politiker den Staat als Schicksalsgemeinschaft beschrieben. Netzwerkgesellschaften fehlt noch der Zusammenhalt, die institutionelle Stabilität, Loyalität und Geschichte von Gesellschaften im traditionellen Sinne. Das „wir" gegen „sie" ist nicht länger offensichtlich, gerade für massenmedial vermittelte visuelle Re-/Präsentationen, die (noch und bisweilen sogar zunehmend) am Nationalstaat ausgerichtete Perspektiven zeigen. Kein Weg hin zu einer Präsentation der Netzwerke in den Hauptmassenmedien: Wie können diese dann als Orientierungs- und Kommunikationsmittel fungieren?

„Alternativen" (im Unterschied zu beispielsweise Utopien, Optionen oder Wünschen) bezeichnen wünschenswerte, konsistente und realisierbare soziale Handlungen, Prozesse oder Strukturen, die sich von den vorherrschenden unterscheiden. Demnach lassen sich sechs Haupttypen von Alternativen unterscheiden: (1) alternative individuelle Handlungen, (2) gruppenspezifische Alternativen, (3) funktional-äquivalente Alternativen, (4) auf Diskurs basierende Alternativen, (5) alternative generationenübergreifende Netzwerke, die unterbewusste Ebenen des menschlichen (Selbst-) Verständnisses erreichen, und (6) eine Kombination dieser mono-dimensionalen Alternativen in ein multidimensionales Entwicklungsmodell des Symbolmanagements. (Ludes 1989 und 2009.)

Wenden wir dieses Modell auf (1) die Produktion, (2) die Präsentation, und (3) die Rezeption/Verteilung von Fernseh-Jahresrückblicken (als eminente und typische Exemplare von Knotenpunkten in Schlüsselbild-Netzwerken) an, können die folgenden Alternativen für diese Art des Symbolmanagements skizziert werden.

Journalismus ist vorrangig national, mit Ausnahme weniger internationaler Printmedien, Nachrichten-, Musik-, Wissenschafts- oder Sportkanäle. JournalistInnen re-/präsentieren nicht nur die jeweiligen kulturellen Perspektiven, sie setzen sie oft auch als selbstverständlich voraus. Diese Perspektiven bilden eine Voraussetzung für einfaches Verstehen. Insofern transnationale Netzwerke auf Kosten traditioneller lokaler oder nationaler Einheiten immer bedeutender werden, benötigen informative Medien aber die neue Kompetenz transnationaler Medienprofis: mehrsprachig und mit Berufserfahrung in mehreren Ländern. Die

Welt in diesen Perspektiven wahrzunehmen, wird neue Arten der Visualisierung schaffen. Die Rekrutierungsmuster internationaler Medien, wenn auch nur rudimentär, bieten Beispiele für die Internationalisierung professioneller Massenmedienkommunikation.

Empirische Ergebnisse der Analysen von Medieninhalten zeigen deutlich die Dominanz der nationalen Berichterstattung. In der zweiten Hälfte des 20. Jahrhunderts konnte kaum eine Globalisierung der Themen, Schauplätze, Handelnden oder visuellen Narrative festgestellt werden (vgl. z.b. die Zusammenfassung und Beispiele in Graber 2001 und Ludes 2001a). Das hat sich im ersten Jahrzehnt des 21. Jahrhunderts nicht grundlegend verändert wie die später zu resümierenden Auswertungen von Fernsehjahresrückblicken zeigen.

Kommunikative Kompetenz als Alternative zu unreflektiertem Medienkonsum setzt daher mindestens folgendes voraus: (a) das bewusste Vermeiden trivialisierender Fluten von Texten und Bildern, (b) das Erlernen verschiedener audio-visueller und „Körper"-Sprachen, (c) die Zusammenarbeit von SpezialistInnen der verschiedensten Kommunikationsweisen, (d) in Medienkulturvergleichen mit dem Ziel (e) bessere Einsichten in die wechselseitigen Abhängigkeiten der und die Konflikte zwischen diesen Kommunikationsmodi zu gewinnen. Um sich auf diesem „high way" der Informationen fortzubewegen, sind neue Diskurse über Bilder und mit Bildern nötig. Wie Dahlgren (2005: 326) postuliert, ist es mehr als klar, dass eine bedeutende Veränderung in der Kommunikationsleistung, Medienlogik, journalistischen Praktiken und kulturellen Mustern im Gange ist, die auch repräsentative Dimensionen ändert: solche kulturwissenschaftlichen Multimediaproduktionen müssen in Universitätskursen geübt und in Kooperation mit Profis getestet werden.

Derartige „Alternativen" zeigen über das traditionelle Verständnis der Lücke zwischen dem „Sein" und „Sollen" oder Theorie und Praxis hinaus – und gehen damit auch über Castells' (2004: 178f) Weigerung normativer Positionierungen hinaus. Offensichtlich haben JournalistInnen einen höheren Grad an professionellem Fachwissen in der Beobachtung von Nationalstaaten und sozialen Netzwerken als akademische Beobachter. Allerdings können Sozial- und KulturwissenschaftlerInnen durch ihren größeren Grad der Distanziertheit, ihre oft längeren zeitlichen Perspektiven und ihre anderen Analyse- und Synopsenfertigkeiten die kurzfristig orientierten Produktionen ergänzen.

Das US-amerikanische Project Censored veröffentlicht zum Beispiel jährlich allgemein wichtige Nachrichten, die in den Mainstream- bzw. Corporate Media systematisch ausgeblendet werden. So ist der unerklärliche Tod von Informationsgebern oder Journalisten nicht auf die „Dritte Welt" (falls dieser Ausdruck aus Zeiten des Kalten Krieges noch einen Sinn hat) begrenzt. Am 31. Juli 2009 zum Beispiel machte Günter Wallraff in einem großen Artikel in der

„Zeit" hierauf im Rahmen seiner Erinnerung an den Rechtsstreit mit dem Springer-Konzern aufmerksam (s. weiterführend auch Davies 2009). Und Project Censored nennt in seinem Jahrbuch von 2009 z.b. folgendes Verheimlichen der Corporate media in den USA, seit November 2008:

> „Karl Rove's chief IT consultant, Mike Connell – who was facing subpoena in connection with 2004 Presidential election fraud in Ohio – mysteriously died in a private plane crash in 2008. Connell was allegedly the central figure in a longstanding plot to electronically flip votes to Republicans. (...) Spoonamore, a conservative Republican who works for big banks, international governments, and the Secret Service as an expert in the detection of computer fraud, found evidence that Karl Rove, with the help of Mike Connell and his company GovTech Solutions, electronically stole the Ohio 2004 election for Bush."

Wahlmaschinen waren auch schon ein Thema der deutschen Initiative Nachrichtenaufklärung, bevor der Einsatz von Wahlmaschinen 2009 vom Bundesverfassungsgericht als verfassungswidrig festgestellt wurde.

Was wäre, wenn Tageszeitungen, Fernsehnachrichten, Webinformationsportale tatsächlich ihr Informationsangebot an den oben genannten Kriterien orientieren würden: Je mehr Tote, Verletzte, Hungernde, je mehr Geld unterschlagen, veruntreut, grob oder fein fahrlässig aufs Spiel gesetzt, desto mehr Rechercheaufwand, desto ausführlicher die Berichterstattung?

Was wäre, wenn journalistische Studiengänge diese Nachrichtenkriterien implementieren und mehrere Kurse für investigativen Journalismus prüfungsrelevant werden ließen – und viele Magisterarbeiten oder Dissertationen, aber auch Leitartikel hierzu geschrieben würden? Wenn bei der Besetzung von Professuren und Redaktionen Recherche eine Schlüsselqualifikation würde – und Methoden der empirischen Kommunikationswissenschaft sich auf die skizzierten Interdependenzkorrelationen, im historischen und interkulturellen Vergleich, konzentrieren würden?

Dann würde das, was wissenschaftlich fundiert leicht zugänglich ist, wie z.B. die Human Development Reports der UNESCO, eine selbstverständliche Quelle der Nachrichtenauswahl, Tag für Tag, Jahr für Jahr, auf Kosten von junk news und Mini-Affären in Serie. Dann würden die durch das Project Censored zahlreich nachgewiesenen Zensur-Skandale (und auf viel kleinerer Stufe die von der Initiative Nachrichtenaufklärung seit 1998 jährlich vorgestellten TOP TEN der vernachlässigten Nachrichten in Deutschland) Recherche-Freude und verantwortungsvolle Mitwirkung aufgeklärter BürgerInnen fördern. Aber das ist kaum zu erwarten. Deshalb kann man von einem heimlichen Lehrplan der Massenmedien sprechen: Leid und Gründe für dessen (oft grenzenloses) Wachstum werden ausgeblendet – auch wenn einige daran (ver) zweifeln.

2. Schlüsselbild-Gewohnheiten

In allen uns bekannten menschlichen Gesellschaften spielen innere Bilder, Vorstellungen und bildhafte Darstellungen eine wichtige Rolle. (Vgl. z.B. Elkins 2000 und 2010, Hoffman 2000.) Allerdings nehmen erst seit Ende des 19. Jahrhunderts die Produktion, Verbreitung und Nutzung technischer Bilder - von Fotografien über Kinofilme und Fernsehprogramme bis hin zu Streaming Videos im World Wide Web – rasant zu. Die zeitliche Nutzung von Bewegtbildern in technischen Verbreitungsmedien absorbiert zu Anfang des 21. Jahrhunderts in modernen Gesellschaften pro Tag im Durchschnitt zwischen drei und sieben Stunden, meist als Rezeption von Fernsehprogrammen. Die ökonomische, technische, kulturelle Bedeutung dieses langfristigen Visualisierungsprozesses erfordert auch aus der Perspektive einer empirisch fundierten Kommunikationswissenschaft historisch-systematisch, kultur- und medienspezifisch vergleichende Untersuchungen.

Diesem Erkenntnisinteresse standen im vorigen Jahrhundert wissenschaftliche Traditionen der Orientierung an geschriebenen Texten sowie die Schwierigkeit der Erfassung, Archivierung und Bearbeitung von (insbesondere bewegtem) Bildmaterial gegenüber. Die Entwicklung neuer Verständniskonzepte und Methoden wie auch die Präsentation wissenschaftlicher Ergebnisse mit Bildzitaten stellen bis heute eine Herausforderung dar. Mit den technischen Verbesserungen der Bildproduktion ging auch die Entwicklung kostengünstiger Verfahren für die Archivierung von Videoaufzeichnungen oder von CD-ROM- bzw. DVD-ROM-Archiven einher. Damit wurde eine Voraussetzung für zunehmende Bildanalysen in den Kommunikations- und Medienwissenschaften geschaffen, die durch aktuelle webbasierte Multimedia-Archivierungs- und Kodierungssysteme schon weit übertroffen wird und eine Voraussetzung für die Überbrückung der semantischen Lücke zwischen komplexeren Medienkontexten und ihrer Erfassung und Verarbeitung durch Computerprogramme bilden. (Vgl. Ludes 2011, Teil I.)

Aber noch fehlen geeignete Konzepte und spezifisch angepasste Methoden bzw. Erhebungsinstrumente. Das hier vorgestellte Konzept der Schlüsselbilder bzw. Key Visuals (s. www.keyvisuals.org) dient der Untersuchung visueller Kommunikationsformen in unterschiedlichen historischen, kulturellen und medialen Kontexten. Zunächst wird der Begriff der Schlüsselbilder definiert und von anderen Konzepten wie Images oder visuellen Stereotypen abgegrenzt. Die anschließenden Betrachtungen widmen sich dem alltäglichen Umgang mit audiovisuellen Inhalten und ihrer habitualisierten Wahrnehmung in Schlüsselbildformaten. Abschließend folgen Betrachtungen zur gesamtkulturellen Bedeutung der wechselseitigen Erwartbarkeit „mentaler Galerien von Schlüsselbildern" und zu hierdurch eröffneten Koordinationspotentialen.

2.1 Schlüsselbilder

Ein erweiterter und zugleich differenzierter sowie funktionalisierter Bildbegriff muss in umfassenden kulturellen Zusammenhängen interpretiert werden. Hierbei ist das Bild aus naheliegenden Gründen das wichtigste Element bei der Entwicklung visueller Kulturen. Die Konventionalisierung und Standardisierung des Blicks (vgl. Kleinspehn 1989; Virilio 2000, zur „Zähmung des Blicks" Schmidt 1997, zu „Practices of Looking" Sturken und Cartwright 2009) bzw. die Transformation der Wahrnehmung sind unerlässliche Kontexte für die Beschreibung und Erklärung von Bildentwicklungen. Kultur- und Medienwissenschaften verbinden sich hierbei mit sozialwissenschaftlich orientierten Forschungen zur visuellen Kommunikation: Kommunikationsprozesse werden als grundlegende Foren und Faktoren interpretiert, als Ausdruck und Indikatoren kultureller Entwicklungen und der menschlichen Sinngebungsversuche. Die kulturwissenschaftliche Hinwendung zu Bildanalysen, „the pictorial turn" (Mitchell 1994: 13; 16; s. weiterführend Mitchell 2002 und 2005, sowie Sachs-Hombach 2005 und 2009), führt nicht nur zu genaueren Untersuchungen von Bildern, sondern insbesondere zur Erforschung des komplexen Wechselspiels zwischen der Visualität, der technischen Apparate zur Produktion und Präsentation optischer Reize, den Institutionen der Produktion, der Präsentation, des Vertriebs sowie der Rezeption, den körperlichen Wahrnehmungen und den figurativen Schemata, in denen die Präsentationen vermittelt und rezipiert werden. Visualität bezieht sich hierbei auf das „visuelle Register", in dem Bilder und visuelle Bedeutungen operieren.

Der „technische Apparat" bezieht sich auf die Mittel oder Medien, mit Hilfe derer Bilder produziert und distribuiert werden. Die Institutionen beziehen sich auf die organisierten sozialen Beziehungen, die Herstellung von Bildern. Das Konzept der körperlichen Wahrnehmung erinnert uns daran, dass die Präsenz und Perspektive der Zuschauer bei Bildanalysen und visuellen Kulturanalysen einer eigenen Beachtung bedarf. Die Figuralität ruft uns die unterschiedlichen Optionen der Präsentation, Figurierung und Formatierung der Welt in bildhafter

Form in Erinnerung. So verstanden kann sich visuelle Kultur auf Veränderungen der Wahrnehmung, technischen Mittel, visuellen Kompetenz und kulturellen Konnotation beziehen, die alle an der Bildung einer bestimmten Medienkompetenz und Weltwahrnehmung beteiligt sind. Bilder dürfen deshalb immer erst im Kontext der spezifischen Sensibilitäten zur Wahrnehmung von Bildern in visuellen Kulturen interpretiert werden (Evans/Hall 1999: 4-7).

Aus neueren Beiträgen der Medienforschung, Philosophie und Cultural Studies wird deutlich, wie umfassend das Untersuchungsgebiet Visuelle Kommunikation (vgl. Müller 2008 und Sachs-Hombach 2009) ist. Zudem zeigen neuere Ergebnisse der Kognitionsforschung, dass es bei allen Transformationen und Beschleunigungen von Bildern und ihren Wahrnehmungen auch längerfristig stabile, visuell anthropologische Grundmuster gibt. Eine solche Konstante ist etwa die Dreisekunden-Integrationseinheit des Gehirns, bei der sinnlich wahrgenommene Inhalte bis zu einer Dauer von drei Sekunden automatisch zu einer Wahrnehmungseinheit zusammengefasst werden (vgl. etwa Ruhnau 2000: 47; 51; Assmann 2000, grundlegend Tomasello 2008). Mit großer Plausibilität sind solche biologisch verankerten Zeitwahrnehmungsmuster auch grundlegend für die Produktion, Präsentation und Rezeption von bewegten Bildern. Die Beobachtung derartiger Integrationseinheiten legt eine anthropologische Untergrenze für die Verkürzung von Bildsequenzen in Programmen nahe. Untersuchungen zur „Macht des Bildes" (Frey 1999; Ludes 2001a) haben reliable, zeitliche Grenzen für „visuelle Zitate" (Frey 1999) bzw. „Schlüsselbildsequenzen" (Ludes 2002b) von sechs bis vierzehn Sekunden differenziert nachgewiesen.

Konzentrieren wir uns hier zunächst nur auf Schlüsselstandbilder (s. die Videos auf www.keyvisuals.org) von Staatsoberhäuptern in Fernseh-Jahresrückblicken 2000 – 2010 (s. Abbildung 1).

Im Vergleich zu Staatsoberhäuptern bleiben einfache Leute meist passiv und namenlos; im vergangenen Jahrzehnt wurden sie allerdings weitaus häufiger als in der zweiten Hälfte des 20. Jahrhunderts und auch häufiger im Bildzentrum gezeigt. Siehe dazu Abbildung 2.

Abbildung 1: Staatsoberhäupter in Fernseh-Jahresrückblicken (Brasilien, Deutschland, USA), 2000-2010

Abbildung 1: Staatsoberhäupter in Fernseh-Jahresrückblicken (Brasilien, Deutschland, USA), 2000-2010 (Fortsetzung)

Abbildung 2: Einfache Leute in Fernseh-Jahresrückblicken (Deutschland, USA), 2000-2010

„Schlüsselbilder" wurden „als visuelle Präsentationen, die sozusagen den ‚Schlüssel' für eine Nachricht bilden, in denen die Nachricht auf eine Formel gebracht wird" (Ludes 2002b: 52), operationalisiert. „Ähnlich wie Überschriften für Zeitungsartikel verdichten Schlüsselbilder für Nachrichtenfilme oder Streaming Videos die (audio-)visuelle Information auf den Kern" (Ludes 2002b: 52). Die Forschungsergebnisse von Frey (1999) machen zudem deutlich, dass Bewegtbilder signifikant höhere Aufmerksamkeitswerte erzielen als Standbilder, gesprochene oder geschriebene Texte. Bei der Untersuchung von Bildern kann deshalb allenfalls eingeschränkt von der Interpretation unbewegter Bilder auf die Interpretation von Filmen, Fernsehprogrammen oder Streaming Videos im World Wide Web projiziert werden. Versucht man, die fast unüberschaubare Vielfalt von Bildmaterial anhand des Schlüsselbildkonzeptes übersichtlicher zu gestalten, so kann dies zunächst in Analogie zu Selektionskonventionen und -strategien bei Druckmedien erfolgen. Schlüsselbilder bringen hierbei – ähnlich wie Überschriften in Druckmedien – Zusammenhänge nicht auf den Begriff, sondern auf das „Bild". Transmedial zeigen Schlüsselbilder überschaubare Situationen, meist mit einem, zwei oder allenfalls wenigen Hauptakteuren. Die Ereignisorte sind räumlich klar abgegrenzt und oft durch Symbole geschmückt. Außergewöhnliche Perspektiven beziehen sich auf diese Rahmungen. (Vgl. Kramer/Ludes 2010.)

Transmediale Konventionen ermöglichen es, Schlüsselbildformate zu nutzen, zu variieren, aber auch showmäßig zur Inszenierung einzusetzen (vgl. Ludes 2001a). Tabelle 1 listet die Hauptmerkmale des Schlüsselbildkonzepts in Abgrenzung zu visuellen Stereotypen und Images auf. Eine hieran anknüpfende, stärkere Differenzierung der Definitionsmerkmale für Schlüsselbilder – unterteilt nach Schlüsselstandbildern und Schlüsselbildsequenzen – zeigt Tabelle 2 unten. Jede dieser Zellen kann in Einzelstudien genauer ausgefüllt werden. Hierdurch würden Schlüsselbildanalysen einen entscheidenden Beitrag zur Untersuchung visueller Kulturen leisten. Denn erst in dem Zusammenwirken dieser verschiedenen Dimensionen wird nicht nur die Notwendigkeit einer sehr breit angelegten interdisziplinären Zusammenarbeit unterschiedlicher Fachdisziplinen deutlich, sondern auch der alltagskulturell, ökonomisch und politisch unausweichliche Anteil von visuellen Habitualisierungen und Koordinationen, von Bildpräsentationen und -rezeptionen. Dies trifft insbesondere auf alle modernen Gesellschaften zu, die technisch verbreitete Bilder konventionell und strategisch einsetzen.

Schlüsselbilder und ähnliche Konzepte				
Hauptmerkmale	Symbole	Schlüsselbilder als visueller Sonderfall von Symbolen	Visuelle Stereotypen	Images
(1) zeitliche Verbreitung	Seit den Anfängen sinnhafter Kommunikation.	Seit den Anfängen bildlicher Darstellungen. Von der Höhlenmalerei bis hin zu technisch produzierten und verbreiteten Bewegtbildern. Von kurzfristig bedeutsamen bis hin zu generationenübergreifenden Bildern.	Siehe links.	Siehe links + zunehmende Professionalisierung der positiven Selbstdarstell-ungen.
(2) KommunikationspartnerInnen BetrachterInnen/ Publika / KonsumentInnen	Symbolisch vermittelte KommunikationspartnerInnen: Face-to-Face bis multimedial vernetzt.	Von rituell ausgewählten Gruppen bis hin zu allen Personen, die technisch-ökonomisch und aufgrund ihrer Medienkompetenz Zugang haben.	Siehe links.	Siehe links, oft aber als passive Rezipienten.
(3) räumliche Verbreitung	Von lokalen, regionalen, nationalen, kontinentalen zu potentiell weltweiten Symbolen.	Von lokalen, regionalen, nationalen, kontinentalen bis hin zu potentiell weltweiten Bildern.	Siehe links.	Siehe links.
(4) mediale Verbreitung	Sprache, Artefakte, Handlungen, Rituale, Sinnkondensate.	Alle Bildmedien, von Höhlenmalereien, Tafelbildern, Fotos bis hin zu Filmen, Fernsehprogrammen und Streaming Videos.	Siehe links.	Siehe links.
(5) Spezifika	Manifestationen von Sinnselektionen außerhalb des Bewusstseins der Beteiligten.	Ästhetisch nicht besonders wertvoll, sondern durch Konventionen herausragend, allgemeiner verständlich und des-/orientierend.	Zuordnung durch BetrachterInnen, oft im Unterschied zu Selbstdarstellungen.	Hauptsächlich (professionell verbreitete) positive Selbstdarstellungen.

Tabelle 1: Schlüsselbilder und ähnliche Konzepte.

Definitionsmerkmale für Schlüsselbilder		
	Schlüsselstandbilder	**Schlüsselbildsequenzen**
Sachlich	Z.B. Index zur politischen Ikonographie, Warburg-Archiv (Amerika ... Arm und Reich ... Attentate ... Gesten ... Herrschaft ... Krieg ... Nationen ... Parteien ... Wirtschaft), zu erweitern um (teilweise bereits erfasste) Technologien, Wissenschaft, Militär, Medien, Unterhaltung, Sport, Stars usw.	Siehe links, mit besonderer Berücksichtigung visueller Erzählungen: wer, was, wann, wo, wie, warum? Konventionalisierte und strategisch eingesetzte Verkürzungen, je spezifisch nach voraussetzbarem medien- und kultur-spezifischem Decodierungswissen.
Zeitlich	Alltäglich (Zeitung), wöchentlich (Illustrierte), monatlich bis jährlich (Hefte, Bücher), jahrzehnte- jahrhundertelang präsentierte (Wandgemälde, Kirchenfenster).	Alltäglich (Fernsehprogrammteile, WWW-Angebote: Trailer, Werbespots, Nachrichtenfilme), wöchentlich (ebenso, entsprechende Auswahl mit besonderen Kanonisierungen, z.B. Wochenrückblicke), monatlich bis jährlich (ebenso), jahrzehntelang wiederholte („Klassiker" des Spielfilms, der Fernsehunterhaltung/-information/-werbung).
Sozial	Individuelle, Familien-, Gruppen-, Werbe-, Pressefotos usw.	Religiöse, politische Landschafts-, Stadt-, Familien-, Kriegsthematisierungen und weitere Genres, die je spezifisch konventionalisiert und vermischt werden.
Räumlich	Haushalt, Gruppe, Gemeinde, regionale, nationale, internationale, potentiell globale Medienkulturen.	Siehe links (aus Familienfilmen, -videos, ... weltweit verbreiteten Spielfilmen, Sport- oder Krisenübertragungen).
Medial	Höhlenmalereien, Gemälde, Fotos, Karikaturen.	Aus Spielfilmen, Fernsehprogrammen, Streaming Videos usw.
instrumentell	Religiös, darstellend, inszenierend, werbend, propagierend, manipulierend.	Unterhaltend, informierend, werbend, agitierend usw. Aufzeichnungen von Überwachungskameras im Straßenverkehr, in der Materialkontrolle (z.B. in Kernreaktoren), in der Medizin: von Röntgen-, über Ultraschall- bis zu 3-D-Aufnahmen. An Arbeitsplätzen und besonders gefährdeten öffentlichen Plätzen, wie Parkhäusern usw.

Tabelle 2: Definitionsmerkmale für Schlüsselbilder

Je mehr bestimmte Schlüsselbildformate und -typen hierbei allgemein vorausgesetzt werden können, desto besser sind die Chancen ihrer Instrumentalisierung und Inszenierung. Die Alltäglichkeit von Bildmaterial und durchschauten Perspektiven erlaubt Distanzierungen und Ironisierungen. Schlüsselbilder sind hierbei, gerade weil sie Schlüssel zu umfassenderen Bildkontexten und visuellen Kulturen bieten, auf je ältere Medienbilder, aber auch innere Vorstellungen angewiesen. Neuere Schlüsselbilder setzen sich auf Kosten älterer durch bzw. verdrängen diese teilweise oder ergänzen sie, wenn sie technisch besser, billiger und leichter zugänglich sind oder wenn sie mehr Variationsspielräume in Motiven, Formaten, Veränderungen und Vervielfältigungen bieten. Kulturell, ökonomisch und sozial vermittelte Reputationsvorteile modifizieren diese Regelmäßigkeiten. Da Bewegtbilder typischerweise attraktiver sind als Standbilder, mehr Aufmerksamkeit erzielen und Geschichten erzählen, überblenden sie meist die unbewegten Bilder. Ausnahmen existieren weiterhin vor allem im religiösen und musealen Bereich. Insoweit Stand- und Bewegtbilder in Massenmedien, Straßenverkehr, Berufsleben, beim Einkauf von Waren und Dienstleistungen allgemeinere Orientierungs- und Motivierungsfunktionen erfüllen, bilden sie zentrale Elemente jeder visuellen Kommunikation und Kommunikationswissenschaft. Sie sollten aber immer als Teil von gemischten Zeichensystemen und im Kontext visueller Kulturen interpretiert werden.

2.2 Visuelle Habitualisierungen

Habitualisierung basiert nicht auf bewusster Erziehung, sondern erfolgt durch viele kleine, unbewusste Prozesse im Alltag. Zentrales Moment der Habitualisierung ist das Vertrautwerden mit und die Verinnerlichen von Regeln der jeweiligen Kultur. Meist erfolgt dies durch „learning by doing". Habitualisierungen führen zu politischen Gemeinschaften mit gemeinsamen politischen Identitäten (vgl. Dörner 2000: 193; 197). Diese Argumentation ist nicht auf die politische Kultur beschränkt (vgl. Ludes 2001, 2002b). Aus psychogenetischer Perspektive lernen Kleinkinder und Kinder „mit dem ganzen Leib". Die Entwicklung von Vorstellungskraft und Wortbildern erscheint hierbei als eine Voraussetzung für den nur teilweise hinterfragbaren (vgl. Frey 1999) Augen-Blick, die großenteils unbewusst habitualisierte Welt-Anschauung. Sehen kann hierbei zum Beispiel unterschieden werden in beiläufige, unkonzentrierte Wahrnehmung, routinisiertes Sehen, konzentriertes Beobachten und professionalisiertes „Lesen" je unterschiedlich klar erkannter Ausschnitte perspektivisch begrenzt wahrgenommener Wirklichkeiten. Die Einordnung dieses Sehens in weitere sinnliche Wahrnehmungen ist ein Forschungsdesiderat, das visuelle Kommunikation als Bestandteil umfassenderer Kommunikationsprozesse kontinuierlich berücksichtigt. Hierbei helfen ältere Ansätze zur Beschreibung und Inhaltsdeutung von Werken der bildenden Kunst allerdings nur begrenzt weiter. So ist zum

Beispiel Panofskys Differenzierung in den Phänomensinn, der auf vitaler Da-
seinserfahrung beruht, den Bedeutungssinn, der literarisches Wissen voraussetzt
und den Dokumentsinn, der weltanschauliches Urverhalten als „subjektive
Quelle der Interpretation" einsetzt (Panofsky 1985: 95), noch an künstlerisch
hergestellten statischen Bildern orientiert. Das wesentlich umfangreichere
Spektrum von Medienbildern wird (noch) nicht berücksichtigt. Zudem wird der
Anteil von Bildern in umfassenderen Produktions-, Präsentations- und Nut-
zungskontexten allgemeiner verbreiteter visueller Kulturen vernachlässigt.

Visuelle Habitualisierungen erfolgen seit Anfang des 20. Jahrhunderts zunehmend in Bezug auf Bewegtbilder. Diese bewegten Bilder machen sowohl in
ihrer Verbreitung als auch in der zeitlichen Nutzung den weitaus überwiegenden
Teil der visuellen Kultur aus. Sie erzählen eigene Geschichten und vermitteln
umfangreiche Repertoires an Bildern und Schlüsselbildern. Deshalb kann nur
begrenzt an tradierte (Selbst-) Darstellungs- und Präsentationskonventionen
angeknüpft werden. Visuelle Habitualisierungen der jetzigen Phase des langfristigen Prozesses der Visualisierung (vgl. Ludes 1993b; 2003, Kap. 8) setzen ältere Präsentationskonventionen voraus. Habitualisierungen erfolgen generatio-
nenübergreifend. Gerade durch die selbstverständliche Weitergabe in der Generationenfolge werden Konventionen und „Gedächtnisse" etabliert, die gesamt-
kulturell wirksam werden.

Zum Verständnis visueller Kulturen ist es notwendig, sich nicht nur auf
„Fotos, die die Welt bewegten" (vgl. Stepan 2000), zu konzentrieren, sondern
gerade auf die „gewöhnlichen" Bilder, die großenteils zu Hause, in der Wohnung, als Teil eines Verhäuslichungsprozesses, individuell oder in der Familie
wahrgenommen werden und an die man sich deshalb wie selbstverständlich
gewöhnt hat. Berücksichtigt das Konzept der visuellen Habitualisierungen noch
vorrangig die psychogenetische Perspektive, ist nun die soziogenetische in den
Vordergrund zu rücken.

Optische Reize, zeichenhafte Kennzeichnungen und visuelle Koordinationen aufgrund nonverbaler Kommunikation sind lebensnotwendige Bestandteile
alltäglicher Verhaltenskoordinationen. Der Anteil dieser Art von Koordinationen nahm aufgrund der Beschleunigung, Differenzierung, Verdichtung und Professionalisierung visueller technischer Verbreitungsmedien im Laufe des 20.
Jahrhunderts historisch einmalig zu. Anfang des 21. Jahrhunderts sind diese
visuellen Repertoires ein wichtiger Bestandteil transnationaler Kommunikation.
„Die monomedial schrift-sprachlichen Text-Räume werden ‚multimedial' über-
stiegen, kulturelle Sprach-Grenzen werden ‚ikonisch' überschritten: So öffnet
sich ein ‚interkultureller Kommunikations-Raum' der Bilder" (Großklaus 2000:
226 f.).

Aufgrund der neuartigen gesellschaftlichen Bedeutung der visuellen Kultur ließen sich die Funktionen unterschiedlicher Bilder etwa differenzieren in die registrative Funktion der Spurbilder, die mimetische der Abbilder, die simulative der Surrogat-Bilder, die explikative der Schaubilder, die diegetische der Phantasiebilder, die appellative der Push-Bilder, die dekorative der Zierbilder, die phatische der Füllbilder, die ontische der Clip-Bilder und die energetische Funktion der Wirkbilder. Diese Bildtypen wären in einem Bild-Lexikon zu systematisieren. Sie ließen sich in ihrer Bild-Phonetik, -Flexion und -Syntax sowie in ihrem Modus, Tempus und Stil unterscheiden (Dölker 1999: Kap. 9). Erst dadurch könnte man die Voraussetzungen und Mängel visueller Kompetenzen in modernen Gesellschaften genauer erläutern.

Der Übergang vom analogen zum digitalen Prinzip bedeutet einen Wandel, der mit der Atomwaffentechnologie in der Rüstungsgeschichte oder der Genmanipulation in der Biologie vergleichbar ist (Debray 1999: 292f.; 354). Solche Brüche bedeuten aber keinesfalls nur die Entfremdung von bzw. das Fremdwerden der Vergangenheit, sondern führen ebenfalls zur Restituierung und Aktualisierung (Assmann 2000: 16f.). Dies hat Auswirkungen auf gemeinsame Erinnerungen. Nach Assmann werden in Abhängigkeit von Zeit, Radius und Stabilität drei Stufen des Gedächtnisses unterschieden, nämlich das Gedächtnis des Individuums, des Kollektivs und der Kultur. Individuelle Erinnerungen sind von externen Variablen wie sozialem Milieu oder erlebtem Zeithorizont abhängig. Mit jedem Generationenwechsel verschiebt sich das Erinnerungsprofil einer Gesellschaft. Ehemals repräsentative bzw. zentrale Haltungen verlieren an Bedeutung. Damit sind dem kommunikativen bzw. kollektiven Gedächtnis zeitliche Schranken gesetzt (vgl. Assmann 2000: 19f.).

Bei der Konzentration auf die visuellen Komponenten kommunikativer und kollektiver Gedächtnisse sind bestimmte Darstellungstypen entscheidend. So zeigt etwa eine Untersuchung der Darstellung von Staatsoberhäuptern und einfachen Leuten in den Hauptfernsehnachrichtensendungen der USA, der Bundesrepublik Deutschland und der Deutschen Demokratischen Republik in der zweiten Hälfte des 20. Jahrhunderts, dass Staatsoberhäupter transkulturell wesentlich häufiger dargestellt wurden als einfache Leute. Sie präsentieren sich vor allem als Redner und Entscheider bzw. werden als solche präsentiert. In erster Linie werden sie als Unterzeichner von Verträgen oder als Gastgeber bzw. Gast bei Staatsbesuchen gezeigt. Einfache Leute erscheinen demgegenüber hauptsächlich als Opfer von Naturkatastrophen oder Unfällen, seltener auch als Demonstranten. Im Wesentlichen ergibt sich ein langfristiges Verhaltensmodell einer klaren Über- und Unterordnung, einer deutlichen Bevorzugung von Aktivität auf der einen Seite und Passivität auf der anderen. In diesem Sinne erscheinen jahrzehntelang verbreitete Schlüsselbilder und Typifizierungen sowohl als Indikatoren kultureller Entwicklungen als auch als wesentlicher Bestandteil generationen-übergreifender „Offensichtlichkeiten", die deswegen kaum hinterfragt werden. Bei näherer Betrachtung wird deutlich, dass die Analyse der Präsentationen in Bildschirmmedien in langfristiger kulturwissenschaftlicher Perspektive eher dem kommunikativen Gedächtnis zuzuordnen ist und auf die Analyse weiterer visueller Materialien - etwa in der Tradition von Aby Warburg - zum Verständnis langfristiger Prozesse angewiesen ist.

Der visuelle Anteil an kollektiven Gedächtnissen wurde bisher in Kulturanalysen vernachlässigt. Gleichzeitig trägt er aber zur Beschreibung und Erklärung der Entwicklung von Identitätsempfinden, kognitiver Kompetenz, Werten und Normen mittels kommunikativer Prozesse bei (vgl. Therborn 2000: 24). Langjährig etablierten Präsentationskonventionen zu festen Tageszeiten wie etwa der Hauptausgabe der Tagesschau (seit 1952 um 20 Uhr) kommt die Funktion von Ritualen „bei der Konsolidierung und Reproduktion kollektiver Identitäten" (Therborn 2000: 239) zu. Gerade visuelle Symbole (auch in ihrer Konventionalisierung und Verdichtung als Schlüsselbilder) „zielen nicht auf Reflexivität, ‚diskursive' Begründung oder auf Argumente, sondern folgen einer präsentativen Logik. Statt an Widersprüchen zu zerbrechen, ziehen sie diese zu einer Einheit im Bild zusammen. Sie repräsentieren eine Wirklichkeitskonstruktion, in der Widersprüche und Grenzerfahrungen - das (diskursiv) nicht Sagbare - als ertragbar und darstellbar präsentiert werden" (Soeffner 2000: 49 f.). Deshalb gewinnen medientechnisch verbreitete Bilder in multi-ethnischen, multikulturellen und multi-modernen Gesellschaften, die gerade auch wegen dieser „Vielfalt der Moderne" (Eisenstadt 2000) zerbrechlicher sind als vormoderne Gesellschaften (Stehr 2000 und 2008), an Bedeutung.

Die oben referierten konstitutiven Faktoren der Eigendynamik der Medialisierung und Visualisierung moderner Gesellschaften lassen sich durch die folgenden ergänzen: Insofern moderne Gesellschaften des 21. Jahrhunderts weniger nationalstaatlich organisiert werden können und insofern Bilder weniger stark an nationale Sprachen gebunden sind (vgl. Berghaus 1986), führen auch die Koordinationserfordernisse des 21. Jahrhunderts zu einem Anstieg an allgemeiner verständlichen Schlüsselbildern. Diese stellen damit zwar ein Repertoire für soziale Koordinationen zur Verfügung, aufgrund der weitgehenden Unhinterfragbarkeit von Bildern sind hierfür aber eigene Konventionalisierungen und Institutionalisierungen der visuellen Koordination nötig. Erst mit einer Zunahme visueller Kompetenz (vgl. Ludes 1993, grundlegend Müller 2008) werden die Präsentation von Schlüsselbildern, die Klarheit von visuellen Erzählungen und die zunehmende Bedeutung visueller Argumentationen, Zitate und Hinterfragungen auch Funktionen übernehmen können, die bisher vor allem der Schriftkommunikation zugesprochen wurden.

Derart erweitert können diese Zeichen und Zeichensysteme als „Organisations- und Bauelemente der Intersubjektivität" (Soeffner 2000: 198) „Brücken zwischen den Individuen, Gruppen und Kollektiven", als „Brückenmedien", bilden. Denn der „Medienverbund gestaltet sich zunehmend zu einer Weltbühne, auf der sich die unterschiedlichen Gesellschaften mit ihren Bilderwelten auch ihre jeweiligen oft divergierenden Weltbilder, Moralen, Wünsche und Ängste vorführen lassen - in der Wiederholung immer wieder neu eingekleideter Alltagsmythen und in Genres, die ihrerseits auf Wiederholung und Mustereinschleifung hin angelegt sind" (Soeffner 2000: 357).

Allerdings sollte die „Macht der Bilder" relativiert werden. Auch wenn sich ein langfristiger Prozess der Zunahme der Bedeutung des Augensinns spätestens seit Norbert Elias (1939/1977: 439) feststellen lässt, ist doch die Einordnung von Wahrnehmungen durch den Augensinn in das Gesamtgefüge sinnlicher Wahrnehmungen zu beachten (vgl. etwa Schnell 2000a und 2000b). Außerdem ist an den wesentlich größeren Bereich des technisch bisher nicht (Re-)Präsentierbaren zu erinnern: Auch neuere Bildschirmmedien blenden wesentlich mehr aus als sie zeigen. Systematisch ausgeblendet werden bei thematischen Informationsangeboten häufig Themenbereiche wie Geheimdienste oder militärtechnische Entwicklungen. Medienbeobachtungen müssen deshalb im Kontext von Medienausblendungen interpretiert werden und visuelle Kommunikation im Kontext vollsinnlicher Kommunikationsprozesse.

2.3 Ursprünge menschlicher Kommunikation

Neuere Studien der Evolutionsbiologie bieten starke Gründe für die Primärfunktionen der Gestik als Voraussetzungen menschlicher Sprachen. „Menschliche Kommunikation ist somit ein grundlegend kooperatives Unternehmen (...) im Kontext eines wechselseitig vorausgesetzten, gemeinsamen begrifflichen Hintergrundes (1) und wechselseitig vorausgesetzter, kooperativer Kommunikationsmotive (2)" (Tomasello 2009: 17). Nur im Kontext des intentionalen Zeigens als Aufforderung zur Interaktion werden gemeinsame (Be-) Deutungsrepertoires aufgebaut und voraussetzbar.

„Die vorliegende Hypothese macht geltend, daß willkürliche sprachliche Konventionen evolutionär nur innerhalb des Zusammenhangs von kollaborativen Aktivitäten, in denen die Teilnehmer Absichten und Aufmerksamkeit teilen und die durch natürliche Formen gestischer Kommunikation koordiniert werden, in Erscheinung treten konnten. Konventionelle Sprachen (die zuerst Zeichensprachen und dann stimmliche Sprachen waren) entstanden also auf dem Rücken dieser bereits verstandenen Gesten und ersetzten die Natürlichkeit des Zeigens und Gebärdenspiels durch eine gemeinsame Geschichte des sozialen Lernens (von

der alle wechselseitig wissen, daß sie gemeinsam ist)." (Ebd.: 20) „Ikonische Gesten sind
also nicht von einer Sprache abhängig" (ebd.: 81).

In dieser Deutung bilden sie Schlüsselelemente der Medienbilder, die Aufmerksamkeit erregen und kollektive audio-visuelle taGedächtnisse konstituieren.

> „In einem größeren Maßstab können wir sogar Phänomene in den Blick bekommen, bei de-
> nen ‚wir‘ gemeinsam Dinge so intendieren, daß sie neue Qualitäten annehmen – und etwa
> Papierstücke zu Geld wurden oder gewöhnliche Leute sich innerhalb eines institutionellen
> Rahmens in Präsidenten verwandeln." (Ebd.: 84). „Hieraus resultiert der Vorschlag einer
> Art von Typologie des gemeinsamen Hintergrunds, die auf drei Unterscheidungen beruht.
> Die erste betrifft die Frage, ob sich der gemeinsame Hintergrund auf unsere unmittelbare
> Wahrnehmungsumgebung stützt, was ich gemeinsame Aufmerksamkeit nennen werde (...)
> oder ob er sich auf gemeinsame Erfahrungen in der Vergangenheit stützt. Zweitens könnten
> wir auch zwischen einem gemeinsamen Hintergrund unterscheiden, der von Top-down-
> Prozessen erzeugt wird – wir verfolgen zum Beispiel ein gemeinsames Ziel und wissen da-
> her gemeinsam, daß wir uns auf bestimmte Dinge konzentrieren, die für unser Ziel relevant
> sind –, und einen gemeinsamen Hintergrund, der von Bottom-up-Prozessen erzeugt wird –
> wir hören zum Beispiel ein lautes Geräusch und wissen gemeinsam, daß wir es gehört ha-
> ben. (...) Drittens schließlich kann sich der gemeinsame Hintergrund auf solche verallge-
> meinerten Dinge wie gemeinsames kulturelles Wissen stützen, das wir nie ausdrücklich an-
> erkennen und das oft von kulturellen Markern verschiedener Art bezeichnet wird; oder er
> kann sich auf Dinge stützen, die offen anerkannt werden." (Ebd.: 89f., s. auch Abbildung 3).

Die universellen Bildkompetenzen gründen also in frühkindlichen Erfahrungen:
„Auffordern – andere dazu zu bringen, das zu tun, was man von ihnen will";
„informiere[n] (...) über Dinge (...) von denen ich (...) glaube, daß *Sie* (und nicht
ich) sie hilfreich oder interessant finden", und „Gefühle oder Einstellungen mit
anderen teilen (...) [ein] Ausdrucks- oder Mitteilungsmotiv" (ebd.: 95-98). Weiter „bringt die Tatsache, daß ich offen und öffentlich mit Ihnen kommuniziert
habe, in Wirklichkeit nicht nur Kooperationserwartungen, sondern auch echte
soziale Normen hervor, deren Verletzung inakzeptabel ist." (Ebd.: 103) Damit
werden allgemeine Erwartungen und Kompetenzen für die Erkennung von
Bildmustern entwickelt. Gesten dirigieren gemeinsame Aufmerksamkeit und
präparieren geteiltes Wissen (Habermas 2009: 45). Durch die kontinuierliche
Verbindung von Kognition, Intention und Kommunikation können gemeinsame
Weltanschauungen aufgebaut werden.

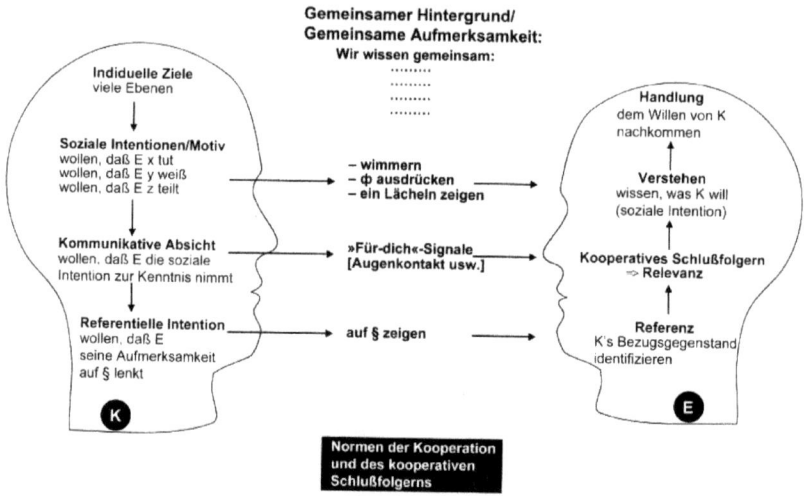

Abbildung 3: Zusammenfassung des Kooperationsmodells menschlicher Kommunikation (Tomasello 2009: 110).

Alle Erzählungen erfordern eine Unterscheidung zwischen Akteuren und Ereignissen („elementare Ereignis-Teilnehmer-Unterscheidung") (Tomasello 2009: 331): „Menschen auf der ganzen Welt lernen und verarbeiten Informationen zudem auf ähnliche Weise mittels visueller Wahrnehmung, Kategorisierung, Analogie, Automatisierung, Gedächtnisfunktionen und kulturellem Lernen" (ebd.: 331), es gibt sprachliche Universalien, weil Menschen auf der ganzen Welt ähnliche kommunikative Aufgaben erledigen müssen und dafür ähnliche kognitive und soziale Werkzeuge zur Verfügung haben. „Menschen [sind] die einzigen Wesen auf diesem Planeten, die die Welt anhand verschiedener potentieller Perspektiven auf ein und denselben Gegenstand konzeptualisieren, wodurch die sogenannten perspektivischen kognitiven Repräsentationen geschaffen werden. Der springende Punkt ist hier, daß diese einzigartigen Formen menschlicher Begriffsbildung entscheidend von geteilter Intentionalität abhängen" (ebd.: 364). Deshalb deutet visuelle Kommunikation nicht auf einen ausdifferenzierten Modus, der für sich allein untersucht werden sollte, sondern ist sozio- und psychogenetisch immer in vollsinnliche Interaktionen eingebunden. Damit ist Kommunikationswissenschaft eine grundlegende Sozialwissenschaft (vgl. Krotz 2009), die internationale Entwicklungen würdigen muss.

3. Informationsüberfluss? Wissensknappheit!

Abschnitt 1 dieses Kapitels konzentriert sich zunächst auf die westliche Diskussion eines Überflusses an Informationen. Ich werde auf die geographische und soziale Begrenzung dieser Überflussthese eingehen und sie damit selbst überflüssig machen. Indem ich meine Perspektive über westliche Kulturkreise hinaus ausweite, werde ich in Abschnitt 2 die Verteilung von Fernsehgeräten und Internet-Zugängen zwischen den USA und der Volksrepublik China vergleichen. Einige Beispiele aus westlichen Fernsehnachrichtensendungen und - Jahresrückblicken werden den Mangel der Berichterstattung über Asien in der gesamten zweiten Hälfte des 20. Jahrhunderts (in den USA und der Bundesrepublik Deutschland) und im ersten Jahrzehnt des 21. Jahrhunderts nachweisen. Untersuchungen aus der Volksrepublik China zeigen hingegen eine schwächere nationale Perspektive. In Abschnitt 3 erfordert dieser Vergleich eine Ergänzung der westlichen Einschätzung eines Informationsüberflusses durch eine umfassendere Berücksichtigung ganz unterschiedlicher Knappheiten an Wissen. Zusätzlich zu dieser Knappheitsthese sollten Zuverlässigkeitsgrade von Informationen in Frage gestellt und überprüft werden. Wir dürfen nicht annehmen, dass zeitgenössische westliche Interpretationen in globalen Kontexten als gültig anerkannt werden, noch dass es einfach ist, eine Einigung über globale Konzepte und Kontexte zu finden.

3.1 Informationsüberfluss?

Seit der zweiten Hälfte des 20. Jahrhunderts spielen elektronische Medien und mediatisierte Kommunikation eine Schlüsselrolle in Nordamerika, Westeuropa und allen anderen hochindustrialisierten modernen Gesellschaften. Seit den 80er Jahren des vergangenen Jahrhunderts sind zum Beispiel mehr als 95 % aller Haushalte in den USA und der Bundesrepublik Deutschland mit mindestens einem Fernsehgerät ausgestattet. In diesen Ländern können wir deshalb von einer Vollausstattung der Haushalte und damit der umfassenden Möglichkeit der Verbreitung und Nutzung von Fernsehinformation und -unterhaltung sprechen. Es ist allerdings schwer, die Medieninhalte unter Aspekten ihrer Informations-

anteile zu bewerten. Es ist noch schwerer, Informationen im Vergleich zu Zu-
sammenhangs-Wissen über verschiedene soziale und kulturelle Bereiche einzu-
schätzen, ebenso wie die wechselseitigen Abhängigkeiten und Ergänzungen von
Informationen und Relevanzschemata, ihre Entwicklungen und ihre unterschiedlich prekäre Existenz.

Auf die sehr unterschiedlichen Definitionen von „Daten, Informationen und
Wissen" soll hier nicht näher eingegangen werden. (Vgl. z. B. Spinner 1998:
Kap. III. und V.; Ganz-Blättler 2000; Stehr 2000: 96-100, 308-317; UNESCO
2005 und 2010; UNDESA 2005 und 2010a/2010b). Es gibt allerdings einige
Anzeichen dafür, dass die langfristig längere allgemeine Schulausbildung und
Berufsbildung, sowie der Umbruch von dominierenden Arbeitstätigkeiten in der
Landwirtschaft oder Industrie hin zum Dienstleistungssektor oft mit höheren
Graden der Arbeitsautonomie und geringeren Arbeitszeiten einherging (vgl.
Ludes 1994; 1998). Der leichtere Zugang zu Massenmedien eröffnet professio-
nell hergestellte Informationen für die überwiegende Mehrheit der allgemeinen
Bevölkerung. Allerdings können diese Entwicklungen zwar als durchgehend
wichtig für alle westlichen Gesellschaften angesehen werden, die nationalen und
sozialen Unterschiede im Medienzugang bleiben aber weiterhin beachtlich.

Im Unterschied zu Informationsmärkten und der Vermarktung von Medienprodukten in den USA betonen offizielle Dokumente der Europäischen Kommission zum Beispiel die Notwendigkeit einer nutzerfreundlichen Informationsgesellschaft. Marktwerte werden hier kombiniert mit Solidarität; es wird ein
gleichberechtigter Zugang zu Informationen und Informationsnetzwerken gefordert. Aus einer europäischen Perspektive wird Technologie nicht ausschließlich als so dominierend angesehen, dass Individuen und Gesellschaften sich
technologischen Entwicklungen einfach anpassen müssten.

Wir müssen zudem die unterschiedlichen Wissenstypen beachten, die durch
Multimedia-Vernetzungen präsentiert, verlinkt, genutzt und interaktiv ergänzt
bzw. transformiert werden. Hierbei muss zwischen Mentalitätsprozessen unterschieden werden, die nur sehr langfristigen, generationenübergreifenden Trans-
formationsprozessen unterliegen und „relativ natürliche Weltanschauungen"
vermitteln (vgl. Scheler 1960) und den „Bildungs"-Weltanschauungsfolien, wie
Mythos und Sage, das in der natürlichen Volkssprache implizit mitgegebene
Wissen, religiöses Wissen, mystisches Wissen, philosophisch-metaphysisches
Wissen, das in zeitgenössischen modernen Gesellschaften manchmal ideologi-
sierte „positive" Wissen der Mathematik, Natur- und Geisteswissenschaften und
das technologische Wissen (ebd.: 63).

Berücksichtigen wir die unauflösliche Einordnung je aktueller „Informati-
onsgewinne" in längerfristig stabilere Formationen unterschiedlich ideolo-
gisch/utopischer Wissensformen, wird deutlich, dass je kulturspezifische Infor-

mationsverständnisse und Wissensfolien in ganz unterschiedlichen Kombinations- und Konkurrenzverhältnissen und affektiv besetzten Hierarchisierungen miteinander konkurrieren.

Dominierende Medientechnologien Anfang des 21. Jahrhunderts werden auf Jahrzehnte hinaus auch westliche, insbesondere US-amerikanische kulturelle Konnotationen vermitteln. Internationalisierung oder gar Globalisierung müssen weiterhin auch (sicher nicht ausschließlich, s. Norris/Inglehart 2009) als Amerikanisierung und Verwestlichung verstanden werden. Dies ist kein Naturgesetz, sondern eine Voraussetzung für Diagnosen Anfang des 21. Jahrhunderts, die zunehmend Entwicklungen in verschiedenen Weltkulturkreisen und ihre unterschiedlichen Vernetzungen, v.a. bestimmter Unternehmen oder Dienstleistungsgewerbe in städtischen Regionen im Unterschied zu oft großenteils abgekoppelten/exkommunizierten ländlichen Regionen berücksichtigen müssen (vgl. Qiu 2009).

Werthorizonte leiten auch die Produktion, Präsentation und Nutzung von Medieninformationen. Information im westlichen Sinne bedeutet, hier handelt es sich um ein nützliches Orientierungsmittel, das zur Produktion von Wissen beiträgt, welches aktiv, am besten in bezahlten Tätigkeiten, profitabel genutzt werden kann. Weder die Interpretation traditioneller, heiliger Schriften noch die Zurschaustellung von Affekten erscheint unter diesen Perspektiven als besonders nützlich. Diese typisch modernen Normierungen und Symbolisierungen entwickelten sich in Ergänzung, in Konkurrenz und in Ausscheidungswettkämpfen gegenüber traditionellen Vorschriften. Informationen, die sinnlos im Sinne von zweck- oder wertrational wären, passen kaum in westliche Konzepte. Eine grundlegende Frage ist deshalb nicht nur, von wem Informationen kommen, sondern wozu das Wissen bedeutsam werden kann. Wissen im westlichen Sinne erfordert derart zweckrational orientierte adäquate Beschreibungen, Interpretationen, Erklärungen.

Dieses Verständnis von Wissen ist komplexer und näher an Vorstellungen der sozialwissenschaftlichen Erklärung als isolierte Informationen. Es lassen sich aber selbst im deutschen oder englischen Sprachgebrauch keine selbstverständlichen Definitionen von Wissen erkennen, wie zum Beispiel Gegenüberstellungen von Daniel Bells Hervorhebung theoretischen Wissens (1973: 175) und Manuel Castells' Diskussion vernetzten Wissens (1996: 17, Anmerkung 27; vgl. Castells 1997 und 1998) erkennen lassen. Ähnlich uneinheitlich ist der Sprachgebrauch im Deutschen (vgl. z. B. Spinner 1998 und 2001).

Die gerade skizzierten westlichen Grundwerte erklären aber vielleicht, warum es in journalistischen, feuilletonistischen, politischen, wissenschaftlichen Öffentlichkeiten in westlichen Massenmedien und zielgruppenspezifischen Medien so selten um „Globalisierungen der Information" geht, obwohl jede realistische Analyse des tatsächlichen Zugangs zu Druckmedien, Fernsehprogrammen, Intra- oder Internetinformationen klarmachen würde, dass globale Ungleichheiten in der Verbreitung von Informationen die Gemeinsamkeiten überwiegen.

3.2 Bildschirmmedien in den USA im Vergleich zur Volksrepublik China

Es ist irreführend, wenn man versucht, Gesellschaften unter einem einzigen oder ganz wenigen Strukturprinzipien zu verstehen, wie zum Beispiel allein als Medien- oder Kommunikationsgesellschaften. Es ist historisch ebenso fragwürdig, wie Gesellschaften abzugrenzen sind: Ihre Identifizierung mit Nationalstaaten ist offensichtlich vorübergehend und war nur in den letzten 200 Jahren in wenigen Teilen der Erde annähernd plausibel. Regionale, kontinentale und internationale, ja globale Integrationseinheiten transzendieren nationale Grenzen. Die wechselseitigen Abhängigkeiten, Ergänzungen und Ähnlichkeiten zwischen verschiedenen sozialen Schichten oder unterschiedlich entwickelten nationalstaatlich organisierten Gesellschaften lassen die bisherige Konzentration auf nationale Staaten zunehmend fragwürdig werden.

Da Statistiken allerdings weiterhin hauptsächlich auf nationalstaatliche Einheiten (und Untereinheiten von Nationalstaaten) bezogen sind, ebenso wie differenziertere empirische Daten und Massenmedien weiterhin hauptsächlich auf Sprachräume und national organisierte Staaten hin (zumindest in ihrer Mehrheit) orientiert sind (vgl. Ludes 2001, Kap. 5), erfolgen interkulturelle Vergleiche oft zwischen nationalstaatlich organisierten Gesellschaften. Es gibt ja auch weiterhin Belege dafür, dass nationale Kontexte tatsächlich die Lebensbedingungen entscheidend mitprägen. Deshalb erlaubt der nun folgende Überblick über Medienstatistiken und Medieninhalte (trotz der gerade aufgeführten Argumente) einige Einblicke in Gemeinsamkeiten und Unterschiede von Informationszugängen und Inhalten von Informationsprogrammen.

Zunächst müssen wir uns vergegenwärtigen, dass jede menschliche Gesellschaft durch das Wechselspiel, den Wettbewerb und/oder Ausscheidungswettkampf unterschiedlicher Kommunikationsmedien konstituiert wird: Jedes persönliche Gespräch erlaubt und erfordert nonverbale Kommunikation, Variationen in Tonfall und Wortmodellierungen. Üblicherweise spielen mehr oder weniger explizite Verweise auf die Situation, die Umgebung, sichtbare Symbole oder eher implizit unterstellte Leitbilder eine in der Interpretation mitentscheidende Rolle. In modernen Gesellschaften ist es üblich, dass Menschen im Laufe eines Tages zwischen verschiedenen Medien der Kommunikation wechseln: sie lesen, telefonieren, sehen fern, hören Radio, surfen im Web oder nutzen soziale Foren mobil und „smart", stellen sich selbst multimedial und -modal dar. Diese

Kommunikationsmodi werden fast gleichzeitig oder mit oft geringen Zeitintervallen erlebt. Je mehr Geld für die Gesamtnutzung oder bestimmte Nutzungszeiten ausgegeben werden muss, desto weniger Menschen weltweit können sich aber die Nutzung derartiger Medien oder Medieninhalte auf Dauer leisten – dies gilt Anfang des 21. Jahrhunderts für mehr als zwei Drittel der Weltbevölkerung.

Konzentrieren wir uns hier allein auf Bildschirmmedien, kann dies durch einen Vergleich der USA mit der Volksrepublik China verdeutlicht werden: Mehr als 95 % aller Haushalte in den USA besitzen seit den achtziger Jahren mindestens ein Fernsehgerät - in der Volksrepublik China war der Anteil 1990 66,6 % (Lee 1994: 26-27; vgl. Zhao 1998), Ende der 90er Jahre des vergangenen Jahrhunderts gab es etwa 800 Millionen FernsehzuschauerInnen in China, dies entspricht etwa 70 % der Bevölkerung: Von allen TV-Haushalten können 60 % mehr als vier Kanäle empfangen. 60 % aller Zuschauer sehen jeden Tag fern. Die durchschnittliche Sehdauer pro Tag liegt bei zwei Stunden. Für viele Chinesen ist Fernsehen zur wichtigsten Freizeitbeschäftigung geworden. Dabei interessieren sich 30 % aller Zuschauer für Bildungsprogramme, während 20 % aus Zeitvertreib fernsehen. Am beliebtesten sind Fernsehserien. Werbefernsehen befürworten nur 20 % der Zuschauer, weitere knappe 20 % lehnen es völlig ab. Etwa 80 % aller TV-Zuschauer sind mit den Unterhaltungsangeboten zufrieden (Xu/Salamanca 2000; vgl. auch Fung 2009, Leonard 2008, Meng 2010, Sun/Zhao 2009, Tay 2009 und Yan 2002). Inzwischen ist dieser Bedeutungszuwachs des Fernsehens, vor allem auch für nationale Identitätsbildung (Kramer 2006) weiter fortgeschritten, mit einem Schub während der Olympischen Sommerspiele 2008 (vgl. Kramer/Ludes 2010, Teil II).

Im vergangenen Jahrzehnt hatte das Fernsehen in China eine Reichweite von mehr als 96 Prozent. China Central Television (CCTV) verbreitete auch international 24-Stundenfernsehnachrichten: in Mandarin (CCTV 4), Englisch (CCTV9, seit 2000, ca. 45 Millionen Zuschauer weltweit), Französisch (CCTV-F9) und Spanisch (CCTV-E). (Scotton und Hachten 2010)

Aber diese allmähliche Annäherung an westliche Geräteverbreitungen und Fernsehnutzungszeiten bleibt immer noch erheblich hinter der Vollversorgung westlicher Industrieländer und Nutzungszeiten von drei bis sieben Stunden je Tag in westeuropäischen Ländern und den USA zurück. Sie erfolgt im Kontext ganz anderer Arbeitsverhältnisse, politischer Vorstellungen, religiöser Leitbilder, häuslicher Situationen – mit anderen Qualitäten der Bilddarstellung und, worauf hier nur kurz eingegangen werden kann, mit anderen Schwerpunkten der Informationsvermittlung. Wie Lee (1994: 30-33) diagnostiziert, kann Fernsehen als populäre Freizeitaktivität angesehen werden, die sich durchsetzt, sobald Fernsehgeräte allgemeiner verbreitet werden. Aber fernzusehen kann auch zu wirtschaftlichem Wachstum beitragen, denn Fernsehprogramme vermitteln Rollen bzw. Verhaltensmodelle moderner Persönlichkeiten, sie weisen über lokale oder national begrenzte Augen-Blicke und Welt-Anschauungen hinaus. Wenn schon nicht allein aus kulturverständigenden Erkenntnisinteressen, so doch aus der Beachtung medientechnologischer und allgemeiner ökonomischer Trends ist es deshalb angebracht, unter Globalisierungsaspekten auf die Informationsvermittlung in der Volksrepublik China einzugehen.

Denn wenn es stimmt, dass Informations- und Kommunikationstechnologien eine mitentscheidende Rolle in sich globalisierenden ökonomischen, politischen, militärischen und kulturellen Wettbewerben und Ausscheidungskämpfen spielen, dann ist die Kluft im Zugang zu Informationen über Bildschirmmedien zwischen den USA und China zu untersuchen; sie wird auch für einige Zeit die Verständigungschancen zwischen verschiedenen Kulturen und die Wettbewerbschancen der langsameren „Entwicklungsländer" abschwächen. Denn für alle Wettbewerbsgebiete bieten allgemeinere Grundkenntnisse, die nicht über das offizielle Ausbildungswesen, sondern über Massenmedien alltäglich vermittelt werden, wichtige Rahmenbedingungen für Meinungsbildungen und Entscheidungsfindungen.

Wenn Massenmedien derart als Orientierungs- und Kommunikationsmittel funktionieren sollen, müssen sie Rückmeldungen ermöglichen. Diese Rückkoppelung kann allerdings für kulturkreisübergreifende Ost-West-Beziehungen nicht unterstellt werden. So ergab unsere Untersuchung eines systematischen Samples von Fernsehnachrichtensendungen aus den USA und der Bundesrepublik Deutschland, von 1949 bzw. 1952 bis 1998 (vgl. differenziert für die erhobenen Daten und Grundauszählungen Ludes 2001, vor allem die CD-ROM): in den CBS Evening News bezogen sich nur 6 % der 1.251 von uns analysierten Nachrichteneinheiten auf Asien, wovon sich der weitaus überwiegende Teil auf Vietnam und (etwas weniger) auf Korea bezog. Nur 8 Beiträge in unserer Datenmenge berücksichtigten die Volksrepublik China. Diese verschwindende Teilmenge war in der wichtigsten Fernsehnachrichtensendung der Bundesrepublik, der *Tagesschau,* noch geringer: Von den 881 Nachrichtenbeiträgen, die wir hierfür analysierten, berichteten nur 4 % über Asien. Nur 4 Nachrichtenbeiträge bezogen sich hiervon auf die Volksrepublik China. In der einzigen Fernsehnachrichtensendung der Deutschen Demokratischen Republik, der *Aktuellen Kamera* (von 1952-1989), berichteten 5 % der 648 analysierten Nachrichtenbeiträge über Asien, hiervon nur 5 über die Volksrepublik China. Somit war also selbst in dieser Nachrichtensendung eines sozialistisch organisierten Gesellschaftssystems keine wesentlich größere Beachtung der Volksrepublik China zu erkennen. Unsere Inhaltsanalyse von Informationsangeboten im World Wide Web im Oktober 1998 führte sogar zu noch geringeren Berichterstattungsverhältnissen über Asien: Nur 2 % der CBS News Online berichteten in unserer Stichprobe vom 20. bis zum 22. Oktober 1998 über Asien (aber 78 % über die USA); nur 4 % von CNN Interactive (aber 55 % über die USA) und nur weniger als 2 % der TagesschauOnline (aber 60 % über die Bundesrepublik Deutschland). Nur der neuartige Informationsanbieter OneWorld online (ein Zusammenschluss von mehr als 300 gemeinwohlorientierten Organisationen) berichtete mit 7 % seines Informationsangebots über Asien - über die USA mit 10 %, Afrika mit 12 % und Lateinamerika mit 14 % beachtlich mehr, am meisten aber über Westeuropa mit 21 % und (als neuer Berichterstattungsschwerpunkt) über die Welt insgesamt, vor allem auch über globale Themen. Unsere detaillierte Untersuchung von Fernsehjahresrückblicken 1999 bis 2010 ergibt folgendes Bild: Die Länder und Regionen in Fernsehjahresrückblicken in CBS (1999 – 2010) und CCTV 4/CCTV 9 (2008 und 2009) sowie Jahrhundert-Rückblicken in den USA zeigen eindeutige Schwerpunkte und blinde Flecken. Siehe dazu Tabelle 3.

Genannte Länder und Regionen in CBS-Fernseh-Jahresrückblicken (1999-2010)*		Genannte Länder und Regionen in Jahrhundert-Rückblicken in den USA**		Genannte Länder und Regionen in CCTV 4 und CCTV 9 Fernseh-Jahresrückblicken (2008-2009)***	
Top 3		Top 3		Top 3	
Vereinigte Staaten	46,86%	Vereinigte Staaten	26,80%	China	44,30%
Irak	5,17%	Deutschland	15,50%	Vereinigte Staaten	30,40%
Indonesien	2,21%	Welt	13,20%	Welt	1,10%
Untere 3		Untere 3		Untere 3	
Belgien	0,01%	Österreich	1,10%	Mexiko	0,02%
Frankreich	0,01%	Vietnam	0,70%	Tuvalu	0,02%
Hong Kong	0,04%	Europa	0,30%	Vereinigte Arabische Emirate	0,02%

Anmerkung: Prozentangaben beziehen sich auf den Anteil der Zeit auf dem Bildschirm, wobei 100 % der Gesamtlaufzeit entsprechen.
* Top 3 und Untere 3 Länder aus 16 insgesamt. Die Analyse basiert auf 36 Rückblicken, Gesamtlänge 02:10:40.
** Top 3 und Untere 3 Länder aus 30 insgesamt. Die Analyse basiert auf 27 Rückblicken, Gesamtlänge 4:45:10.
***Top 3 und Untere 3 Länder aus 24 insgesamt. Die Analyse basiert auf 7 Rückblicken, Gesamtlänge: 1:37:20.

Tabelle 3: Länder und Regionen in Fernseh-Jahresrückblicken in CBS (1999 – 2010) und CCTV 4/CCTV 9 (2008 und 2009) sowie Jahrhundert-Rückblicken in den USA.

Hier wird deutlich, dass Fernsehrückblicke historische Macht-(darstellungs)unterschiede zeigen, ebenso wie die begrenzte Wahrnehmung internationaler Beziehungspartner. So war Deutschland für das 20. Jahrhundert im Fokus der US-Rückblicke, im vergangenen Jahrzehnt hingegen der Irak. Die berücksichtigten chinesischen Fernsehjahresrückblicke zeigen, wie sehr die USA als Gegenüber wahrgenommen werden. Betrachten wir die verschiedenen Akteurstypen, ergeben sich eindeutige Unterschiede zwischen dem Genre Jahrhundert-Rückblicke, in dem Augenzeugen dominieren, CBS-Fernsehjahresrückblicken 1999-2010, mit den Staatsoberhäuptern auf Rang 1 und den Journalisten/Fotografen auf Rang 1 bei CCTV 4 und 9. Siehe dazu Tabelle 4.

Akteure in CBS Fernseh-Jahresrückblicken (1999-2010)*		Akteure in Jahrhundert-Rückblicken in den USA**		Akteure in CCTV 4 und CCTV 9 Fernseh-Jahres-Rückblicken (2008-2009)***	
Top 3		Top 3		Top 3	
Einfache Leute	6,17%	Augenzeugen	5,70%	Journalisten/Fotografen	7,80%
Staatsoberhäupter (Präsidenten, Könige, Kanzler)	4,90%	Staatsoberhäupter (Präsidenten, Könige)	2,20%	Staatsoberhäupter (Präsidenten, Könige)	7,30%
Soldaten (Offiziere wurden gesondert kondiert)	3,20%	Prominente (großer Berühmtheit)	1,90%	Premierminister/Kanzler	3,80%
Untere 3		Untere 3		Untere 3	
Environmental activists (Umweltaktivisten)	0,03%	Bürgermeister großer und kleiner Städte / Figuren der Stadtverwaltung	0,02%	Politische Aktivisten	0,07%
Führer von einer internationaler Organisation	0,01%	Minister	0,01%	Gefangene, Verdächtige, Angeklagte	0,05%
Top Religionsführer	0,01%	Mannschaftskapitäne/ Vorsitzende von Sportvereinigungen	0,01%	Vertreter des Gerichtshofes oder Justizwesens	0,02%

Anmerkung: Prozentangaben beziehen sich auf den Anteil der Zeit auf dem Bildschirm, wobei 100 % der Gesamtlaufzeit entsprechen.
* Top 3 und Untere 3 Akteure aus 52 Kategorien insgesamt. Die Analyse basiert auf 36 Rückblicken, Gesamtlänge 02:10:40.
** Top 3 und Untere 3 Akteure aus 61 Kategorien insgesamt. Die Analyse basiert auf 27 Rückblicken, Gesamtlänge 4:45:10.
*** Top 3 und Untere 3 Akteure aus 48 Kategorien insgesamt. Die Analyse basiert auf 7 Rückblicken, Gesamtlänge 1:37:20.

Tabelle 4: Akteure in Fernseh-Jahresrückblicken in CBS (1999 – 2010) und CCTV 4/CCTV 9 (2008 und 2009) sowie Jahrhundert-Rückblicken in den USA.

Dass die Vernachlässigung Chinas in den US-Fernsehjahresrückblicken ein Indikator unterschiedlicher Weltteilanschauungen ist, wird deutlich, wenn einige Ergebnisse von Medieninhaltsanalysen zur Entwicklung von Informationen in der Volksrepublik China referiert werden. Allgemein kann festgestellt werden, dass Informationsangebote in Bildschirmmedien Einzelnachrichten und längerfristig etablierte Themenstrukturen und Relevanzhierarchien üblicherweise in bestimmten Rahmungen anbieten, die das jeweilige soziale, politische und ökonomische System eher bestätigen. Innerhalb dieser ideologischen Grundannahmen können dann unterschiedliche Einzelberichte und Perspektivierungen erfolgen. Vor allem die internationale Berichterstattung ist aber ein entscheidender Faktor in der entsprechenden Meinungsbildung und Entscheidungsfindung, denn die meisten Menschen haben keine direkten Erfahrungen mit weiter entfernt liegenden politischen und wirtschaftlichen Systemen, sie sind für ihre Interpretation entsprechender Ereignisse auf Massenmedien angewiesen. In diesem Sinne beeinflussen Massenmedien nicht nur, was wir, sondern auch, wie wir denken (Huang/McAdams 2000: 71).

Seit den 80er Jahren des vergangenen Jahrhunderts verzeichnet die Volksrepublik China große Zuwachsraten in der Verbreitung von Fernsehsendern, -programmen und -geräten. Noch 1985 hatte China 202 Fernsehstationen, Ende 1995 mehr als 837. Das Fernsehen erreichte 1978 45 % der chinesischen Bevölkerung und etwa 85 % zwanzig Jahre später, mit einer Zuschauerschaft von etwa einer Milliarde Menschen. 1995 produzierten alle Fernsehsender in China 2.739 Nachrichtensendungen von insgesamt 80.799 Stunden; dies bedeutete eine Verzehnfachung der 7.444 Stunden von 1985. Fernsehnachrichtenprogramme in der Volksrepublik China übersteigen quantitativ weit das Angebot von Bildungssendungen, in einem Verhältnis von etwa 7:1 im Jahre 1995 (Chang/Chen 2000: 202).

Chang und Chen (2000: 203ff.) untersuchten die Hauptnachrichtensendungen der Volksrepublik China vom 15. Juni bis zum 15. Juli 1992 (wobei fünf Tage fehlten) und 25 Tage Fernsehnachrichtensendungen vom Dezember 1996. Diese Erhebung sollte die Fernseh-Weltanschauung der chinesischen nationalen Nachrichten ergeben. Hiernach wurden 1992 die USA mit 13,3 % am meisten beachtet, vor Jugoslawien mit 11,1 %, Russland mit 8,0 %, den Vereinten Nationen mit 6,2 %. 1996 war Russland eindeutig an erster Stelle mit 23,3 %, die USA wurden mit 8,3 % berücksichtigt. 1992 waren Nachrichtenbeiträge im Durchschnitt länger als 1996 (eine Verkürzung der Berichterstattung, die sich langfristig sowohl für die USA als auch die Bundesrepublik als auch die DDR nachweisen ließ (vgl. Ludes 2001: Kap. 3 und 4). Chang und Chen (2000: 217-219) schlussfolgern: Die USA, Russland und auch die Vereinten Nationen dominieren die Berichterstattung über Nachrichten aus dem Ausland und vor allem über auswärtige Politik. Diese drei Länder bzw. Akteure repräsentieren nicht nur Nachrichtenzentren; sie sind selbst Knoten, die weitere Berichterstattungen über andere Länder aus anderen Teilen der Welt vernetzen. Die Berichterstattung über weniger bekannte Länder erfolgt auf dem Umweg über die Hauptakteure der Weltpolitik, die oft in Freund-Feind-Schemata eingeordnet werden. Aus längerfristiger Perspektive existierten Afrika und Lateinamerika nicht auf den Bildschirmen Chinas im 20. Jahrhundert. Wie sehr die USA inzwischen beachtet werden, wurde bereits gezeigt. Insgesamt definieren die Hauptinformationsangebote moderner Gesellschaften unterschiedlich „die Welt". Gemeinsam ist, dass das eigene Land und seine Hauptverbündeten und Hauptkonkurrenten die „Bildschirm-Welt" ausfüllen. Das Verhältnis der Berichterstattung über das eigene Land zu der über andere Länder ist jeweils derart, dass kaum auch nur Grundkenntnisse über politische Systeme, kulturelle Voraussetzungen, Entwicklungschancen und Probleme thematisiert werden. Auch Anfang des 21. Jahrhunderts, in der Epoche der sogenannten Globalisierung, werden weiterhin nationale Identitäten durch Informationsangebote über Bildschirmmedien verstärkt: Die globale Welt wird hauptsächlich auf der Basis von Nationalstaaten konstruiert (Boyd-Barrett 2000: 319; ausführlich Ludes 2001: Kap. 5).

Journalisten und Journalistinnen betonen oft, Tageszeitungen, Radio und Fernsehinformationen müssten sich wechselseitig ergänzen. Für Lokalnachrichten mag dies stimmen, aber selbst für die Berichterstattung über Mitgliedsländer der Europäischen Union gilt dies kaum, auch wenn man sich auf Nachrichtenmagazine im Printbereich konzentriert, die üblicherweise beanspruchen, Hintergrundinformationen zu liefern (vgl. Sievert 1998). Ludes (2001: vor allem Kap. 6 und 7) stellte deshalb die allgemeine These auf, dass transmedial und transkulturell nationale Orientierungsmuster in den am weitesten verbreiteten Informationsangeboten vorherrschen. Diese These scheint auch für die Entwicklung der Nachrichtenauswahl durch die Nachrichtenagentur der Volksrepublik China, Xinhua, in der zweiten Hälfte des 20. Jahrhunderts zuzutreffen: Charles W. Elliott untersuchte alle englischsprachigen Verlautbarungen an die internationale Presse durch diese Nachrichtenagentur für ein repräsentatives Sample der Jahre vom 1. Januar 1950 bis zum 31. Dezember 1989. Eine Reihe von Jahren waren allerdings noch nicht für die Forschung offen (1960 bis 1966; 1969 bis 1976); für die anderen Jahre konnten aber etwa 15 Tage pro Jahr analysiert werden, also etwa 4 % des verbreiteten Materials (Elliott 2000: 360-361; mit Verweis auf Stempel 1952, der sechs Tage pro Jahr als hinreichende Stichprobe für Generalisierungen ansah). Insgesamt lässt sich kein Anstieg an internationalen Nachrichtenangeboten erkennen, im Gegenteil sogar eine Reduzierung von 71,3 % Anteil internationaler Nachrichtenbeiträge an der Gesamtnachrichtenangebotsmenge in den 50er Jahren über 46,7 % in den 60er Jahren, 63,9 % in den

70er Jahren und 40,8 % in den 80er Jahren. Dieser Trend der Re-Nationalisierung ist noch stärker als für Fernsehnachrichtenangebote in den USA und der Bundesrepublik Deutschland für die zweite Hälfte des 20. Jahrhunderts (vgl. Elliott 2000: 362 mit Ludes 2001: Kap. 3 und 4, für WWW-Informationsangebote Kap. 5 und die entsprechenden Tabellen auf der CD-ROM; für die Verbreitung der Weltregionen in den internationalen Nachrichten der chinesischen Nachrichtenagentur s. Elliott 2000: 364).

Als Hauptakteure der internationalen Nachrichten von Xinhua (Elliott 2000: 371) erscheinen von den 50er bis zu den 80er Jahren die Diplomatie, das Militär, die Wirtschaft und der Sport, in den 60er Jahren des 20. Jahrhunderts auch der Kommunismus. Die Regierung ist (bis auf die 70er Jahre) dominierender als Organisationen und Individuen (ebd.: 372). Externe Quellen machten immer die Minderheit der chinesischen internationalen Nachrichten aus (ebd.: 373). Elliott (2000: 383-384) schlussfolgert: Trotz vieler Kontinuitäten lassen sich einige Trends erkennen - die chinesische Nachrichtenagentur passte sich allmählich an internationale Erzählmuster und Reportagestile an, Schnelligkeit und Aktualität gewannen an Bedeutung, was den Einfluss politischer Zensur begrenzte. Schwerpunkte der Berichterstattung waren über mehrere Jahrzehnte hinweg Asien und Entwicklungsländer in aller Welt. Internationale Nachrichten wurden als Informationsangebot konzipiert, im Unterschied zu nationalen Nachrichten, die eher der Propaganda dienten. Ähnlich wie bei Ludes (2001, vgl. vor allem das Schlüsselbildmaterial auf der CD-ROM aus den USA, der Bundesrepublik und der DDR) lassen sich inhaltliche Stabilitäten und nationale Themenhierarchien erkennen, die aber durch eine Internationalisierung der Erzählmuster und Präsentationsformate teilweise konterkariert werden. Überspitzt formuliert könnte man von einer *Globalisierung der Formate und einer Re-Nationalisierung der Inhalte* der wichtigsten Informationsangebote in der zweiten Hälfte des 20. Jahrhunderts sprechen.

Dies gilt auch für die fortwirkende Bedeutung nationalstaatlicher Grenzen für Informationsangebote des World Wide Web. Die Auswertung von 4.000 Web-Sites durch Halavais (2000) belegte, dass sich auch die Informationsangebote des World Wide Web in ihrer überwiegenden Mehrheit an nationalen Grenzen orientieren und Links zu Sites in der gleichen Gesellschaft anbieten. Wenn internationale Links angeboten werden, verweisen diese überwiegend auf Homepages aus den USA. Selbst bei den sogenannten universellen Informationsangeboten aus Wissenschaft und Forschung, Internet und Computern war der Anteil der ausländischen Links nur 38 bzw. 34 %, kaum höher als 32 % für die Politik, aber beachtlich höher als in allen anderen Bereichen (Halavais 2000: 21; vgl. weiterführend Halavais 2009). Diese Untersuchung (ähnlich wie die Untersuchung von Ludes 2001: Kap. 5, 15) belegt, wie sehr nationale Medienkulturen weiterhin Informationsangebote des sogenannten weltweiten Netzes dominieren. Selbst wenn historisch neuartige Zuwachsraten des Zugangs zu und der Nutzung von Bildschirmmedien-Informationen diagnostiziert werden können und sich deren Inhalte (Themenhierarchien, Beachtung von Ereignisregionen, Auswahl von Haupthandelnden, Erzählmodi) allmählich doch etwas denationalisieren und internationalisieren (jedoch kaum globalisieren), ist für derartige medientechnologisch fokussierte Diagnosen zu beachten, wie sehr langfristig kulturelles Hintergrundwissen die Auswahl und Interpretation neuer Inhalte bedingt. Jede realistische Diagnose von „Informationsgesellschaften" sollte deshalb interkulturelle und intermediale Vergleiche durchführen. Hierbei sind die globalisierenden Möglichkeiten von Informations- und Kommunikationstechnologien zu unterscheiden von deren tatsächlicher Verbreitung und Nutzung, auch von Kontinuitäten, Ausdifferenzierungen und Umbrüchen der Medieninhalte je neuerer Medien, die aber mitunter im Kontext längerfristig wirksamer Medienkulturen desorientieren.

Explizit als Nachrichten präsentierte Informationsangebote kreieren bestimmte symbolische Wirklichkeiten, Mittel der Kommunikation, Hierarchien der Relevanz und Bekanntheit und reproduzieren hierdurch fundamentale Weltanschauungen (vgl. Chen Chang/Wang/Chen 1994: 54-55). Aufgrund der bisher präsentierten Inhaltsanalysen können wir schlussfolgern, dass chinesische, US-amerikanische und deutsche Zuschauer, bezogen auf internationale Themen, kaum symbolische Realitäten, Kommunikationsmittel, Relevanz-hierarchien oder Weltanschauungen teilen. Dieser Mangel an massenmedial konstituierten Gemeinsamkeiten kann zur Entwicklung von Missverständnissen beitragen. Deshalb kann Anfang des 21. Jahrhunderts kaum von einem globalen Dorf gesprochen werden, noch von einem Überfluss an Informationen - vielmehr wurden gerade die nationalen Differenzierungen und internationalen Vernachlässigungen offensichtlich. Wir müssen deshalb eher von grundlegenden Knappheiten an Informationen, vor allem aber an Zusammenhangswissen sprechen.

3.3 Knappheiten an Wissen

In der historischen Entwicklung professionell verbreiteter Nachrichten (vgl. z. B. Wilke 1984; Ludes 1993c; Schudson 1995) setzten sich gemeinsame Muster der Typifizierung von Ereignissen, Handelnden, Erzählmustern und allgemeinen Relevanzhierarchien durch. Die klassischen journalistischen Fragen danach, wer was, wann, wo, wie und warum tat, leiteten die Nachrichtenauswahl und Präsentation in den Druckmedien an, in den Bildschirmmedien wurden sie allerdings zunehmend verkürzt um das „Warum?" Bildschirmmedien konzentrieren sich auf das, was gesehen und gezeigt werden kann; dadurch werden abstraktere Zusammenhänge auf mehr oder weniger oberflächliche Bilder verkürzt. Während der zweiten Hälfte des 20. Jahrhunderts zeigten diese Bilder hauptsächlich Ereignisse aus den jeweiligen nationalen Gesellschaften - obwohl sich die meisten Nachrichtenangebote als „Weltnachrichten" bezeichneten und das World Wide Web „weltweit" sogar als Selbst-Bezeichnung in Anspruch nimmt. Innerhalb dieser nationalen Orientierung waren thematisch Sport und Politik im Fernsehen an erster Stelle. Danach kamen Ökonomie und Militär oder Krieg.

Ähnlich wie bei der Annäherung von Erzählmustern und Formaten lassen sich beachtliche Konvergenzen der Verfassungen und Institutionen nationalstaatlich organisierter Gesellschaften und internationaler bzw. globaler Vereinigungen erkennen: Von der Legitimierung durch gesetzlich vorgegebene Regelungen über grundlegende Schullehrpläne, die Gesundheitsvorsorge und Verkehrsregeln bis hin zu innerbetrieblichen Organisationsmustern entwickelte sich eine gemeinsame Wissensbasis in den meisten zeitgenössischen Gesellschaften. Diese fundamentalen Konventionalisierungen und Institutionalisierungen werden in den wichtigsten öffentlichen Orientierungsmitteln kaum sichtbar.

Zusätzlich zu den bereits belegten Informations- und Wissensmängeln ist deshalb festzustellen, dass massenmedial kaum Grundkenntnisse über fundamentale Institutionen vermittelt werden - diese unterliegen im Ausscheidungswettbewerb gegenüber Nachrichten zu Ereignissen oder Handlungen. Die Information über Massenmedien bleibt aber dadurch gekennzeichnet, dass eine gewisse Allgemeinbildung aufgrund der Schulerziehung vorausgesetzt wird; ein gemeinsamer Kontext der Interpretation wird je spezifisch kulturell unterstellt. Allerdings bedeutet die Beschleunigung und Internationalisierung technischer, ökonomischer, militärischer und politischer Entwicklungen, dass mitunter weniger vorausgesetzt werden kann, dass allgemeine Ausbildungssysteme Grundkenntnisse über mehrere Jahrzehnte hinweg vermitteln können. Berücksichtigt man die enorme wirtschaftliche und kulturelle Bedeutung von Medieninvestitionen, so sind komplexere Diagnosen zur Bedeutung kulturellen Hintergrundwissens ähnlich wichtig wie solche zu neuen Marktpotenzialen. Darüber hinaus erfordern Diagnosen der Bedeutung von Information und Wissen die Berücksichtigung der Zuverlässigkeit der Einzelinformationen und des Hintergrundwissens. Eltern und Lehrer bleiben weiterhin primär verantwortlich für die Vermittlung grundlegender kultureller Konventionen, Verhaltensmodelle, Wertungen und Hintergrundannahmen; hierfür sind persönliche Beziehungen und Überzeugungen mit maßgeblich. Diese Vorbilder können - gerade auch über ihre nonverbalen Kommunikationsrepertoires - hinterfragt, die Aussagen explizit in Frage gestellt, in Interaktionen können autoritäre Regelungen überprüft und kontrolliert werden, mit Sanktionsmöglichkeiten auf beiden Seiten. Die Informationen, die durch Massenmedien vermittelt werden, waren bisher allerdings großenteils unmittelbarer Kontrolle entzogen. Obwohl Belohnung oder Sanktionen mit der Reputation je besonderer Medien verbunden sind, erfordern Grundwerte und Relevanzschemata persönliche Rückfragemöglichkeiten.

Somit ist ein grundlegendes Paradoxon moderner Medienkommunikation zu erkennen: Diese kann nicht mehr hinreichend durch allgemeine Ausbildungsinstitutionen ergänzt werden - sie kann aber auch nicht selbst diese Vermittlung unhinterfragbaren kulturellen Hintergrundwissens leisten – worauf sich das Schlusskapitel konzentriert. Implizites oder stummes Wissen bleibt in persönliche Beziehungen, nonverbale Kommunikation, Interaktivität und mehrjährige Übersicht von Handlungsfolgen eingebunden. Es wird dadurch auch auf andere Art hinterfragt. Die Entwicklung interaktiver Multimedia-Netzwerke scheint einen Teil dieser Problematik lösen zu können, die Zuverlässigkeit derjenigen, die an Netz-Interaktionen beteiligt sind, erfordert aber weitere Prüfungen.

So entwickelten Druckmedien klare Regelungen bezüglich der Autorschaft und der Herausgeberschaft; Rechtsvorschriften erfordern eine verbindliche Festlegung der Verantwortung im Sinne des Pressegesetzes. In audiovisuellen Medien vermittelten die Präsentatoren und Handelnden individuelle Zurechenbarkeit; darüber hinaus existieren auch in Hörfunk und Fernsehen klare Regelungen der Verantwortung für die Herstellung, Präsentation und zeitliche Platzierung von Programmen. Diese werden innerhalb des Mediums durch Programmansagen, auch durch Videotext oder Programmzeitschriften veröffentlicht. Außerdem bedeutete die begrenzte Anzahl von Sendern und Programmen bis Mitte der 80er Jahre des vergangenen Jahrhunderts, dass die meisten ZuschauerInnen die Sender und Programme in ihren Grundstrukturen kennen konnten. Diese Zurechenbarkeit von Sendern, Medieninhalten und Zuverlässigkeit verlagerte sich mit der Verknüpfung ganz unterschiedlicher elektronischer Netze, der Entwicklung interaktiver multimedialer „weltweiter Netze" und deren Nutzung durch im historischen Medienvergleich relativ kurze Zugriffszeiten. Dadurch entsteht die Notwendigkeit neuer „Verkehrsregeln", bezogen auf die Ursprünge, Zuverlässigkeit und Dauerhaftigkeit der Angebote, wozu es aber kaum Bestandsaufnahmen oder Überprüfungsinstitutionen gibt. Deshalb müsste nicht nur unter medientechnischen Perspektiven, sondern auch aufgrund der Entwicklung von Medienformaten und Medieninhalten geprüft werden, inwieweit traditionelle kulturelle Bedeutungen durch die mediale Revolution (vgl. Hanuschek/Ort/Steffen/Triyandafilidis 2000) des Umbruchs der Medieninformation (vgl. Ludes 2001) kultur-und medienwissenschaftlich aufgeklärt werden können. Zu den auch demokratietheoretisch relevanten Fragen gehört: Wer präsentiert dieses Informationsangebot, wer ist im gesetzlichen Sinne hierfür verantwortlich; welches Grundmuster der Präsentation, welches „Genre" bzw. welcher Programmtyp (Information/Fiktion/Werbung) wird unterstellt? Woher kommt dieses Angebot - oder kombiniert es ganz unterschiedliche Medieninhalte aus verschiedenen Ländern? Wie kamen die Autoren zu ihren Behauptungen? Weshalb werden diese Medieninhalte in dieser Form veröffentlicht - gibt es besondere Verpflichtungen gegenüber Sponsoren, Werbetreibenden, Agenturen usw.? (Vgl. ausführlich zur Problematik einer neuen Zuverlässigkeitskluft Ludes/Schütte 1997, zu Fragen der Medienbewertungen Ludes/ Schanze 1999).

Selbst wenn die gerade skizzierten Voraussetzungen zur Überprüfung der Zuverlässigkeit von Bildschirmmedien-Informationen universell standardisiert würden, es bliebe der kulturspezifische Charakter von Informationen und Wissen erhalten. So zum Beispiel: Das „Islamic Community Paradigm is the paradigm of revelation and not the paradigm of information. It is Islam and the theory of tawhid (the unity of God, human beings and the universe) that determines the parameters of information and not the other way around (...) Thus, from the perspective of Islam, the scientific paradigm, developed largely as a result of the industrial revolution, and the information paradigm, now promoted to depict the postindustrial societies, are both partial and subject to change" (Mowlana 1993: 13; vgl. ausführlicher Mowlana 1996, besonders Kap. 9; als Science-Fiction-Roman erhellend Clarke/McQuay 1996, die beschreiben, wie chinesische Unternehmen den Markt und die Politik der USA bald dominieren, s. weiterführend auch Schätzing 2009). Außerdem gibt es historische Belege dafür, dass eine weltweite Integration kultureller Werte, gemeinsamer Wissensbestände oder politischer Autoritäten höchst unwahrscheinlich ist. Russett (1968: 105) resümiert: „So however we choose to define the appropriate political unit for long-term comparison, it would seem that over at least a 2000-year period the largest has contained on the order of one-fifth to one-fourth of the entire world's population." Die bisherigen Medienanalysen lassen einen welthistorisch erstmaligen Epochenumbruch weder im Medienbereich noch im Gesellschaftsbereich erkennen; vielmehr geht es um teilweise Informationsumbrüche, besonders für Kommunikationssituationen, Präsentationsformate und Erzählmuster, im Kontext weiterwirkender längerfristiger Konventionen umfassenderer Medienkulturen. Berücksichtigen wir diese differenzierten Komplementaritäten von Kontinuitäten, Ausdifferenzierungen und Umbrüchen und die je kulturell und sozial unterschiedlichen Zugangschancen zu technischen Verbreitungsmedien ebenso wie deren Kontrolle durch politische und ökonomische Machtgruppierungen, wird die Notwendigkeit der Kombination kulturwissenschaftlicher Medienuntersuchungen mit gesellschaftstheoretischen Analysen deutlich. Globalisierungsmodelle können erst derart auf je spezifische Kulturräume und mediale, kulturelle, gesellschaftliche Kontexte bezogen werden. Dann wird es schwierig, universelle Regelmäßigkeiten zu erkennen.

4. Brasilianisierung Europas und indische Vielfalt

4.1 Ängste

Menschliche Beziehungen involvieren Ängste: bei der Bildung, Aufrechterhaltung, Erweiterung von Gruppenverbänden, Staaten oder sozialen Netzwerken und bei der Regulierung und Regel-Durchbrechung in den Wettkämpfen zwischen ihnen, ebenso wie bei individuellen Entwicklungen als Embryos oder Kleinkinder bis hin zum Sterben. Kaum ein Tag, selten eine Nacht ohne diffuse Ängste oder konkrete Befürchtungen vor existenziellen Herausforderungen und extremen Gefährdungen. Das Hervorrufen von Ängsten ist Teil zahlreicher Erziehungsprozesse und war jahrzehntelang die Basis der Strategie der Abschreckung zwischen den NATO-Staaten und dem Warschauer Pakt in Zeiten des Kalten Krieges.

Terrorismus verbreitet Angst und Schrecken und wird massenhaft über Telekommunikationsmedien frei Haus geliefert. Mit der Schwergewichtsverlagerung (in den jeweiligen Staatsbudgets ablesbar) von militärischer Kontrolle und polizeilicher Kontrolle hin zu sozialstaatlich kontrollierter Sicherheit der Ausbildungsansprüche, der Anrechte auf Kranken-, Arbeitslosen- und Rentenversicherung, transformierten sich in Wohlfahrtsstaaten existentielle Ängste vor unmittelbarer physischer Bedrohung, vor Krankheit ohne ärztliche Versorgung, sich wiederholenden alltäglichen körperlichen Gewaltangriffen, Rechtlosigkeit als Folge von Arbeitslosigkeit hin zum Konsum medial inszenierter Game- und Talk Shows, Soap Operas und Telenovelas. Viele dieser Ängste dominieren in der überwiegenden Mehrheit der Gesellschaften mit mittlerer oder niedriger Humanentwicklung, kehrten aber auch für immer mehr Menschen in den reicheren Ländern zurück und gründen in konkreten Erfahrungen persönlicher Unsicherheiten und existentieller Bedrohungen.

Die von Elias diagnostizierte langfristige „Verhöflichung der Krieger" gehört zu den Prozessen, die durch die Entwicklung von Massenvernichtungsmitteln und deren Miniaturisierung in eine neuartige Epoche führten. Monopolisierungen militärischer Gewalt durch zentralstaatliche Institutionen verlieren an Bedeutung durch neue Kriegsmittel, die keiner größeren militärischen Ausbildung und Organisation mehr bedürfen und auch von kleineren terroristischen

Netzen eingesetzt werden. (Vgl. Münkler 2002 und Kegley 2003. Zur Interde-
pendenz der Institutionalisierung von stehenden Heeren mit der Staatenbildung
s. auch Sheehan 2006.) Hierbei sind diese Gewaltakte immer auch auf massenmediale Sichtbarkeit angelegt. Altheides (2004a: 289) Untersuchung von Nachrichten und Werbung in den USA zum Beispiel „suggests that popular culture
and mass media depictions of fear, patriotism, and victimization contributed to
the emergence of a national identity and collective action that transformed the
meaning of terrorism from a strategy to a condition: terrorism world." Im Internet erreichte dies neue Dimensionen, wie Altheide (2004b: 223) in einer
weiteren Untersuchung erkannte, als „control narrative of the Internet", „as fear
and control are reflexively joined to virtual communication in surveillance, deception, and entrapment in ‚Internet stings' by formal agents of social control."
(S. auch Neidhardt 2006 und Tomlinson 2006: 73-75.)

Viel tiefgreifender lassen sich Angststrategien aber in nicht-westlichen Kulturen verfolgen, zum Beispiel bei der „sozialen Konstruktion der Angst in Rio
de Janeiro". Historische Erfahrungen mit Sklaverei, Mord und extremer Armut
prägen aktuelle Verängstigungen. So gehören diese Erfahrungen zum „gewöhnlichen Schrecken und zur Ästhetik der Sklaverei. Tote schwarze Körper auf den
Müllkippen der Stadt Rio de Janeiro sind bis heute ein bisweilen mit Gelassenheit aufgenommener gewöhnlicher Anblick. Gespeist aus dem Angstdiskurs
sind damals wie heute die immergleichen Reaktionsmuster zu beobachten: die
Gleichgültigkeit gegenüber dem Tod von Schwarzen einerseits und die Empö-
rung über den Tod von Weißen andererseits; selektive, rassistische Strategien in
der Polizeiarbeit, der Ruf nach dem Einsatz des Militärs, Forderungen nach immer härteren Strafen."

Diese Beobachtungen der brasilianischen Kriminologin Vera Malaguti Batista (2006: 12) werden durch die eklatanten Unterschiede zwischen den Le-
bens- und Sterbeverhältnissen der weißen und schwarzen Bevölkerung Brasiliens bestätigt, wie sie der Human Development Report 2005 der UNESCO und
ein Spezialreport aus demselben Jahr zu Brasilien dokumentieren (Relatório de
Desenvolvimento Humano 2005 - s. auch Ribeiro 1980, für den Kontext der
kulturellen Entwicklung Lateinamerikas Bethell 1998, literarisch viele Romane
von P. Coelho oder J. Updike 1996).

> „Heute geht es darum, permanent Grenzen zu ziehen und zu definieren: gegenüber den
> ‚neuen Fremden', den vom Konsum Ausgeschlossenen (...) In der sich andeutenden Hyper-
> trophie des strafenden Staates, die einhergeht mit einem gleichzeitigen Abbau des fürsor-
> genden Staates, bringt die unbeschränkte Macht des Kapitals eine Welt hervor, in der nichts
> mehr sicher ist. Armut ist inzwischen nicht mehr eine Reservearmee von Arbeitskräften,
> sondern Zeichen von Unordnung, die isoliert und unschädlich gemacht werden muss. Die
> neue Weltordnung stellt in ihrer Peripherie eine ‚sekundäre Barbarisierung' dar. Aus dieser
> Perspektive der Brutalisierung und Kriminalisierung der Armut ist der Politiker auf nationa-

ler Ebene ohnmächtig angesichts des Konfliktpotentials, das Ausgrenzung und Zügellosig-
keit der transnationalen Wirtschaftsordnung auslösen. Die zerfallende politische Macht verfügt nicht mehr über einen hegemonialen kriminologischen Diskurs. Der Kampf darum
spielt sich nun im Bereich der Kommunikationsmittel ab (...) produziert der Konzentrati-
onsprozess des Medien- und Finanzkapitals eine Art Einheitsdiskurs. Die Medien, die frü-
her parteiische Berichterstatter waren, sind heute selbst Protagonisten". (Batista 2006: 13;
für Neu-Interpretationen der Zivilisationstheorie aus brasilianischer Sicht s. de Carvalho/da
Fonseca Brandao 2005, s. auch Therborn 2011a und b).

Nicht nur die Staatenbildung Brasiliens und aller Länder Lateinamerikas, mit
einer weiterhin geringen Gewaltmonopolisierung, verbietet es, einfach westliche
Theorien auf nicht-westliche Kulturen zu übertragen. „How different would the
history of sociology or anthropology have been if Max Weber (say) had come
from India, Emile Durkheim from Cuba or Norbert Elias from Martinique?"
(Burke/Pallares-Burke 2008: 17). So war die Kindererziehung, auch in den von
Elias besonders beachteten „weltlichen Oberschichten", anders: „In colonial
Brazil (...) childhood was brutally short and boys of ten were already ‚obliged to
behave like adults' (...) As for girls, they married young and aged quickly."
(Ebd.: 57)

Appadurai (2006: 24, 31-33) betonte die Rolle kollektiver Ängste und Vorstellungen für weltweite Entwicklungen: „Collective imaginings and imagined
collectivities, in the era of cyber technologies, are no longer just two sides of the
same coin. Rather, they frequently test and contest one another. (...) The actions
of various terrorist networks and agents seek to infuse all of everyday civilian
life with fear. (...) for it destabilizes our two most cherished assumptions – that
peace is the natural marker of social order and that the nation-state is natural
guarantor and container of such order." In diesem Kontext ist Ulrich Becks These einer „Brasilianisierung Europas" weiterzuentwickeln.

1997 schlug Beck vor, eine der vielen „Horrorvisionen" eines „Untergangs
à la carte" durch Projektionen bestimmter Merkmale der Entwicklung Brasiliens
auf Europa zu illustrieren:

„An die Stelle der Macht- und Rechtsgebäude nationalstaatlicher Akteure sind vielfältige,
zwiespältige Herrschaftsverbände getreten, die sich abschotten und bekämpfen. Dazwischen
existieren rechtliche und normative Niemandslandzonen. In gefährdeten Innenstädten leben
und arbeiten beschlipste Angestellte in videobewachten, nach dem alten Schloß-Prinzip eng
verschachtelten Hochhäusern – Trutzburgen, die von transnationalen Konzernen bestückt
und regiert werden. (...) Wer sich in die noch verkehrenden U-Bahnen hineinbegibt, signali-
siert, dass er sich selbst zum Überfall freigibt. (...) Der Reststaat erhebt auch Steuern, oder
sollte man sagen: den Anspruch auf Steuern? – so gut es geht. Aber Steuerzahlungen sind
längst, jedenfalls de facto, in freiwillige Leistungen, Spenden sozusagen, überführt worden.
Im übrigen müssen sie abgeschöpft, abgeschröpft werden in Konkurrenz zu vielen anderen
Schutzzahlungen und Tributen, die jene personalen Herrschaftsverbände mit Hilfe ihrer
Waffen schwingenden Sicherheitsleistungen eindrohen. Denn das staatliche Gewaltmono-
pol wurde, wie alle anderen Monopole, abgeschafft." (Beck 1997: 266-268)

In seinen späteren Publikationen griff Beck diese Vision nicht auf, machte aber wiederholt auf neue Risiken und ihre Inszenierung durch Massenmedien aufmerksam (Beck/Grande 2004: 226, 230-232). Mit Edgar Grande skizziert er aber auch positive Chancen: „Gerade die Wahrnehmung zivilisatorischer Risiken – das Einmaleins der Weltrisikogesellschaft: drohender Atomkrieg, atomare Unfälle, Terrorgefahr, Massenvernichtungswaffen usw. – eignet sich bestens, um globale Interdependenzen zu schmieden." (Beck/Grande 2004: 135; vgl. 298-301) Der „politische Ort der Weltrisikogesellschaft ist nicht die Straße, sondern das Fern-Sehen (...) die kulturellen Symbole, die die latente Bedrohung ins Bewusstsein heben, massenmedial zu inszenieren wissen." (Ebd.: 316f.).

Nimmt man die These einer „Brasilianisierung Europas" ernster als in Becks Gedankenspiel, ist zu klären, was unter „Brasilien" zu verstehen ist. Das ist keineswegs selbstverständlich: „,Brazil' does not exist", aber „Popular music, for instance, plays a significant role in the definition of Brazilian identities, as do television networks, which are the strongest bonding element in contemporary Brazilian society." (de Castro Rocha 2001a: xvii und xxiiif, s. auch Lesser 1999) „Indefiniteness" und „passions" charakterisieren BrasilianerInnen (Araujo 2001: 33); die Trennung zwischen „Öffentlichkeit" und „Privatheit" ist weniger klar als im „Westen": „In a cordial society, universal principles cease to be right (...) the cordial man is unfamiliar with the moderation of general rules (...) he hates and loves with the same intensity (...) the originality of the Brazilian historical process is defined as the ability to develop a means of harmonious shared living in the cradle of differences." (de Castro Rocha 2001b:75 und 79) Dies gilt auch für mediale Re-/Präsentationen und – so ist zu vermuten – Imaginationen (Barbieri 2001).

Noch stärker weicht der brasilianische Staatenbildungsprozess von den Merkmalen der Staatenbildung Frankreichs, Deutschlands oder Englands ab (wie sie Elias als konstitutiv für damit zusammenhängende Zivilisierungen des Verhaltens und von Persönlichkeitsstrukuren untersuchte). Staatliche Zentralinstanzen errangen bis heute weder ein funktionierendes Monopol der Kontrolle physischer Gewalt (in Rio de Janeiro sterben Jahr für Jahr etwa 7.000 Menschen an gewalttätigen Übergriffen; es gibt in Brasilien mehr als 7 Millionen Straßenkinder), noch der Steuererhebung (vgl. z.B. Ventura 2001). Zu Schlüsselbegriffen der brasilianischen Kultur gehören Karneval, Sehnsucht, Inflation, Gewalt und Spiele (vgl. Sinder 2001).

Aber – in Vorwegnahme der Beck'schen These – es muss auch an Stefan Zweigs Buch von 1941 erinnert werden: Brasilien sei ein Land der Zukunft: Wer das heutige Brasilien kenne, habe einen Blick in die Zukunft gemacht (Dines 1981: 78, hier zitiert nach Weyrauch 2001: 486). Dieser Satz erinnert wiederum an Karl Marx' entsprechende Einschätzung für das England seiner Zeit –

und an Elias' Orientierung seines „Entwurfs zu einer Theorie der Zivilisation"
an Staatenbildungsprozessen in Frankreich und Verhaltensbeobachtungen und -
entwicklungen in wenigen Ländern Westeuropas. Hier wird nun keineswegs
angenommen, Brasilien oder irgendein Land würde uns „die Zukunft" zeigen (s.
grundlegend Hahn 2003, Teil II), sondern vielmehr, dass allgemeine Gesell-
schaftstheorien immer in interkulturellen und historischen Vergleichen gründen
müssen. In Umkehrung einer frühen Luhmannschen Theorie zu Vertrauen als
„Mechanismus der Reduktion sozialer Komplexität" (Luhmann 1973) lässt sich
so z. B. in Brasilien (und bei einer Brasilianisierung Europas auch in Europa)
ein zunehmender Aufbau von Komplexität und Widersprüchen durch Misstrau-
en erkennen (s. auch Luhmanns Verweis auf Elias' Zivilisationstheorie 1974:
75, Anm. 8.). (S. weiterführend zu den Beziehungen USA – Brasilien auch Hirst
2005 und Lahsen 2008, zur Entwicklung der letzten Jahrzehnte Rohter 2010.)

4.2 Zivilisationsumbrüche

So waren und sind Menschen gelegentlich durch „einen Prozess ambivalenter
Bindung" aneinander gekettet, „der zwei oder mehr Gruppen von Menschen in
einem Zustand gegenseitiger Angst vor der Gewalt der jeweils anderen Gruppe
aneinander band und der sich in einen Kompromisszustand ohne absolute Ge-
winner oder absolute Verlierer auflöste. (...) Die ‚Parlamentarisierung' der
grundbesitzenden Klassen in England hatte ihr Gegenstück in der ‚Versportli-
chung' ihrer Freizeitbeschäftigungen." (Elias 2003a: 67f.) Im Sinne seiner Zivilisationstheorie erklärt Elias (2003b: 296) letztere als Teilprozess einer umfassenderen „Pazifizierung und Zivilisierung". Die „wachsende Ernsthaftigkeit des
modernen Sports" (so Dunning 2003: 378) kann „zu einem großen Teil auf drei
miteinander zusammenhängende Prozesse zurückgeführt werden (...): die
Staatsbildung, die funktionale Demokratisierung und die Verbreitung des Sports
durch das sich ausdehnende Netzwerk internationaler Interdependenzen." (S.
auch Maguire 2005.) Gleichzeitig wurde „Vergnügen" zu einem „wesentlichen
Bestandteil des Sports" (Dunning 2003: 381). Im Berufssport dominieren gegenüber dem Amateursport aber „eine hohe und dauerhafte Leistungsmotivati-
on, langfristige Planung, strenge Selbstkontrolle und der Verzicht auf unmittelbare Befriedigung (...) ein erhebliches Maß an bürokratischer Kontrolle". Damit
werde es

> „klar, dass die aktive und/oder passive Teilnahme an dem einen oder anderen Sport zu ei-
> nem der wichtigsten Mittel kollektiver Identifikation in der modernen Gesellschaft und für
> viele Menschen zu einer der wichtigsten Sinnquellen in ihrem Leben geworden ist. Insge-
> samt gesehen ist es keineswegs unrealistisch, die These aufzustellen, dass der Sport mehr

und mehr zur säkularen Religion unseres zunehmend säkularen Zeitalters wird. (...) Wettbewerbe wie die Olympischen Spiele bieten den Vertretern verschiedener Nationen eine Möglichkeit, miteinander zu konkurrieren, ohne einander zu töten" (Dunning 2003: 391, 395f.)

Elias und Dunning argumentieren also für die zivilisationsfördernde Bedeutung von Sport und Freizeit, deren zunehmende Medialisierung ihnen bewusst war. Ihre Beispiele beziehen sich aber fast ausschließlich auf England – neuere Bilder aus Brasilien, China und Südafrika zeigen Gewalt, v.a. wenn wir über die Stadien hinaussehen. (S. z.B. das moving poster von Jianxiu Hao auf www.keyvisuals.org)

Verhaltensbeobachtungen erfolgen im 21. Jahrhundert in fast allen Medienkulturen professioneller und schneller als in Gesellschaften, in denen es noch kein massenhaft verbreitetes und genutztes Fernsehen und WWW gab. Im Übergang von Massenmedien zu fragmentierten Medienmärkten verändern sich auch die Verbindlichkeiten von Verhaltensbeobachtungen und Standardisierungen. Erreicht in Brasilien ein einziger Fernsehkanal (TV Globo) immer noch oft fast 50 Prozent der ZuschauerInnen (und damit auch, nur etwas weniger, der Bevölkerung), sind dies z.b. in Deutschland seit Einführung des dualen Systems (nicht der Abfallentsorgung) immer weniger, so dass außer in Hoch-Zeiten einer Fußballweltmeisterschaft kaum eine Sendung auch nur ein Drittel der ZuschauerInnen erreicht.

Die Fragmentierung von Zuschauermärkten oder (medienspezifischen) „Teilöffentlichkeiten" wird aber noch gravierender, wenn wir das World Wide Web in Betracht ziehen. Dann geht sogar die zeitliche Koordination durch für alle FernsehzuschauerInnen verbindliche Anfangs- und Endzeiten verloren; dieser Verlust an gemeinsamen Zeitbindungen ist aber wesentlich weniger verbreitet in Brasilien bzw. bei Bevölkerungsgruppierungen, die sich kein Kabel- oder Satellitenfernsehen, Pay TV oder Internet-Flatrates, leisten können. Die Wahrscheinlichkeit, dass hohe Anteile der Internet-Nutzergruppierungen gleichzeitig, gleich lange dieselben Web-Inhalte rezipieren und auch noch ähnlich mit ihnen und anderen NutzerInnen interagieren, ist äußerst gering.

Ohne hier weitere Beispiele aufführen zu können, lassen sich doch die folgenden Umbrüche der Medieninformation erkennen: ihre Professionalisierung, Beschleunigung und zunehmende Audio-Visualisierung und in den ersten Jahrzehnten der Fernsehentwicklung eine stärkere Inklusion von immer mehr ZuschauerInnen für immer mehr Zeit der jeweiligen Bevölkerungen. Erst nach einigen Jahrzehnten wurden diese großen nationalen Medienöffentlichkeiten in Teilmärkte aufgebrochen. Und erst mit der zunehmenden Verbreitung des World Wide Web entstanden neuartige kommunikative Vernetzungen, die im Vergleich zu denen des „Fernseh-Zeitalters" spezialisierter, interaktiv und internationaler sind. Gemeinsam ist aber beiden Massenmedien der ersten Hälfte des 21. Jahrhunderts, Fernsehen und Web, dass sie audio-visuell sind (da bis heute die haptischen Genüsse einer Computer-Maus oder eines Touchscreen vernachlässigt werden können, obgleich interaktive Videospiele wie Wii oder Kinect neue Balanceverschiebungen ermöglichen).

Diese Medienumbrüche können nicht ohne Auswirkungen auf Entwürfe zu einer Theorie der Zivilisation bleiben, die sowohl interkulturelle Vergleiche z.b. des Grades der Staatenbildung berücksichtigen als auch Transformationen der Arten und Inhalte weit verbreiteter Verhaltensbeobachtungen und –standardisierungen. Orientieren wir uns hierfür an der klassischen Gliederung von Elias, ergeben sich die folgenden Zivilisationsumbrüche:

- „Ungeordnete oder geordnete Monopole der physischen Gewaltausübung und der wirtschaftlichen Konsumtions- und Produktionsmittel" (Elias 1977: 436f.) wurden bisher nur selten erreicht. Ebenso grundsätzlich müssen Spannungen und Komplementärprozesse verschiedener Monopolisierungsprozesse (oder besser: Konkurrenzen oder Ausscheidungswettkämpfe) beachtet werden. Hierbei gewinnen Kontrollen über allgemein zugängliche (und verbindliche) Orientierungs- und Kommunikationsmittel an Bedeutung. (Vgl. Elias 1984, Ludes 1989, Fulbrook 2007.)
- Der „gesellschaftliche Zwang zum Selbstzwang" wird durch Infotainment aufgelockert.
- Die „Ausbreitung des Zwangs zur Langsicht" wird durch Aktualisierungsdruck abgeschwächt.
- Die „Verringerung der Kontraste, Vergrößerung der Spielarten" ist rückläufig in multikulturellen, multimodernen und multimedialen Gesellschaften (vgl. Ludes 2001), in denen nationalstaatliche Regulierungen transnational und transkulturell ergänzt und umgebrochen werden (vgl. Beck/Grande 2004). Welterlebnisse und -anschauungen widersprechen sich oft fundamental. Diese Kontraste werden in den Massenmedien eher dramatisch zugespitzt als vereinheitlichend dargestellt. Transkulturelle ökonomische, ökologische, militärische, politische und terroristische, auch mediale Vernetzungen fördern oft die Vergrößerung der Kontraste, ja Gegensätze.
- Die „Verhöflichung der Krieger" verwickelt sich ebenfalls nach anderen Verlaufsmustern als in Zeiten vor der Technisierung und Medialisierung von Kriegen. So trägt die Vermischung/Verwischung von Unterschieden zwischen Spielen und Kriegen in professionellen Ausbildungen und Einsätzen von SoldatInnen zur Herabsetzung von Hemmschwellen bei Tötungen und Folter bei, die in demokratischen Gesellschaften seit dem 2. Weltkrieg zunehmend gesichert erschienen – und der weltweite Terrorismus führte zu „Republiken der Furcht" vor überall möglichen Gewaltakten.

Direkte Beobachtungen in überschaubaren Sozialbeziehungen, über Jahre oder gar Jahrzehnte hinweg, wurden in zeitgenössischen multi- und mobil medialisierten Gesellschaften ergänzt und ersetzt durch *technisch vermittelte, vernetzte Beobachtungen und Interaktionen*. Diese blieben aber (1) weitgehend *außerhalb traditioneller gemeinsam verbindlicher Sanktionsinstitutionen*. „Am größten ist die Kluft zwischen der Monopolisierung physischer Gewalt durch staatliche Zentralinstanzen einerseits und der Differenzierung, Art, Fernwirkung und Stärke menschlicher Selbstkontrolle andererseits" (Ludes 1989: 336). Neu ist weiterhin (2) das zunehmende *Entschwinden weltlicher Oberschichten aus direkt überschaubaren regionalen oder nationalen Figurationen mit entsprechenden Sanktionsmechanismen*. Bereits in seinem Entwurf zu einer Theorie der Zivilisation von 1939 klärte Elias (1977, Bd. 2: 376) zudem (3) die *wechselseitige Ergänzung von Vorstellungen und Beobachtungen*: „Bücher (...) sind Teile und Fortsetzungen der Gespräche und geselligen Spiele, oder, wie die Mehrzahl der höfischen Memoiren, verhinderte Gespräche, Konversationen, zu denen aus diesem oder jenem Grunde der Partner fehlt." Die massenhafte Verbreitung professionell erstellter audiovisueller Berichte und Unterhaltungsangebote hat die Möglichkeiten von „Fortsetzungen der Gespräche und geselligen Spiele" nicht nur ausgeweitet, sondern durch interaktive und zunehmend mobile Kommunikation ersetzt. Erst seit wenigen Jahren können immer mehr Menschen leicht und billig Bilder und Videos von Motiven aufnehmen, die zuvor hinter den Kulissen öffentlicher Kontrolle versteckt waren. Dies wird deutlich anhand der zunehmenden Verbreitung von Handys mit Kamerafunktionen. Mit der steigenden Bedeutung (4) audio-visueller und mobiler Kommunikation wächst zudem deren Dimension als *Machtfaktor*: Wer wie zahlreichen Menschen gezeigt wird, verteilt Machtchancen und Gegenmachtoptionen. (5) Damit entwickeln sich insgesamt auch *neue (Selbst-) Inszenierungsmuster*: Der Wechsel zwischen verschiedenen Kommunikationsformen – von persönlicher Kommunikation zu massenmedialer zu interaktiver zielgruppenspezifischer – erfolgt zunehmend routiniert für immer mehr Bevölkerungsgruppierungen in den technisch durchschnittlich gut ausgestatteten Gesellschaften oder urbanen Zentren. Damit entstehen auch (6) *neue Visualisierungen historisch wichtiger Situationen, durch neue Augenzeugen*, die ihre Beweisaufnahme gleich archivieren und weiterreichen. Im vergangenen Jahrzehnt traf diese mobiltechnische Entwicklung zusammen mit einer (7) *Lockerung der Gewaltkontrolle innerhalb der US-amerikanischen Armee in einem Krieg, der nach vielen Kriterien selbst völkerrechtswidrig* und durch Beweisfälschungen vor den Vereinten Nationen vorbereitet worden war. In einer in den USA öffentlich geforderten Ausgrenzung eines totalitären Gewaltregimes aus dem Völker- und Kriegsrecht wurden in dieser Verstrickung (8) *spezielle Orte des Foltergrauens* im Irak oder in Afghanistan geschaffen, die (mehr oder weniger bewusst) normaler Kontrolle durch Dienstregeln und Vorgesetzte entzogen wurden.

So verdeutlichte bereits Elias' Gedankenexperiment in „Knowledge and Power", Erstveröffentlichung 1984 (auch in Gesammelte Schriften, Band 17), die wechselseitige Ergänzung der Kontrolle über Gewalt- und Orientierungsmittel:

> „Ich werde mich darauf beschränken, einige soziale Grundvorraussetzungen zu benennen, über die totalitäre Diktatoren des zwanzigsten Jahrhunderts normalerweise versuchen, monopolistische Kontrolle zu erlangen. Die Sowjetunion ist gegenwärtig das perfekteste Regime dieses Typs. Dort verbindet die Regierung die Monopole über den körperlichen Zwang und die Steuererhebung mit dem Monopol über die Produktionsmittel. Alle Prozesse der Kapitalbildung und –anlage werden vom Staat kontrolliert. So kommt es zu einer monopolistischen Kontrolle aller Vereinigungen wie Parteien, Gewerkschaften und jedes anderen Zusammenschlusses, in dem sich Menschen organisieren oder zusammentun. Mit diesen Monopolen verbindet die sowjetische Regierung noch ein weiteres, das Monopol über die Orientierungsmittel, das Wissensmonopol. Viele andere zeitgenössische diktatorische Regime haben ebenfalls versucht, eine zentralisierte Kontrolle über die Orientierungsmittel zu etablieren." (Elias 1997: 110.)

In zivilisationstheoretischer Perspektive geht es also nicht darum, immer mehr von dem, was hinter den Kulissen geschieht, auf die Vorderbühnen zu ziehen – es geht vielmehr darum, Gewaltausübung und -kontrolle, vor und hinter den Kulissen, als unauflösliche Teilprozesse umfassenderer Prozesse der (Lockerung der staatlichen) Gewaltmonopolisierung, von Verhaltensstandardisierungen und Persönlichkeitsstrukturen und damit als (Ent-) Zivilisierungsprozesse zu verstehen. So wäre es verfehlt anzunehmen, im 21. Jahrhundert seien Medienbilder hauptsächlich oder gar ausschließlich informationsreich und repräsentativ.

> „When President George W. Bush gave his ‚Mission Accomplished' speech after landing in a *Top Gun* flight suit aboard an aircraft carrier converted to a big screen movie set, nearly every major U.S. news organization reported the story just as it was scripted. (…) the press largely avoided covering the most potentially explosive aspects of the treatment of Iraqi detainees at Abu Ghraib and other facilities; (…) most of the photos never became public (…) the most prevalent interpretation of the photos was that offered by President Bush, administration officials, and other Republican leaders, who called the events at Abu Ghraib isolated cases of ‚mistreatment' and ‚abuse' at the hands of low-ranking soldiers".

Das Wort „ABUSE" kam in 81% der Artikel vor, „TORTURE" nur in 3%. (Lawrence 2008: 251 und 253). Eine Gegenüberstellung von Key Visuals zu „Mission accomplished" (www.keyvisuals.org nach Registrierung: http://www. keyvisuals.org/images/stories/presentations/ludeskey05/, Folien 24-28) und Folterbildern von Abu Ghraib, mit Zeitangaben ihrer Erstveröffentlichung, kann diesen Kampf der Bildsymbole veranschaulichen.

– Eine „Dämpfung der Triebe. Psychologisierung und Rationalisierung" lässt
  sich nur vermuten, wenn man sich auf „Wandlungen des Verhaltens in den
  weltlichen Oberschichten des Abendlandes" konzentriert (so der Untertitel
  von Band 1 von „Über den Prozeß der Zivilisation" – zu generalisierend
  „übersetzt" ins Englische als: „Changes in the Behaviour of the Secular
  Upper Classes in the West"). „Diese Rationalisierung" (so Elias 1977: 444)
  „geht etwa Hand in Hand mit einer gewaltigen Differenzierung der Funkti-
  onsketten und der korrespondierenden Veränderung in der Organisation der
  physischen Gewalt." Und weiter: „Zum Verständnis der Verhaltensrege-
  lung, die eine Gesellschaft ihren Angehörigen vorschreibt und einprägt, ge-
  nügt es nicht, die rationalen Ziele zu kennen, die zur Begründung der Gebote und Verbote angeführt werden, sondern man muß in Gedanken bis auf
  den Grund der Ängste zurückgehen, die die Angehörigen dieser Gesellschaft und vor allem die Wächter der Gebote selbst zu diesen Regelungen
  des Verhaltens bewegen." Angst ist ein wesentliches Element aller sozialen
  Interaktionen, jeglicher Sozialisation und aller gesamtgesellschaftlichen Interdependenzen. In „Zeiten des Terrors" werden diese Ängste immer auch
  medial re-/präsentiert, verstärkt oder verwischt, jedenfalls nicht zunehmend
  psychologisiert und rationalisiert, sondern oft dämonisiert.
– „Scham- und Peinlichkeitsempfindungen" werden rekonfiguriert mit medialen (Selbst-) Entblößungen.
– Eine „stärkere Bindung der Oberschicht" und ein „stärkerer Auftrieb von
  unten" können als Merkmale der (parlamentarischen) Demokratisierung
  und eines entsprechenden Schubs der Humanentwicklung gelten (vgl. z.B.
  Inglehart/Welzel 2005). Aber die zunehmende Verlagerung von Produkti-
  onsstätten aus demokratischen Gesellschaften in weniger demokratische,
  ohne zivilgesellschaftliche (Selbst-) Kontrollinstitutionen entzieht Angehö-
  rige der Oberschichten oft nationaler Kontrolle. Politische Eliten reagieren
  unter Zwängen der Standortvor- und -nachteile und machen damit Faktoren
  für ihr Verhalten verantwortlich, die jenseits nationalstaatlich organisierter
  Demokratie lägen. Damit entfällt der „ständige Auftrieb von unten und die
  Angst, die er oben erzeugt" als „eine der stärksten Triebkräfte jener spezifischen, zivilisatorischen Verfeinerung, die die Menschen dieser Oberschicht
  aus anderen heraushebt und die ihnen schließlich zur zweiten Natur wird."
  (Elias 1977: 415) Zudem argumentierte Elias ebenfalls bereits 1939 (1977:
  422): „Schichten, die dauernd in der Gefahr des Verhungerns oder auch nur
  in äußerster Beschränkung, in Not und Elend leben, können sich nicht zivi-
  lisiert verhalten. Zur Züchtung und zur Instandhaltung einer stabileren
  Über-Ich-Apparatur bedurfte und bedarf es eines relativ gehobenen Lebensstandards und eines ziemlich hohen Maßes von Sekurität." Diese Voraus-

setzungen wirken in verschiedenartigen Zivilisierungsprozessen, z.B. denen der USA (Mennell 2007), Englands und Österreichs (Kuzmics/Axtmann 2007) – wurden aber noch nicht untersucht für Brasilien, China und Indien. Mit diesen Transformationen der Interdependenzketten, der über Generationen hinweg bindenden Figurationen, verändert sich auch der von Elias herauskristallisierte „Monopolmechanismus", der die Zentralisierung staatlicher Steuereintreibung und physischer Gewaltmittel förderte. Denn im Laufe der von Elias beobachteten Monopolisierung und erst recht in den letzten Jahrzehnten veränderten sich die Persönlichkeitsstrukturen und Verhaltensstandards der TeilnehmerInnen an zunehmend transkulturell vernetzten Aussscheidungswettkämpfen. Die Fortdauer kultureller Vielfalt in Globalisierungsprozessen, trotz oder wegen massen- und netzwerkmedialer Vernetzungen wurde 2009 von Norris und Inglehart differenziert durch die Kombination von Medienstudien mit Daten der World Values Surveys von 1981 bis 2007.

> „Globalization is understood here to be multidimensional, encompassing *economic* aspects, such as the flow of trade, labor, and capital; *social* aspects, such as interpersonal contacts and mediated information flows; and *political* dimensions, including the integration of countries into international and regional organizations. Strictly speaking, most mass communications are not and have not become *global* (meaning covering all parts of the world); rather, communications are in the process of becoming incrasingly networked and exchanged across nation-states." (Norris/Inglehart 2009: 6) „The mass media are only one avenue for learning about the world (...) Socialization processes include all the factors and agencies whereby values, attitudes, roles, skills, and patterns of behavior are transmitted from one generation to the next." (Ebd.: 39)

Die USA führen weiterhin die Exportliste für audiovisuelle Güter, mit Abstand gegenüber Deutschland, Kanada, Frankreich und Großbritannien.

> „By contrast, China predominates worldwide in the overall trade in goods and services, but little of this revenue derives from this sector. The music industry, for example, was worth an estimated 31 billion Dollar in 2002, through sales of records, CDs, tapes, and related products. The United States and Europe dominate, representing three-quarters of world sales, while the African music market represents less than 1 %. High-income countries accounted for 94 % of global exports of recorded media. (...) it has been estimated that by 1990 about half of all the hours of European television broadcast were occupied by programs imported from America. By 2001, the total proportion of American programs had risen even further, to occupy on average about 70% of all European program schedules." (Ebd.: 85f.)

Dementsprechend schlussfolgern Norris und Inglehart (2009: 310):

> „The people of the world have come to share certain cultural icons and contemporary fashions, and increasing amounts of information and ideas about people and places, but this does not mean that they will lose their cultural heritage."

Der Aufstieg von Netzwerkgesellschaften (Castells 1996, 2004 und 2006) impliziert nicht nur die Fortdauer alter, sondern auch das Entstehen neuer Löcher, in die diejenigen fallen, die für das Funktionieren transkultureller Netze „entbehrlich" sind bzw. nicht genug Machtchancen haben. Hier kann nur eine Konsequenz aus den skizzierten Zivilisationsumbrüchen veranschaulicht werden: die Emergenz vernetzter Wirklichkeitssplitter und von Assoziationsspielen.

4.3 Vernetzte Wirklichkeitssplitter und Assoziationsspiele

Mit der steigenden Bedeutung audio-visueller Kommunikation wächst ihre Rolle als Machtfaktor. Damit entwickeln sich insgesamt auch neue Inszenierungsmuster: Der Wechsel zwischen verschiedenen Kommunikationsformen – von persönlicher Kommunikation zu massenmedialer zu interaktiv zielgruppenspezifischer – erfolgt zunehmend routiniert für immer mehr Bevölkerungsgruppierungen in den technisch durchschnittlich gut ausgestatteten Gesellschaften oder urbanen Zentren. So ist die Verbreitung von mobilen Kommunikationsgeräten z.B. in Hong Kong oder Shanghai höher als im Durchschnitt in Deutschland (vgl. Castells/Fernandez-Ardevol/Qiu/Araba 2007). Diese neuartige Vernetzung von mit unterschiedlichen Aufmerksamkeitsgraden verbundenen, aber insgesamt doch als real erlebten „Wirklichkeitssplittern" erlaubt nicht mehr traditionelle Dramaturgien. Die extreme Verkürzung von Aufmerksamkeit erlaubt oft nur noch Assoziationen. Videoclips auf YouTube, soap operas für Handys oder die Länge von Werbespots und Twitters sind hierfür Indikatoren.

In diesem Sinne ist nicht (mehr) von Ent-/Theatralisierungsprozessen (vgl. Willems 2009) zu sprechen, sondern von fragmentierten Inszenierungsinseln in Strömen persönlicher Erlebnisse, medialisierter Selbstdarstellungen und Interaktionen. Viel wichtiger aber wird die Frage, wie die Transformationen und Umbrüche von Zivilisationsprozessen hierdurch geprägt werden. Anfang des 21. Jahrhunderts lässt sich nämlich (s. Ludes 2007a) eine weitere, einschneidende Transformation erkennen: die zunehmende Verbindung von militärischen Entwicklungen nicht nur mit Medien (hierzu bereits früh Virilio, Kittler oder Hörisch), sondern auch mit der Unterhaltungsindustrie. Computer Games sind ein wesentliches Trainingsfeld für militärische Einsätze, die dann wiederum wie Video Games präsentiert werden. „As part of a miltary/enter-tainment complex, the corporate media can no longer be considered a legitimate source for objective information capable of nurturing a knowledgeable or humanitarian polity." (Andersen 2006: 363) „Factual information that undermines the patterns of wartime deception doesn't get much ink or airtime." (Solomon 2006: 364) Vielmehr wird das Management der Berichterstattung durch die Programmierung des Kriegsprogramms kontrolliert,

> „a sequence of reports that blends imagery and language of the current conflict with previous wars, and incorporates critiques of war policy within the news frame about movement toward war. War Programming refers to the organization and structure of the discourse of recent reportage about wars, and not mere content. War Programming encompasses content as well as thematic emphases and dominant frames." (Altheide/Grime 2006: 367; s. auch Knieper/Müller 2005.)

Wir beobachten öfter systematisch verzerrtes Infotainment im Dienste strategischer Interessen (vgl. z. B. Bouhs, 2006). Die Beobachtung dieser Fiktionen, getarnt als „Bilder des Geschehens", verwickelt immer mehr Menschen in diesen Netzen der Desorientierung. Es gibt Gegenbewegungen (http://www.peace makergame.com/), neuere Computerspiele oder aktive Mitgestaltungen von Webinhalten, die Kenntnisse älterer Medien voraussetzen und oft im Kontext der Nutzung anderer Medien gespielt werden (vgl. Result 2007). Aber es emergieren auch neuartige Konstitutionsmuster räumlicher und zeitlicher Abgrenzungen, die nicht mehr an einen klaren Beginn (der Vorhang geht auf: wir betreten eine andere Sinnprovinz) und ein klares Ende (der Vorhang fällt: wir kehren zurück in die Alltagswelt) gebunden sind. (Vgl. zur „Ästhetik des Performativen" Fischer-Lichte 2004.)

Das hier ausgewählte Spiel verbindet Kenntnisse realer Ereignisse, deren kurze Darstellungen in Schlüsselbildern von je ca. 7 Sekunden nur Assoziationen bei denjenigen hervorrufen, die bereits Informationen über die jeweiligen Ereignisse und Darstellungsmuster haben. „Peacemaker" simuliert den Nahost-Konflikt, wurde von zwei Studenten in den USA entwickelt und von israelischen Generälen und palästinensischen Regierungsberatern getestet. Dieses Computerspiel liefert etwas, „wozu keine Zeitungskolumne, kein Roman, nicht einmal ein profunder, professioneller BBC-Dokumentarfilm in der Lage ist. (...) Denn während diese Formen eine – und nur eine – Geschichte erzählen, schafft die Interaktivität des Computerspiels viele Möglichkeiten. Wie das reale Leben" (Gavron 2007: 62) – aber in komprimierter Zeit und schematisch vereinfachten Optionen. Hierfür als ein Beispiel, selbst schematisch verkürzt, das Repertoire an Handlungen (s. Tabelle 5).

Ähnlich wie bereits bei Berichterstattungen im Fernsehen geht auch hier die Reduzierung des klassischen Erzählmusters (Wer, was, wann, wo, wie, warum) um das „Warum" weiter: Es werden zwar schnell Konsequenzen jeweiliger Handlungen gezeigt, aber ohne historischen Hintergrund oder Deutungen von Motiven. In diesem Sinne vereinfacht, kommt „der Frieden" in diesem Spiel unrealistisch schnell, für geübte Spieler (wie in unserem Test der graduate Student Maor Shani, Jacobs University Bremen) in 45 Minuten. Dieses Spiel ver-

deutlicht also wie in einem Simulations-Gedankenexperiment, dass die Reduzierung sozialer Prozesse auf wenige Wochen oder Jahre, wenige Akteure (v. a.
die Staatspräsidenten) und Handlungstypen zu immer wieder klar erkennbaren un-
realistischen Schlussfolgerungen führt. (Vgl. weiterführend Peng/Lee/Heeter
2010 und Ritterfeld/Cody/Vorderer 2009.)

Anzahl/Aktionen, die der Akteur wählen kann	Möglichkeiten für Sicherheitsaktionen	Möglichkeiten für politische Aktionen	Möglichkeiten für Rekonstruktionsaktionen
Israelischer PM	8 (17)	8 (37)	7 (16)
Palestinänsischer Präsident	6 (14)	7 (31)	6 (70)*

* Vier Optionen jede Aktion zu finanzieren – PA Budget, palestinänsische Verbündete, israelische
oder ausländische Investionen

Tabelle 5: Repertoire von Handlungen im Spiel Peacemaker.

Die „Geographie der Angst", so Appadurai (2006: 100) besteht nämlich nicht
aus Aktion und Reaktion oder klaren Abfolgen von Ursachen und Wirkungen,
sondern aus Interdependenzen zwischen weit auseinander liegenden Ereignissen
und aktuellen Ängsten, alten Geschichten und neuen Provokationen. Eine treibende Kraft sind Massenmedien, aber auch Unsicherheiten darüber, wer „der
Feind" ist, in einer zerbrechlichen Beziehung zwischen nationalen Staaten und
globaler Politik. „The global flow of mass-mediated, sometimes commoditized,
images of self and other create a growing archive of hybridities that unsettle the
hard lines at the edges of large-scale identities." (Appadurai 2006: 83) Die Untersuchung langfristiger Prozesse und deutendes Verstehen erfordern deshalb
kontinuierlich ein Zusammenwirken von Geistes- und Sozialwissenschaften, das
in Zeiten der Spezialisierung bedroht ist. Langfristige Prozesssynopsen mit Deutungen subjektiv sinnvoller Zusammenhänge zu verbinden, bleibt eine Herausforderung, der hoffentlich noch lange ein Hahn nachkräht.

4.4 Transnationale Mediennetze – Indische Volks- und Massenmedien

In den neunziger Jahren des vorigen Jahrhunderts entstanden immer mehr transnationale ICT-Unternehmen. Telefonunternehmen, Werbeagenturen, Zeitungs-
gesellschaften, sowie Verlage, Rundfunk, Satelliten- und Serviceprovider fusio-
nierten. Sie formen gemeinsam mit anderen Unternehmen ökonomische Netze.
Bei Rundfunkunternehmen wurden US-Firmen global aktiv, auch bei Werbeagenturen sind die USA führend, gemeinsam mit Großbritannien und Frank-

reich. Dennoch wäre es verfehlt, westliche Entwicklungen und Kommunikationstheorien zur Grundlage internationaler Medienwissenschaften zu machen (vgl. selbstkritisch McQuail 2000, auch Golan/Johnson/Wanta 2010). Konzentrieren wir uns z.b. auf Indien, so müssten laut Kumar (2010) v.a. Volksmedien berücksichtigt werden, wie religiöse Feste und Straßenumzüge, die zusammen mehr Menschen erfassen als die im Westen so genannten Massenmedien Presse, Radio, Fernsehen und das Internet. Berücksichtigen wir die territoriale Ausdehnung von Ländern wie Brasilien, China, oder Indien ebenso wie ihre weiterhin wichtige Stadt-Land-Trennung mit unzureichenden und teuren Transportmitteln wird deutlich, dass hier national noch keine gemeinsamen (Massen-) Kommunikationsräume entstanden sind. In dem mehrsprachigen, multi-ethnischen und -religiösen Indien ist dies besonders deutlich. Deshalb sind dort (wie in früheren Phasen industrialisierender Gesellschaften allgemein) religiöse Bräuche, historische Traditionen, klassische und populäre Belletristik und Musik auch außerhalb ihrer (Re-) Präsentationen in Film, Radio oder Fernsehen zu verstehen. Hierzu gehören auch Stimmungen oder Kleiderordnungen.

Traditionell waren Worte Ausdruck mystischer Erlebnisse. Verstehen ist intuitiv, plötzlichen Einsichten geschuldet. Kommunikation weist über monosensuelle Erlebnisse hinaus, wirkt dialogisch und als Teil des Kosmos. Derartige Kommunikationsverständnisse sind global zu beachten, wenn man bedenkt, dass Indien die zweitgrößte Bevölkerung der Welt hat: 1,17 Milliarden, davon 75% in ländlichen Gebieten, 40% unter 30, 35% Analphabeten. Mit Wachstumsraten des Bruttosozialprodukts von ca. 8,5% pro Jahr gehört Indien zu den Weltmächten des 21. Jahrhunderts. Aber 35% der Bevölkerung leben unter dem absoluten Armutslevel von 1 Dollar pro Tag. In Indien sind viele Religionen vertreten: Hindus, Muslime, Christen, Sikh, Jainisten, Buddhisten, Zorastrianer, Juden, Armenier, Tibeter, Chinesische Naturreligionen ... Es gibt Hindi, Englisch und 23 weitere offizielle Sprachen.

Nur etwa 10 % aller Inder hatten 2010 Zugang zum Internet und fast zwei Drittel zum Fernsehen – aber mehr als 350 Millionen haben ein eigenes Handy. Es gibt mehr als 5.300 Tageszeitungen; von etwa 400 Fernsehkanälen sind mehr als 80 24-Stunden-Nachrichtenkanäle in mehr als 14 Sprachen. Alle Fernsehsender, außer Doordarshan, sind in Privatbesitz ebenso wie alle Radiostationen, außer All India Radio; alle Tageszeitungen gehören ebenfalls Privatunternehmen.

Laut Kumar wären für Kommunikationstheorien, die indische Kulturbesonderheiten berücksichtigen, die Vedischen Hymnen ebenso einzubeziehen wie klassische Dramen, Populärliteratur (Bhagvad Gita), mündliche Traditionen und Volks-Religionen – Feiern, Pilgerreisen, Schreine, Heilige. Kumar sah die folgenden vereinheitlichenden Kräfte in Indien: Bollywood, Cricket, Politik und

seine Nachbarn! Aber es gibt eine „Murdochization" der Medien in Indien und
damit einen Anstieg an Infotainment (vgl. Thussu 2008). Sein Pan-Asiatisches
„Star" begann 1991 als Pionier des Satellitenfernsehens in Asien. Er führte den
ersten Musikkanal in Indien ein (Channel V), den ersten 24-Stunden-
Fernsehnachrichtenkanal (Star News), die erste internationale Game Show.
2008 kontrollierte Murdoch direkt oder in joint ventures einen Großteil des
Fernsehmarktes in Indien. Sein Paradesender in Hindi, Star Plus, hat meist die
höchsten Einschaltquoten für seine Unterhaltungssendungen. Star News verlegte
seinen Hauptsitz nach Mumbai und dominiert den Fernsehnachrichtenmarkt, mit
mehr als 20 Redaktionen im Inland, die Live-Reportagen ermöglichen.

Die drei C's indischen Infotainments sind ‚Cinema, Crime und Cricket'.
Das bedeutet Bollywood in Fernsehnachrichten und Bollywoodfilmmusik als
Hintergrund für Nachrichtenbeiträge. Viele Kanäle zeigen Bollywood-Stars, in
Interviews oder als Nachrichtenbeitrag, Zee news zeigt täglich Bollywood News
und Trailer von Action Thrillern wurden zu Key Visuals. Während des 2007
World Cup in Cricket wurde der Mord an Pakistans Coach Bob Woolmer zur
Hauptstory. Diese Tabloidisierung interpretiert Kumar als Murdochisierung.
Und damit würden Chancen für informierte StaasbürgerInnen und Marktteil-
nehmerInnen unterminiert. *Key Visuals* indischer Fernsehnachrichten sind das
Weiße Haus, 10 Downing Street, der Eiffel-Turm, der Elysee Palast, die Twin
Towers (bzw. ihre Zerstörung), Bombays Gateway of India, Presse-Räume, das
Olympische Bird's Nest, Sydneys Opernhaus, die Gesichter von Staatsober-
häuptern. Außer der Königlichen Familie des Vereinigten Königreichs tauchen
Europa, Afrika oder Südamerika kaum auf. (Vgl. auch Athique 2009 und Sen
2005 – weiterführend zu „Chindia" Isar 2010 und Xin 2010, im Kontext von
BRICS [Brasilien, Russland, Indien, China, Südafrika] Straubhaar 2010.)

4.5 Kommunikationszukünfte

Denis McQuail, der in den letzten drei Jahrzehnten immer wieder den Stand der
Theoriebildung für Massenkommunikation zusammenfasste, betonte wiederholt,
Demokratie sei darauf angewiesen, dass die Mehrheit einer Gesellschaft freien
Zugang zu Informationen habe und einen Grundbestand an Relevanzkriterien
und Hintergrundwissen teile. Nur so kann weitverbreitete Meinungsbildung zu
vergemeinschaftenden Entscheidungsvorbereitungen führen: „Collective bene-
fits are found in the sharing of the same culture and information with others in a
form of society that has lost many former familial, group and communal ties.
(...) For the major institutions of society, especially politics and the economy,
mass communication seems indispensable, whatever its merits or demerits."

(McQuail 2005: 538) Denn auch die massenhafte Produktion und Vermarktung von Gütern und Dienstleistungen erfordert – bei aller Betonung der „Einzigartigkeit" in der Werbung – ähnliche finanzkräftige Kaufabsichten für eine Vielzahl von KundInnen: Nur so lohnt sich Massenproduktion.

Außerdem bleibt auch die Heraufkunft von Massen-Selbst-Kommunikation durch Netzwerkmedien auf Jahrzehnte geprägt und ergänzt durch weniger interaktive traditionelle Massenmedien wie Kinofilme, Presse, Radio und Fernsehen. Umgekehrt werden auch diese Massenmedien durch die Konkurrenz des Internets und von Intranets neu konfiguriert, ihre Produktionskosten und Marktchancen müssen immer wieder neu kalkuliert werden. In diesem Sinne kann man von gleichzeitigen Konvergenz- und Fragmentierungsprozessen sprechen (Ludes 2008), von einer Vernetzung von Massenmedien und massenmedialen Funktionen von Netzmedien. Letztere Medien werden durch medienübergreifende Unternehmen und Werbestrategien in einen gemeinsamen Vermarktungsverbund integriert. Dieser Prozess wird durch ökonomische Faktoren der Produktionskosten, Werbung, Kundenfindung und -bindung vorangetrieben und nicht durch das Ziel, bessere Informationen für mehr Menschen zur Verfügung zu stellen.

2010 argumentierte McQuail, Massenmedien begleiteten die Industrialisierung der Produktion von Gütern und die Ausweitung von Bildungschancen. Erst hierdurch konnte ein Großteil weiträumiger (National-) Staaten kommunikativ integriert werden, was auch zu neuen Formen der Populärkultur führte. Die Entwicklung der Massenmedien erfolgte in diesem besonderen historischen Kontext, der auch durch Verstädterung, Mechanisierung und Bürokratisierung gekennzeichnet ist. „Masse" wurde hauptsächlich aufgrund ihrer unüberschaubaren Größe, Anonymität, Ignoranz und eines Mangels an Vernunft definiert.

> „There is a good deal of agreement that the physical newspaper has passed its high point in terms of circulation in the more economically developed world, as measured by circulation and readership, and probably in terms of share of advertising revenue. (...) Television, most directly affected by an alternative new audiovisual medium (the Internet), has been diminished in some respects (...) The Internet is gradually becoming a new form of broadcasting on demand and other media have been obliged to adapt to new possibilities of transmission. All the older media are having to adapt to new market conditions and business models. (...) These and other circumstances reflect not the end of mass media or of mass communication, but rather a significant and ongoing shift in the ways that purposes of public communication can be achieved." (McQuail 2010: 542f.,weiterführend Straubhaar 2007, Turner 2009 und Wolton 2003.)

Als Hauptantriebskräfte hierfür hebt McQuail (2010: 544) hervor: „Many of the actors who benefit from the capacity to communicate to all in a measured and calculated way are visible (...) They include big advertisers and global media firms (both bigger and more concentrated than ever before), the world financial system, rulers and national governments, states with imperial ambitions". Die

Epoche der Massenkommunikation mag eine Übergangsphase der Industrialisierung gewesen sein, die das 20. Jahrhundert prägte. Aber obwohl traditionelle Massenmedien auf die Fragmentierungen ihrer Aufmerksamkeitsmärkte reagieren müssen, gelten weiterhin grundlegende Regeln der Massenkommunikation, die nur durch kontinuierlich gut finanzierte Unternehmen mit professionell ausgebildeten MitarbeiterInnen genutzt werden können. Es ist deshalb irreführend, in Dichotomien wie Massen- vs. Netzwerkkommunikation zu denken, denn es lassen sich zahlreiche Mischungen und Diversifizierungen erkennen.

Schließlich ist an die allgemeine kulturelle Bedeutung kollektiver audiovisueller Gedächtnisse, Themenhierarchien und Zukunftshorizonte zu denken. Nur wenn weitverbreitete Werte als allgemein verbindlich immer wieder bestätigt werden, bilden sie den Rahmen, innerhalb dessen öffentliche Meinung auch in multikulturellen und sich rasant verändernden Gesellschaften und transkulturellen Vernetzungen artikuliert werden kann. Wie später erläutert, bleiben vollsinnliche persönliche Erlebnisse deshalb weiterhin konstitutiv für die (Be-) Deutung massenmedialer, netzwerkmedialer und mobilmedialer Inhalte.

Hierbei dürfen die Einsichten, die allein auf Erfahrungen und Untersuchungen in Westeuropa und Nordamerika gründen, nicht ohne weiteres auf Gesellschaften und Kommunikationsgemeinschaften übertragen werden, die ganz andere Phasen der Industrialisierung, Verstädterung, Demokratisierung, Bildungsvermittlung, Professionalisierung und Medialisierung figurieren. Nur systematische Vergleiche verschiedener Kulturen, Entwicklungsphasen und Medien, in die neu zu formierende Konzepte aus allen Bereichen gleichberechtigt münden, erlauben den „Stand der Forschung und Lehre" zu internationalisieren. Mehrsprachige Forschungsprojekte und Studiengänge und eine Stärkung der nichtwestlichen Publikationskriterien sind hierfür unerlässlich.

5. Multiple Symbolisierungen

Die Aneignung, Interpretation und Nutzung symbolischer Formen kann nur in relativ homogenen Gruppen und Kulturen eindeutig erfolgen. In allen Gesellschaften, die multikulturell und multi-modern sind, konkurrieren individuelle, gruppen- und kulturspezifische Symbolisierungen miteinander. Diese Konkurrenz strukturiert soziale Interdependenzen und Interaktionen in allen Funktionsbereichen: Familie, Religion, Wirtschaft, Politik, Wissenschaft, Kunst, Sport. Zunächst unhinterfragbare familiäre Sozialisationskontexte prägen das „fraglos Gegebene", die „relativ natürliche Weltanschauung". Gesellschaftliche Institutionen wie Schule, Kirche und Massenmedien transformieren Symbolverständnisse. Die Vielzahl kulturspezifischer Verbreitungsmedien (von religiösen Festen über direkte menschliche Kommunikationsformen und Druckmedien hin zu Rundfunk- und Onlinemedien) führt hierbei zu einer jeweils besonders ausgewählten und verbreiteten, historisch neuartigen Vielzahl von Symbolisierungsangeboten. Die professionelle Auswahl, Gestaltung und Vermarktung ursprünglich kulturell wichtiger, teilweise „heiliger" Symbole transformiert multimoderne Symbolisierungsprozesse. Im Konflikt mit eingeübten Symbolverständnissen, -aneignungen und -anwendungen setzen sich teilweise Hybridisierungen und Ironisierungen tradierter und modifizierter, ja auch (vor allem in Propaganda und Werbung) neu erfundener Symbolbestände durch. Einige Hauptkomponenten dieser Transformation von Symbolisierungen Anfang des 21. Jahrhunderts sollen etwas differenzierter erörtert werden: die (1) Internationalisierung und technisch verbreitete Audio-Visualisierung, (2) Kämpfe mit Symbolen, (3) Geld, (4) Medienzivilisierung und (5) reflexive Medienzivilisierung.

5.1 Internationalisierung und Technisierung

Die jeweils wichtigsten Außenhandelspartner kommen für Import und Export meist aus den geographisch und ökonomisch näheren Ländern, für Deutschland z.B. (2010 auf Platz zwei der Liste der führenden Welthandelsländer, hinter China) im Jahre 2000 mehr als zwei Drittel der Importe und Exporte aus bzw.

nach Europa, weit überwiegend den EU-Staaten. 2009 wurden rund drei Viertel der Exporte nach Europa geliefert und 71 % der Importe kamen aus Europa, erneut überwiegend nach bzw. aus EU-Staaten (Statistisches Bundesamt Deutschland, 2010). Weder in den Zugangsmöglichkeiten noch in den Inhalten lässt sich also eine durchgehende Globalisierung erkennen, vielmehr eine Internationalisierung, die großenteils zwischen den reicheren Ländern, vor allem den OECD-Staaten, erfolgt.

Dementsprechend lässt sich kaum von einer Globalisierung bisher kulturspezifischer Symbole sprechen; eines der wichtigsten nationalen Symbole, die Nationalhymne - neben Flaggen, Landkarten, historisch oder religiös besonders herausragenden Landschaften oder Gebäuden - lässt weiterhin beachtliche Unterschiede z.b. in den wichtigsten Werten bzw. Verhaltensanforderungen erkennen. Gegenüber diesen langfristig wirksamen und bei allen wichtigen politischen und sportlichen Ereignissen immer wieder eingeübten nationalen Hymnen werden vor allem die jüngeren Bevölkerungsgruppierungen durch weltweite Hits und Superstars angesprochen. Die Internationalisierung (nicht Globalisierung) symbolträchtiger Musik und musikalischer Symbole erfolgt also in sehr vielschichtigen und unterschiedlichen Intensitäten, Situationen und Reichweiten. Nationalhymnen dürften hierbei aber weiterhin eine oft verfassungsmäßig abgesicherte Besonderheit und historische Dauer aufweisen, die ihnen im Zusammenspiel und Kampf mit jeweils kurzfristigeren unterhaltsameren Angeboten Aufmerksamkeit sichert. Dies gilt auch bei Berücksichtigung der zunehmenden technischen Verbreitung von Musik und Bildern auf Speichermedien (wie Schallplatten, CD-ROMs, Videokassetten oder DVD-ROMs, iPods und Mobiltelekommunikationsgeräten), durch Hörfunk, Fernsehen und das World Wide Web.

Bis zur Erfindung der Fotografie (Anfang des 19. Jahrhunderts) war es weltweit und für alle Menschen fast ausschließlich so, dass Manifestationen von Sinnselektionen nur persönlich, in direkter sinnlicher Wahrnehmung, an den jeweils besonderen und oft als heilig oder historisch wichtig empfundenen Orten, gemeinsam mit relativ wenigen Menschen, nach einer längeren Vorbereitungszeit (z.b. bei Pilgerreisen) erfahren bzw. erlebt werden konnten. Das Außeralltägliche war unausweichlicher Bestandteil der Konfrontation mit besonderen Bauwerken, Denkmälern oder Ähnlichem. Diese seltenen Erlebnisse für einen jeweils geringeren Teil der Bevölkerung waren oft Höhepunkte bzw. wichtige Einschnitte im Lebenslauf; hierüber konnte jahrelang anderen erzählt werden.

Seit der massenhaften Verbreitung technisch produzierter Bilder und Filme, seit der zweiten Hälfte des 20. Jahrhunderts auch von Live-Übertragungen im Fernsehen, fand eine Vervielfachung der (Re-)Präsentationen ursprünglich außergewöhnlicher Symbole statt. Denn der massenmediale Imperativ der Aufmerksamkeitsgewinnung erforderte die Anknüpfung an zuvor Besonderes und schwer Zugängliches. So verweisen Information, Bildung, Unterhaltung und Werbung in allen Massenmedien auf beachtenswürdige Repertoires heiliger, identitätsstiftender, magischer, fantastischer Symbole. Diese werden aber nicht nur vielfach, in je unterschiedlichen Präsentationskontexten und Rezeptionssituationen wahrgenommen, sie erscheinen durchgehend auch als kleiner und flacher, als ‚oberflächlicher', was in einer jahrzehntelangen Entwicklung, die von Kindesaugen und -ohren an Symbole zunächst und vor allem technisch vermittelt, zu Bedeutungsverlusten führen muss.

Allerdings ist dieser Prozess der Trivialisierung technisch verbreiteter Symbole nicht eindeutig; der prä-reflexive Charakter der Wahrnehmung, vor allem von Bildsymbolen, kann affektuelle Bindungen und Ablehnungen hervorrufen, die nicht nur Inflationsprozessen unterworfen sind. Für Habermas (1998:85) gehört es zu der „befreienden Kraft der symbolischen Formgebung", dass diese erst „Distanz zur Welt" schafft. Symbolisierungen erfordern demnach die aktive sinnliche Wahrnehmung kondensierter, besonders bedeutungsvoller Sinnselektionen, sie fordern immer wieder zur Interpretation und Einordnung in übergeordnete Sinnzusammenhänge auf. Hierfür gibt es vermutlich sehr langfristige kulturelle Vorbedingungen wie die „Theatralisierung" menschlichen Vorstellungsvermögens, die Zentralisierung der Wahrnehmung durch die Zentralperspektive oder den Bedeutungsgewinn des Auges gegenüber anderen sinnlichen Wahrnehmungen (Tasten, Riechen, Schmecken oder Hören) im Laufe des Zivilisationsprozesses. (S. zu Riechen Ohloff 1996 und Turin 2006.)

Die in Generationen übergreifenden Tradierungsprozessen verinnerlichten Orientierungsmuster von Raum und Zeit werden in allen modernen Gesellschaften durch Telekommunikationsmedien (Radio, Telefon, Fernsehen, Internet, Mobilgeräte) transformiert: Ehemals ‚Un-Nahbares' wird verkleinert, verflacht, verdichtet und in fast alle Wohnungen und für unterwegs übertragen; ehemals Kostbares und nur mit hohem Zeitaufwand Wahrnehmbares ist (derart verändert) fast beliebig zu empfangen.

Symbole im Zeitalter ihrer massenmedialen technischen Verbreitung unterliegen damit zumindest einem doppelten Prozess: (1) Sie werden trivial - im Gegensatz hierzu kann aber (2) die unmittelbare Erfahrung besonderer Rituale, heiliger Stätten oder außergewöhnlicher Persönlichkeiten wieder an Bedeutung gewinnen.

Zur Interpretation dieser vielschichtigen Symbolisierungen wäre eine eigene entsprechende Bestandsaufnahme von Symbolselektionen, -präsentationen, -formatierungen und -rezeptionen erforderlich, die hinter die gängigen Untersuchungen etablierter Programmtypen führen würde und Anschlussmöglichkeiten an historische Forschungen eröffnete. Die Halbwertzeit von Symbolen dürfte aufgrund ihrer professionellen massenmedialen Vermarktung kürzer werden; allgemeinere Trends, z.b. des Reflexivwerdens der Medien, die ihre eigene Inszenierung mitthematisieren, dürften auch Symbol-Darstellungen ,entzaubern'.

Eine Sonderauswertung von „Schlüsselbildern" der „CBS Evening News" von 1949 bis 1995 ergab allerdings – im Unterschied zu oft geäußerten Annahmen einer durchgehenden Inszenierung – einen höheren Anteil von genuinen Ereignissen, die auch ohne Medienberichterstattung stattgefunden hätten und mediatisierten Ereignissen (die auch ohne Medienberichterstattung, aber nicht in der gezeigten Form, stattgefunden hätten) gegenüber speziell für Medien inszenierten Ereignissen oder Aktionen. Der Anteil verschiedener Valenzen der dargestellten Ereignisse, Handlungen und Sachverhalte ergab einen überwiegend „neutralen" Charakter gegenüber eindeutig negativen oder positiven Einstellungen. Ähnlich waren die Ergebnisse unserer Schlüsselbildanalysen der „Tagesschau" von 1952 bis 1995 und der „Aktuellen Kamera" von 1960 bis 1990 (s. Tabelle 6).

	CBS Evening News (1949 – 1995)*	Tagesschau (1952 – 1995)	Aktuelle Kamera (1960 – 1990)
Anzahl Schlüsselbilder	n = 1750	n = 1168	n = 990
Keine nationalen Symbole	93 %**	95 %	92 %
Nationale Symbole des eigenen Landes	4 %	3 %	4 %
Nationale Symbole anderer Länder	2 %	1 %	2 %
Symbole supranationaler Organisationen	1 %	1 %	1 %
Nationale Symbole des eigenen Landes gemeinsam mit denen anderer Länder	1 %	-	-

* Eine Stichprobe aus Jahren 1949,1960, 1962, 1963, 1969, 1976, 1983, 1989, 1990 und 1995 ergab relativ geringe Schwankungen im Prozentanteil verschiedener nationaler Symbole.
**Die Prozentanteile addieren sich nicht immer auf hundert Prozent, weil weitere Kodiermöglichkeiten individuell jeweils unter einem Prozent ausmachten und hier nicht berücksichtigt wurden. (Vgl. Ludes 2001.)

Tabelle 6: Nationale Symbole – „CBS Evening News", „Tagesschau" und „Aktuelle Kamera"

Nach dieser Analyse sind Symbolangebote in Fernsehnachrichten eher selten; wenn sie auftauchen, lassen sie sich aber überwiegend nationalen Symboliken zuordnen. Unter diesem Gesichtspunkt muss die im vorigen Abschnitt diskutierte Internationalisierung von Symbolen (die aber in international orientierten Programmangeboten, vor allem Spielfilmen, Serien und bestimmten Live-

Übertragungen weitaus wichtiger ist) ergänzt werden. Die technische Vermittlung von Symbol-Re-Präsentationen erfolgt sehr unterschiedlich und lässt hier
eine massenmediale neue Unübersichtlichkeit dieser Kommunikationsangebote
erkennen. In dieser Unübersichtlichkeit werden aber immer wieder Kämpfe um
besonders bekannte Symbole und mit Symbolen ausgetragen, die herausragende
Aufmerksamkeit gewinnen und auf politischer, militärischer und/oder ökonomischer Ebene Handlungen hervorrufen, motivieren oder legitimieren sollen.

5.2 Kämpfe um Symbole

„Fotos, die die Welt bewegten", „Schlüsselfotos" der Weltgeschichte und historische Fernsehübertragungen von Krönungen, Bürgerkriegen, Kriegen, Höhe-
punkten der Weltraumfahrt, Putschversuchen und revolutionären Bewegungen
sind unausweichlicher Bestandteil aller Lebensläufe, individueller und kollektiver Gedächtnisse für die meisten Menschen aller Kulturkreise seit der zweiten
Hälfte des zwanzigsten Jahrhunderts. Durch kanonisierende Wiederholungen in
Jahresrückblicken oder Hervorhebungen als Bilder des Jahrzehnts oder des
Jahrhunderts gewinnen sie rituelle Bedeutungen des Verweises bei besonderen
Anlässen und der geteilten Annahme, dass andere diese Bilder auch im Gedächtnis haben. Hierdurch strukturieren sie soziale Kommunikation, oft rituell
und präreflexiv, mit der zunehmenden Verbreitung technisch produzierter und
präsentierter Bilder (Standbilder und Bewegtbilder) zumindest zeitlich auf Kosten direkter persönlicher Gespräche oder der Rezeption von Druckmedien. Diese Chance von Symbolen, in immer umfassenderen Ausscheidungskämpfen
andere Symbole zu verdrängen und damit des-/integrierende Wirkpotentiale
auszulösen, wird jeweils unterschiedlich genutzt. Politische Propaganda und
Werbung organisieren mit professionellem Arbeitsaufwand Aufmerksamkeitsgewinnung und Motivierung in ihrem jeweils eigenen Sinn. Tag für Tag finden
Konkurrenzen und Ausscheidungswettkämpfe zwischen Firmen, Logos und
Partei-Emblemen und Symbolen unterschiedlicher sozialer Bewegungen (wie
Amnesty International oder Greenpeace) statt.

Diese professionellen Auseinandersetzungen im Symbolmanagement werden in der massenmedialen Berichterstattung und allgemeinen Aufmerksamkeit
überlagert durch kriegerische oder terroristische Aktionen. „Die Bilder von den
Flugzeugen, die im World Trade Center verschwinden, von den Türmen, die
zusammensacken, und von den Menschen, die in Panik vor der Staubwelle flie-
hen, werden wir nie vergessen" (Kepplinger 2001: 630f.). Die terroristischen
Aktionen gegen das World Trade Center und das Pentagon vom 11. September
2001 waren darauf angelegt, von Kameras beobachtet und weltweit verbreitet zu

werden; nur so konnte die Zerstörung des ‚Welt-Handelszentrums' der Super-
macht USA und eines Teils seines militärischen Befehlszentrums, des Pentagon
in Washington, allen vor Augen geführt werden. Ein interessantes „Vor-Bild"
hierfür ist „Der Turmbau von Babel" von Pieter Bruegel dem Älteren, mit Wol-
kenfetzen, die heute an die eindringenden Flugzeuge erinnern.

> „Das ist das zweite Bild des 21. Jahrhunderts: Am 12. März 2011 explodiert das Atom-
> kraftwerk in Fukushima. Es wird künftig immer neben dem ersten Bild des 21. Jahrhunderts
> zu sehen sein: den Türmen des World Trade Center, die am 11. September 2001, von Flug-
> zeugen durchbohrt, in sich zusammenbrechen. (...) Globales Erinnern verstärkt sich durch
> ein simultan wahrgenommenes Ereignis. Und dies ist erst möglich, seit die Menschheit ihre
> größten Katastrophen online im Liveticker und auf CNN gemeinsam durchlebt (...) weil die
> Menschheit zum Augenzeugen geworden ist (...) das Bild der Unbeherrschbarkeit, das sich
> für immer in unserem Kopf festgesetzt hat." (Illies 2011: 49)

Symbole sind ein Hauptkampffeld für das 21. Jahrhundert. Die massenmediale
Vernetzung fast aller nationalstaatlich organisierten Gesellschaften über weltweit agierende Nachrichtenagenturen und Live-Übertragungen ermöglicht Ver-
sinnbildlichungen, die über traditionelle Kommunikationssituationen hinausführen. In der zweiten Hälfte des zwanzigsten Jahrhunderts waren z.B. nicht nur
Fußballweltmeisterschaften und Olympische Spiele wiederkehrende Wettkämp-
fe. Revolutionäre Situationen wie der Aufstand in der damaligen sowjetischen
Besatzungszone am 17. Juni 1953, mit Steine werfenden Ost-BerlinerInnen gegen sowjetische Panzer, der Ungarn-Aufstand 1956, die Invasion von Panzern
der Warschauer Vertragsstaaten in die damalige Tschechoslowakei im August
1968, das Anhalten von Panzern in Peking von einem einzelnen Chinesen im
Juni 1989 und die Rede von Boris Jelzin auf einem Panzer vor dem Weißen
Haus in Moskau 1991, die der Anfang vom Ende des Putschversuches von Teilen des sowjetischen Militärs war (u.a. weil sie über CNN an die wichtigsten
Funktionseliten des Landes direkt übertragen wurde), sind nur einige Beispiele
aus einer langen Kette der Gegenüberstellung von ‚David und Goliath', der
Überwindung des unüberwindlich erscheinenden Panzers durch mutige Einzel-
personen. Dass diese Motiv-Vermittlung in der politischen Kommunikation
auch fiktional genutzt wird, zeigen die ganz unterschiedlichen Beispiele von
Michael Jacksons World Tour von 1998, in der er sich an Stelle des chinesischen Mannes vor einen Panzer stellt, der ins Publikum fahren will, diesen auf-
hält und damit alle seine Fans rettet, und Roberto Benignis „La vita e bella", der
italienische Spielfilm von 1998, in dem ein jüdischer Vater im Konzentrations-
lager seinen Sohn retten will, indem er ihm vormacht, ein erfolgreiches Verste-
cken würde zu einer hohen Punktzahl und damit später zu einer Freifahrt auf
einem Panzer führen. Gegen Ende des Films wird der Vater ermordet, aber der
Sohn, der sich erfolgreich versteckt hatte, kann in der Tat mit einem Panzer der

US-amerikanischen Armee in eine neue Zukunft fahren. 2005 nutzte die brasilianische Bank Bradesco, nach einer Korruptionsaffäre, das globale Key Visual des chinesischen Gegenübers „Mann gegen Panzer" zur Werbung und Reputationssteigerung. Zahlreiche Variationen, u.a. der Simpsons sind außerhalb Chinas über Google zu erfassen. Siehe die folgende Auswahl in Abbildung 4.

| Chinese stoppt einen Panzer, Juni 1989 (Reportage für Ars Electronica) 1996, 3Sat | Jelzin auf einem Panzer, August 1991 (Bilder aus drei Jahrzehnten) 1993, ZDF |

| Amnesty International, Frankreich, Namen getöteter chinesischer Studenten (Ars Electronica) 1996, 3Sat | La Vita e Bella (Roberto Benigni), Italien, 1997 |

| Michael Jackson stoppt einen Panzer, "Welttournee" München, Sat1, Dezember 1998 | Werbung der brasilianischen Bank Bradesco in Retrospectiva Globo 2005. Identisch in Retrospectiva Record 2005 |

Abbildung 4: Anhalten eines Panzers, 1989 – 2006

Abbildung 4: Anhalten eines Panzers, 1989 – 2006 (Fortsetzung)

In einem YouTube Video zu den Ereignissen in der Nähe des Tian'anmen-Platzes 1989 ist der Chinese zu sehen, der einen Panzer stoppt und die Kommentatorin interpretiert die Szene wie folgt: „Events do not deliver their meaning to us. They are always interpreted. (...) Here was human hope and courage challenging the remorseless machinery of state power." (dinzzz414, 2006) Die offizielle Auslegung der chinesischen Regierung hingegen ist die folgende: „Anyone with common sense can see that if our tanks were determined to move on, this lone scoundrel could never have stopped them. This scene recorded on videotape flies in the face of Western propaganda. It proves that our soldiers exercised the highest degree of restraint." (dinzzz414, 2006)

Die militärtechnologische Entwicklung und der Einsatz von Panzern und Flugzeugen gegen revolutionäre Aufständische in Lybien im März 2011 zeigten aber – über Stellitenfernsehen oder soziale Foren – dass diese Panzer sich nicht durch Zivilisten aufhalten ließen.

Zwar gibt es in allen Kulturen gemeinsame anthropologische Orientierungsmuster, die hauptsächlich an Eigenarten des menschlichen Körpers orientiert sind: ,oben und unten', ,hier und dort', ,links und rechts' verweisen jeweils auf den eigenen Standort. Aber Symbole vermitteln sinnliche Wahrnehmungen und Sinngebungsprozesse differenzierter und entsprechend stärker unterscheidend für Kommunikation und Interaktion, die Weitergabe von Wissen, Kontrolle und

Steuerung, Ausdruck und Affekt, Beziehungen zwischen Individuen, Kultur und Gesellschaft, Innovation und Interpretation, Verhaltens- und Persönlichkeitsmodelle sowie Handlungsorientierungen.

„Multiple Symbolisierungen" lösen einheitlichere Symbolverständnisse in relativ homogenen Kulturen zunehmend auf. Zugleich gewinnen technisch verbreitete Symbole an Bedeutung auf Kosten unmittelbarer persönlicher Kommunikation oder sinnlicher Wahrnehmung. Großtechnische Systeme sind auf eigens entwickelte Detektor- und Sensortechniken angewiesen, die der kontinuierlichen Beobachtung und Steuerung von Soll-Zuständen dienen. Weder Augen, noch Ohren, Nase, Zunge, Haut können bestimmte ökologische Gefährdungen unmittelbar wahrnehmen. (Vgl. grundlegend Beck 1986 und 2007.) Auch die historisch neuartige Einführung einer gemeinsamen Währung als alltägliches Berechnungs- und Zahlungsmittel Anfang 2002, die Einführung des Euro, war auf eine massenmediale Berichterstattung angewiesen, die an überlieferte Symbole anknüpfte.

5.3 Geld

Noch weitaus mehr als die Techniken, Formate und Inhalte der Massenmedien konstituiert das symbolisch generalisierte Kommunikationsmedium Geld soziale Beziehungen. Die Monetarisierung des sozialen Lebens trägt zur Uniformierung, Präzisierung und Berechnung bei. Klassische Theorien betonten seine instrumentelle Rationalität, die offensichtlich unbegrenzte Kapazität, Produkte sowie soziale Beziehungen und manchmal sogar Gefühle zu transformieren: in abstrakte und objektive, zählbare Äquivalente. Geld ist weder kulturell neutral noch sozial anonym. Es kann Werte ‚korrumpieren' und soziale Bindungen in Zahlenverhältnisse überführen, aber Werte und soziale Beziehungen verformen ihrerseits Geld dadurch, dass es mit Bedeutung und sozialen Modellen aufgeladen wird. Wie Klaus Heinemann in seiner fast klassischen „Soziologie des Geldes" von 1969 klärte, repräsentiert Geld abstrakte Erwartungsstrukturen, Einstellungen, Vorurteile und Bedürfnisse. Geld ist ein Mittel der Kommunikation, das die Anpassung von Verhaltensweisen freisetzt und steuert.

Dies ist notwendig in funktional differenzierten sozialen Bereichen, weil es die Interaktion, wechselseitige Abhängigkeit und Ergänzung relativ autonomer Institutionen ermöglicht: In Zeit und Raum getrennte Handelnde werden miteinander verbunden. Der Gebrauch von Geld ist ein besonderer Typ der Interaktion, in dem jeder den anderen beeinflusst und von ihm beeinflusst wird - dies charakterisiert seine grundsätzliche Unterscheidung von Macht und Herrschaft. Geldgebrauch ist immer umfassender als persönliche Beziehungen und kann auf unbekannte Personen und Institutionen in der Zukunft oder andere Regionen oder Funktionsbereiche übertragen werden. Geld fordert die Distanzierung von Objekten und Situationen und die Identifizierung mit neuen Aspekten der Umwelt. Diese latente Funktion des Geldes ist wichtig für jede Form europäischer Integration. Nach Heinemann bietet Geld die Chance, effektiv an sich schnell verändernden sozialen Entwicklungen teilzunehmen und hierbei ein höheres Maß an Einfühlsamkeit zu entwickeln. Geld ist deshalb nicht nur ein Symbol sozialer Ordnung, sondern auch von Denkstilen und Mentalitäten. Von Müller (2001) konnte kurz vor der Einführung des Euro eine ganze Liste von Erwartungen aufstellen: Förderung eines einheitlichen Preissystems, Erleichterung von Marktentscheidungen durch die KonsumentInnen, Verringerung der Transaktionskosten, Abschaffung der Gefahr innereuropäischer Spekulationen bei Währungsschwankungen und seine Voraussetzung für den freien Handel von Arbeit, Gütern, Dienstleistungen und Investitionen. Geld transzendiert also gegenwärtige soziale Bedingungen und Beziehungen und wird zu einem Vehikel unserer Wünsche; es dominiert das Versprechen, diese Wünsche zu erfüllen.

Wie Jochen Hörisch (1999) erläuterte, kann Geld (die Münze mit Kopf und Zahl) interpretiert werden als Nachfolger von Brot und Wein, besonders der Hostie in der christlichen Liturgie, und als Hauptkommunikationsmittel in modernen Gesellschaften, das weiterhin der Hostie ähnelt - der Leib Christi in Gestalt eines Tauschmittels, wohingegen von Müller betont, die Hostie habe die Form einer Münze imitiert. Hörisch und von Müller (wie Georg Simmel und Klaus Heinemann vor ihnen) stimmen darin überein, dass die wahre Bedeutung des Geldes Kredit sei - eine These, die bei Überlegungen zur sozialen Bedeutung des Euro nicht unterschätzt werden sollte. Die Einführung des Euro demonstrierte nämlich bereits wechselseitiges Vertrauen, das allerdings erst durch jahrelange genaue Überprüfungen bestimmter ökonomischer Indikatoren erworben wurde. Diese Überprüfungen waren nicht erfolgreich - wie seit 2010 offensichtlich wurde.

Geld ist auch ein Mittel zum Transport und zur Hervorhebung von Bildern, weshalb die Euro-Münzen nationale und europäische Symbole zeigen und die Euro-Banknoten abstrakte Verknüpfungssymbole: Brücke und Tor (vgl. bereits Simmel 1908), wodurch es soziale Funktionen und Tauschbeziehungen bildlich prägt. Ein höheres Maß an europäischer Integration birgt allerdings neue Gefahren durch die hiermit wachsenden wechselseitigen Abhängigkeiten. Fehler bzw. unintendierte Nebenfolgen in einem Teilbereich des europäischen ‚Netzwerk-Staates' (Castells 1998) wirken sich schneller in anderen Teilbereichen aus. Diese allgemeine Gefahr großer Systeme scheint in der Anfangsphase des Euro besonders wichtig zu sein. Die zunächst beachtliche Konvergenz der Lebensbedingungen in der Europäischen Union wurde mit zunehmenden Erweiterungen brüchig. Die Verteilung und Nutzung von Massenmedien differiert hierdurch ebenfalls stärker, auch bei Netzwerkmedien, die weiterhin inter-/nationale, aber nicht hinreichend europäische Verbindungen herstellen.

Über die bereits veröffentlichte Analyse von mehr als 40 Minuten Ausschnitten aus Fernsehprogrammen zur Einführung des Euro von Ende 2001/ Anfang 2002, von Berichten in Tageszeitungen und Nachrichtenmagazinen, Web-Angeboten und Interpretationen der Weihnachts- oder Neujahrs-Reden der Staatsoberhäupter (Ludes 2002a) hinaus, sollen hier nur einige transmediale Symbolfunktionen skizziert werden. Denn in der umfangreichen, differenziert ausgewiesenen Materialbasis zur Behandlung des Euro in den am weitesten verbreiteten Massenmedien in Deutschland, Frankreich, den Niederlanden, Großbritannien und der Schweiz lassen sich relativ wenige Präsentations- und Assoziationsmuster erkennen: Gezeigt werden Münzen und Scheine, ihre Produktion und Verteilung. Bei ihrer kulturellen Einordnung zeigen sich allerdings wichtige Unterschiede: In Portugal (gezeigt in ARTE) durch einen Priester, in den Niederlanden durch Kinder und Schüler (in der Hauptfernsehnachrichtensendung), in Deutschland und Frankreich durch öffentlich geförderte Werbespots und in der Schweiz unter ständigem Vergleich mit dem bewährten Franken. Bei aller Monetarisierung - ohne Rückbindungen an Bewährtes entsteht auch kein neues Vertrauen in das Symbol der Europäischen (Währungs-) Union, den Euro.

Die Gefährdung des Euro in der historisch neuen Finanzkrise seit 2008/2010, zunächst v.a. Griechenlands, Irlands und Portugals, stellt auch neue Herausforderungen an internationale Medienwissenschaften: Symbolisch generalisierte Kommunikationsmedien wie Geld, Macht und Wahrheit sind in Beziehung zu sehen mit technischen Verbreitungsmedien, in denen Entscheidungen vorbereitet und begründet werden müssen; die Vernetzung von Orientierungsmitteln und Desorientierungsfallen ist hierbei besonders zu berücksichtigen. (Vgl. weiterführend Bourke 2010.)

5.4 Medienzivilisierung

Technologische Innovationen allein treiben ökonomische oder kulturelle Entwicklungen nicht an. Sie gründen vielmehr selbst in (vorrangig wissenschaftlichen) Erkenntnissen, je besonderen institutionellen und industriellen Umgebungen und der Verfügbarkeit besonderer Fähigkeiten, Probleme als technische zu definieren und zu lösen. Sie sind angewiesen auf Menschen, die erfolgsorientiert zweckrational und kosteneffizient denken und handeln, sie erfordern eine Vernetzung von ProduzentInnen und KonsumentInnen bzw. Nutzern und Nutzerinnen, die ihre jeweiligen Erfahrungen kommunizieren und daraus lernen. Anfang des 21. Jahrhunderts sind räumliche Milieus hierbei keineswegs vernachlässigbar. Orte der Innovation, Produktion und Nutzung neuer Technologien werden vielmehr durch geographische und soziale Zentren gefördert. Im Silicon Valley zeigte sich zum Beispiel, dass dieses besondere Innovationsmilieu nur durch das Zusammenwirken mehrerer Faktoren entstand: Wissenschaftliche Erfindungen (v.a. an der Stanford University) mit staatlich geförderten, extrem hoch finanzierten Militärprojekten, ökonomische Organisationen mit Gewinnerwartungen (mit Hilfe von Venture-Kapital und Beteiligungen) und multikulturell geprägte Offenheit für Neues und Gier nach Neuem. (Castells 1996: 37 - 56.)

Die Erfüllung der gesellschaftlichen Elementarfunktionen entwickelte sich in der Europäischen Gemeinschaft bzw. Europäischen Union in den letzten Jahrzehnten (mit Rückschlägen) im Sinne einer durchschnittlich besseren materiellen Versorgung, eines historisch besseren Schutzes vor internationalen kriegerischen Auseinandersetzungen, einer Verbesserung der schulischen und beruflichen Ausbildung und des Zugangs zu Massenkommunikationsmitteln. Diese Entwicklungen sind keineswegs auf Dauer gesichert. Aber es wäre auch irreführend anzunehmen, grundlegende Innovationen der Informations- und Kommunikationstechnologien und die zunehmende Nutzung multimedialer Netze in Militär, Wirtschaft, Politik, Ausbildung und Freizeit führten unausweichlich zu gesamtgesellschaftlichen Umbrüchen. Die Nutzung von Medientechniken und der über sie gespeicherten, verbreiteten und transformierten Informationen erfolgt vielmehr sehr unterschiedlich.

So haben moderne Gesellschaften ein hohes Maß an speziellen Beobachtungen ökonomischer Entwicklungen institutionalisiert über die zunehmende Monetarisierung und Marktorientierung von immer mehr Produktionsabläufen, Dienstleistungen und Gütern. Diese für zahlreiche Interaktionen unausweichliche und fast unablässige Rückkoppelung in Geld messbarer Beobachtungen wird in der Europäischen Währungsunion offensichtlich transnational verstärkt, angeglichen, standardisiert und detailliert vergleichbar. Konkrete Verhaltensweisen (nicht nur Kaufakte, sondern auch Konsum- und allgemeine Lebensqualitätsziele) werden so reguliert und koordiniert. Die Bereiche, in denen das stumme Medium Geld (wie Habermas 1981 erläuterte) nicht dominiert, werden zurückgedrängt. Die „Lebensweisheit ‚Zeit ist Geld'" veranschaulicht diese Ökonomisierung auch grundlegender Des-/ Orientierungsmittel.

Es wäre deshalb verfehlt, Weiterentwicklungen der Eliasschen Zivilisationstheorie von 1939, aber auch seiner Symboltheorie von 1989 (a, b, und c); vorrangig in den Zusammenhängen von Staatenentwicklungen (historisch je besonderen Mischungsverhältnissen von Staatenbildungs- und -zerfallsprozessen), Verhaltensstandardisierungen, Verhaltensweisen und Persönlichkeitsstrukturen zu suchen. Vielmehr hat sich die bereits von Elias (1983) betonte wechselseitige Ergänzung und Abhängigkeit gesellschaftlicher Elementarfunktionen auch bei der Entwicklung moderner Gesellschaften seit der zweiten Hälfte des 20. Jahrhunderts bestätigt. Richard Sennett (1998) konzentrierte sich bei seiner Untersuchung der „Kultur des neuen Kapitalismus" und neuer Persönlichkeitsstrukturen auf die sonst unbeachteten Interdependenzen von Arbeitswelt und neuartigen Flexibilitätsanforderungen.

> „Das Wort ‚job' bedeutete im Englischen des 14. Jahrhunderts einen Klumpen oder eine Ladung, die man herumschieben konnte. Die Flexibilität bringt diese vergessene Bedeutung zu neuen Ehren. Die Menschen verrichten Arbeiten wie Klumpen, mal hier, mal da. Es ist nur natürlich, dass diese Flexibilität Angst erzeugt. (...) Vielleicht der verwirrendste Aspekt der Flexibilität ist ihre Auswirkung auf den persönlichen Charakter (...) auf den langfristigen Aspekt unserer emotionalen Erfahrung. Charakter drückt sich durch Treue und gegenseitige Verpflichtung aus oder durch die Verfolgung langfristiger Ziele und den Aufschub von Befriedigung um zukünftiger Zwecke willen." (Sennett 1998: 10-11.)

Nach Sennett (1998: 65) hat die „Geschwindigkeit moderner Kommunikationsmittel" die „flexible Spezialisierung ebenfalls gefördert, indem sie einer Firma Daten globaler Märkte sofort verfügbar macht". Elektronische Überwachungsmittel in Unternehmen (von Stechuhren zu Videokameras und Webcams) beschleunigten ökonomisch induzierte Kontrollen. Im Unterschied zu Elias' Beobachtung oft physisch durchgesetzter Zwänge haben Telekommunikationsmittel seit der zweiten Hälfte des 20. Jahrhunderts die Wahrnehmung und Überwachung auf Distanz aber neuartig verstärkt. Die in Arbeitsverhältnissen und politischen Über- und Unterordnungsbeziehungen ko-konstituierten Machtbeziehungen werden alltäglich von einer Vielzahl von Menschen als selbstverständlich aufgenommen. Massenmedial verbreitete und nicht direkt aufgezwungene Wissensbestände fördern „häufig wiederholte Handlungen, oft benutzte Argumentationen, immer wieder beobachtete Gefühlsausdrücke" und „verfestigen sich zu Denk-, Gefühls- und Verhaltensmustern, die als Modelle für eigenes Handeln aufgefasst werden. Da jedes Mitglied der Gesellschaft eine Vorstellung davon hat, was die anderen Mitglieder wissen könnten, braucht ein Teil der Wissensbasis nicht explizit gemacht zu werden, und es bilden sich Selbstverständlichkeiten heraus, die nur in Ausnahmefällen hinterfragt werden." (Werner 1999, S. 103.)

Massenmediale Selbstbeobachtungen sind also deshalb von gesamtgesellschaftlicher Bedeutung, weil über die Beobachtung hinaus eine Beachtung (und Achtung) erfolgt. Unter diesen Selbstbeobachtungs- und Selbstverständigungsmitteln haben Schlüsselbilder seit der zweiten Hälfte des 20. Jahrhunderts eine Orientierungsleistung zu erbringen, die anthropologisch angelegt ist, aber nur bei einer Reflexion der unbeabsichtigten Nebenwirkungen der Selbstverständigung moderner Gesellschaften in transnationalen Verflechtungszusammenhängen dient. Die zunehmende elektronische Audiovisualisierung moderner Gesellschaften strukturiert Ereignisse nach medienspezifischen Sichtbarkeitskriterien. Hierfür entwickelten sich (wie auf der CD-ROM in Ludes 2001 differenziert nachgewiesen, aktuellere internationale Beispiele auf www.keyvisuals.org) transkulturell über Jahrzehnte hinweg gemeinsame Darstellungsformate und Typifizierungen von Sachgebieten und Haupthandelnden.

Diese Steuerung der Wahrnehmung und Beachtung erwirkte umfassende Selbstverständlichkeiten, die teilweise wieder „umgebrochen" werden müssen. Denn die Ausweitung der Selbstbeobachtungsfähigkeiten moderner Gesellschaften mit Hilfe der professionellen journalistischen Beobachtung in Fernsehnachrichtensendungen und Informationsangeboten des World Wide Web gründet in Unterstellungen der (unmittelbaren) „Anschaulichkeit" nonverbaler Kommunikation, die - so v.a. Frey (1999) - irreführend sein können. Nur wenn JournalistInnen die Traditionen ihrer audiovisuellen Berichterstattung bewusster als bisher reflektieren, Kontinuitäten der Stereotypisierung voraussetzen und transparent gestalten, kann Einblick hinter die Inszenierungsrituale gewährt werden.

In zivilisationstheoretischer Perspektive geht es darum, die unterschiedlichen Perspektivierungen von Vorder- und Hinterbühne, Inszenierung und Routine, sowie Ereignissen und Entwicklungen, zu verdeutlichen. So entwickelten sich zum Beispiel langfristige Selbstdarstellungsmuster von Politikern hinter einem Pult und vor dem Publikum, Händeschütteln und Vertragsunterzeichnungen, Regierungsgebäude und Parlamente: über Jahrzehnte hinweg nur modifiziert. Seit den 60er Jahren, das heißt seit leichter zu transportierenden Handkameras und später auch solchen mit Zoom-Objektiven wurden Politiker aus einer immer näheren Perspektive gezeigt, klassisch mit Kindern oder unter Journalisten. Einfache Leute demgegenüber wurden fast ausschließlich (über Jahrzehnte hinweg) als Opfer von Unfällen und Naturkatastrophen und - weniger - als DemonstrantInnen gezeigt. Hierdurch werden also transkulturell und historisch langfristig Machtunterschiede verdeutlicht und verstärkt, die wie selbstverständlich präsentiert werden. Auch die Arbeitsverhältnisse werden nur ausschnittweise (geschönt) präsentiert: Büros und Hausbau, Autoproduktion und Stewardessen bei der Arbeit, Restaurantküchen in den USA; Telefonistinnen, Bau-, Schlacht- und Viehhöfe, Schneeräumarbeiten, Lokführer und Fußballer in der Bundesrepublik; Kleiderfabriken und Bergleute in der damaligen DDR. Auch in den Informationsangeboten des World Wide Web dominieren Politiker als Redner, beim Händeschütteln, ergänzt allerdings durch den Einsatz von Grafikmontagen, mit denen weniger offensichtliche Informationen zum Verständnis einer Nachricht präsentiert werden – radikal ungebrochen durch Videos auf Youtube oder in sozialen Foren.

In einer Meldung zur Situation der globalen Energienutzung verwendete One World Online 1998 eine Illustration, in der unterschiedliche Energiearten in Form eines stilisierten Baums dargestellt wurden. Aber auch im World Wide Web wurden einfache Leute vorwiegend als Opfer von Naturkatastrophen oder als anonyme Teilnehmer bei Demonstrationen gezeigt. Bei der Darstellung von Themen aus der Wirtschaft werden im World Wide Web jedoch zunehmend Montageverfahren eingesetzt, die über die Grafiken in Fernsehnachrichtensendungen hinausführen. Im Rahmen von Bewegtbildsequenzen werden komplexe ökonomische Zusammenhänge oder wichtige Rahmendaten durch die Präsentation von Diagrammen und Grafiken dargestellt, wobei dann aus dem Off die gezeigten grafischen Elemente erläutert werden. Auch in der Präsentationsweise eines gemischten Zeichensystems und im verstärkten Einsatz von Montageelementen entwickelte sich im World Wide Web eine Kombination von aktueller Berichterstattung mit Kontextinformationen, die über traditionelle Fernsehnachrichtensendungen hinausführte.

In der zweiten Hälfte des 20. Jahrhunderts wurden also thematisch und audiovisuell in Bildschirmmedien Konventionen der Des-/Orientierung etabliert, die auch für Weiterentwicklungen im 21. Jahrhundert zu beachten sind. So hat Jan van Dijk (1999: 177-241) gesellschaftliche, sozialpsychologische und psychologische Aspekte der zunehmenden Beschleunigung und Visualisierung von Bildschirmmedieninformationen analysiert. Er erwartet eine beachtliche Größenzunahme von Monitoren; diese werden mehrere „Fenster" gleichzeitig öffnen und zudem als Touchscreens dienen. Dadurch werden sie zu mehr als nur einem Fenster zur Welt, eher zu einer zweiten Haustür. Die Nutzung derart vergrößerter Großbildschirme wird erheblich zunehmen, für einige Bevölkerungsgruppierungen auf bis zu zehn Stunden am Tag.

Dadurch werden immer mehr Menschen abhängig von der Art und Qualität der Medienbilder. Deren Anzahl und Attraktivität verdrängt Chancen zur Rücksprache über Gesehenes und verändert damit grundlegend die noch Ende des 20. Jahrhunderts dominierenden Kommunikationsverhältnisse. Dieser Umbruch muss nicht unbedingt negativ oder als historisch in allen Dimensionen einzigartig interpretiert werden. Vielmehr gibt es (wie schon Elias aufzeigte) einen sehr langfristigen Trend der Visualisierung und Bedeutungszunahme des Augensinns. Dieser wird durch neue Bildschirmmedien weit über seine natürlichen Fähigkeiten ausgeweitet: Nicht nur das Sichtbarwerden entfernter Ereignisse, sondern mikroskopische und makroskopische Wahrnehmungen, Zeitlupe und schneller Suchdurchlauf ebenso wie besondere bildgesteuerte Suchtechniken erlauben Einblicke in Welten, die menschlichen Augen bisher verborgen waren. Allerdings werden die audiovisuellen Präsentationen zwar einerseits auch Menschen verständlich erscheinen, die keine besonderen entsprechenden Medienkompetenzen erworben haben, andererseits zeigen bisherige Forschungen, dass audiovisuelle Medienkompetenzen auf Kompetenzen der schriftlichen und mündlichen Kommunikation angewiesen blieben.

Die Persönlichkeitsveränderungen, die mit einer zunehmenden und intensiveren Nutzung von Bildschirmmedieninformationen und -unterhaltung einhergehen, werden sicherlich nicht einheitlich für alle Bevölkerungsgruppierungen erfolgen. Van Dijk (1999, S. 216-219) unterscheidet vier Haupttypen von Persönlichkeitsstrukturen: (1) Eine rigide oder formalistische Persönlichkeit, die von Mitmenschen ähnliche Verhaltensweisen erwartet, wie sie in der technischen Medienkommunikation vorherrschen; (2) eine computerisierte Persönlichkeit, die ihre Mitmenschen und sich selbst vorrangig in Bezug auf Computer vergleicht und bewertet; (3) unsoziale Persönlichkeitstypen, die Computer und andere Medien als sicheren Ersatz für direkte zwischenmenschliche Kommunikation und Gemeinschaft sehen und (4) multiple Persönlichkeiten, die Multimedianetze als erweiterte Erlebnisräume für ganz unterschiedliche Rollen und Identitäten nutzen. Vor allem dieser letzte Persönlichkeitstyp wird in positiven Beschreibungen hervorgehoben - medien- und zivilisationstheoretisch ist aber recht sicher, dass sehr unterschiedliche Persönlichkeitstypen und Verhaltensmodelle mit den oben skizzierten Visualisierungsprozessen einhergehen. Außerdem wird bei der Produktion von Informations- und Kommunikationstechnologien auch ein Teil der Interessen der produzierenden und organisierenden Unternehmen mitprogrammiert. Investoren und Entscheidungsträger versuchen, ihre Profite und Kontrolle zu stärken, auch wenn dies die persönliche Autonomie und Wahlmöglichkeiten der NetzbürgerInnen gefährdet. In diesem Sinne findet kontinuierlich ein „Kampf um die Pupillen" und „Welt-Anschauungen" als KonsumentInnen definierter MarktteilnehmerInnen und NutzerInnengruppierungen statt. „Die Neuen Medien intensivieren den historischen Prozess, in dem direkte Erfahrungen durch medialisierte Erfahrungen ersetzt werden. Die Neuen Medien können direkte Erfahrungen erweitern, weil sie dazu beitragen, Grenzen der Entfernung, Zeitgrenzen und Informationslücken zu überwinden. Andererseits können sie unmittelbare Erfahrungen auch ihres „ganzheitlichen" Charakters berauben, der Freiheit und Fähigkeit, eigene Initiativen zu ergreifen." (Ebd., S. 240, eigene Übersetzung.)

Die zunehmende Multimedialisierung menschlicher Kommunikation muss deshalb weiterhin im Kontext fortwirkender traditioneller Medien interpretiert werden. Unter zivilisationstheoretischen Perspektiven bietet hierfür Hörisch (1992, 1998, 1999; vgl. weiterführend 2009) zahlreiche Einsichten. Denn seine dreibändige Geschichte ontosemiologischer Leitmedien, aus der Perspektive europäischer Literatur, erweitert unseren Horizont über journalistische Selbstbeobachtungen moderner Gesellschaften hinaus, die in der vorliegenden Untersuchung interpretiert werden. Leitmedien (s. aktuell Gendolla/Müller/ Annemone 2009) versehen (nach Hörisch 1999: 15) „unsere sog. christlichabendländische Kultur mit einem intersubjektiv verbindlichen Geltungsrahmen und einer Tiefenstruktur".

> „Das Abendmahl sorgt über bemerkenswert lange Epochen hinweg für intersubjektiv beglaubigte Korrelationen von Sein und Sinn bzw. von Sinn und Sein. Als das erste teilnahmepflichtige Leit- und Massenmedium unserer Kultur bildet es den Rahmen jener verbindlichen Semantik, auf die man sich immer schon berufen haben muss, wenn man sinnvoll kommunizieren will."

Denn:

> „Das eucharistische Massenmedium verdankt seine bewundernswert lange Dauer nicht zuletzt seiner virtuosen Markierung und zugleich auratischen Überschreitung der Grenze zwischen dem Sicht- und dem Unsichtbaren. Seitdem aber Gretchenfragen nicht mehr vermeidbar sind (...) nimmt ein zweites großes ontosemiologisches (...) Massenmedium seine Funktion wahr: Geld. Es ähnelt eben nicht nur äußerlich in seiner klassischen Münzgestalt der Hostie; es teilt mit dem eucharistischen Massenmedium auch seine Verbindlichkeit (...) Zugleich aber konterkariert Geld das Massenmedium, das es beerbt. Es stellt bei aller Anknüpfung an den theologischen Bestand doch von Transzendenz auf Immanenz, von göttlicher Güte-Fülle auf irdischen Güter-Mangel um." (Ebd., S. 237.)

Brot und Wein als christliches Abendmahl und Geld dominierten nach- und nebeneinander über Jahrhunderte hinweg alle Kommunikationsverhältnisse (nicht nur, aber vor allem) europäischer Gesellschaften.

Denn ähnlich wie das symbolisch generalisierte Erfolgsmedium Geld und das Verhalten und Gewissen normierende Abendmahl sind auch massenmediale Verhaltensbeobachtungen und -fiktionalisierungen eng rückgekoppelt mit der Koordination von Verhaltensstandardisierungen und -orientierungen. Telekommunikationsmedien bieten nicht nur eine „weitere Wirklichkeit", die andere Blickwinkel oder medialisierte Interaktionen erlaubt, sondern sie transformieren mit ihrer zunehmenden Verbreitung, Intensivierung und generationenübergreifenden Selbstverständlichkeit ältere Wirklichkeitserfahrungen. Auch die alltägliche Berufswelt wird in ihren Realitätsbeurteilungen durch den immer selbstverständlicheren und weiter verbreiteten Einsatz medialer Kommunikation in Tiefendimensionen umgestellt auf neue Wirklichkeitsakzente.

Politische Wahlen und Ausbildungsprüfungen werden auch (nicht ausschließlich) über Multimedianetze koordiniert. Deshalb ist die gesamtgesellschaftliche Bedeutung von Medienentwicklungen nicht nur beobachtend zu beschreiben, im Folgenden sollen nun vielmehr auch Chancen für die „Zivilisierung" massenmedialer audiovisueller Selbstbeobachtungen moderner Gesellschaften skizziert werden. Wie Schnell (2000a: 21) formuliert, kann das Bild „sein: Abbild oder Entwurf, Reproduktion von Realität oder Konkretisierung von Imagination, Informationsvermittlung oder Ikon, des Schreckens wie des Ideals." Die zunehmende Produktion, Verbreitung und Nutzung audiovisueller technischer Verbreitungsmedien ist deshalb auch nicht als eine „Krise der Bilder" misszuverstehen, die ins „Universum der Rechner" führe, sondern als „Medienumbruch, der etwas qualitativ Neues hervorbringt, als Ferment einer Medienkoevolution (...) die ihrerseits auf eine jahrhundertealte Tradition verweist" (ebd.: 168). Das „Internet als personenunabhängiger Serviceleister und Softwareverkäufer und die Entstehung völlig neuer Berufsprofile - diese heute nicht mehr nur absehbaren, sondern bereits Realität gewordenen Veränderungen werden auch unsere Vorstellungen von Wirklichkeit umwälzen, unsere fünf Sinne und deren Zusammenspiel, unsere visuellen und akustischen Wahrnehmungsformen, die kulturellen Traditionsbildungen und die persönlichen Beziehungen der Menschen, die Struktur unserer Arbeitsplätze, unser Verständnis von Freizeit und Freiheit und unsere Raum- und Zeiterfahrung." (Ebd.: 279.)

Gerade deshalb dürfen medienwissenschaftliche Untersuchungen sich nicht allein auf technische Verbreitungsmedien und ihre kulturellen Implikationen konzentrieren, sondern müssen die in anderen Wissenschaften, vor allem der Soziologie, Philosophie oder Kulturwissenschaft, angelegten Medieninterpretationen berücksichtigen. Nur dann werden ganz unterschiedliche Orientierungs-, Standardisierungs- und Integrationsleistungen deutlich, die in Perspektiven, die über die begrenzten Lebenshorizonte von Einzelmenschen hinausweisen, aufeinander angewiesen sind und sich in differenziert zu rekonstruierenden wechselseitigen Abhängigkeiten und Ergänzungen, Konflikten und Exklusionen weiterentwickeln.

5.5 Reflexive Medienzivilisierung

Reflexive Medienzivilisierung erfordert die Zusammenschau unterschiedlicher Zeit- und Verbindlichkeitshorizonte. Gegenüber Ungleichzeitigkeiten der Entwicklungen verschiedener Medientypen setzte sich aber in der zweiten Hälfte des 20. Jahrhunderts massenmedial ein „visueller Medienumbruch" durch, dessen zivilisatorische Implikationen nun diskutiert werden sollen. Wie Siegfried Frey (1999) differenziert nachwies, verschob sich die „Balance zwischen Auge und Ohr im Kommunikationsprozess (...) immer mehr in Richtung auf das Visuelle" (9; vgl. bereits Elias 1987). Auf Grundlage jahrzehntelanger experimenteller Untersuchungen von Körper- und Lautsprache, die 104 Dimensionen der Bewegungen von Kopf, Gesicht, Schulter, Rumpf, Oberarm, Händen, Becken, Oberschenkel und Füßen ebenso wie Sprachlaute, Lautstärke, Stimmhöhe und Klangfarbe (in insgesamt neun phonetischen Dimensionen) erfassten, ließen sich intersubjektiv überprüfbare und hochzuverlässige Kodierungsschemata und allgemeiner verbreitete Interpretationen nonverbaler Stimuli systematisieren. Als Ausgangsmaterial

> „dienten die TV-Abendnachrichten, die in Deutschland, Frankreich und USA über einen Zeitraum von 31 Tagen hinweg (März 1987) simultan, in insgesamt sechs Kanälen (ARD: Tagesschau, ZDF: Heute, TF 1: Vingt Heures, A2: Le Journal, CBS: Nightly Evening News, NBC: Nightly News) aufgezeichnet worden waren. Im Rahmen einer Strukturanalyse von insgesamt 181 Nachrichtensendungen sollte zunächst einmal geklärt werden, in welchem Umfang die Fernsehanstalten der drei Länder im Rahmen ihrer täglichen Berichterstattung von Bewegtbildpräsentationen politischer Funktionsträger Gebrauch machen. Dabei zeigte sich, dass das Szenario von TV-Nachrichten sich in massiver Weise auf visuelle Zitate stützt." (Frey 1999: 100-101.)

Wie Ludes (2001) zeigt, lassen sich hier aber historische Unterschiede, mit einem „Visualisierungsvorsprung" der US-amerikanischen Hauptnachrichtensendungen erkennen.

> „Die beiden amerikanischen Sender wählten jeweils bevorzugt Kameraeinstellungen, die die politischen Akteure dem Auge des Betrachters derart nahe rückten, dass die subjektive Entfernung meist der von Hall (1959) als ‚intime Distanz' bezeichneten Nähe entsprach. Im Gegensatz hierzu arbeiten die europäischen Sender, wie die Analyse von rund 82.000 Messungen aus insgesamt mehr als elf Stunden visueller Zitate ergab, vorwiegend mit Kameraeinstellungen, die eine vergleichsweise ‚ehrfürchtige' Distanz zu den abgebildeten Politikern simulierten (...). Die Durchschnittsdauer visueller Zitate betrug in amerikanischen TV-Nachrichten knapp sieben Sekunden, in Frankreich und in der Bundesrepublik lag der entsprechende Wert mit ca. elf Sekunden um fast 60 Prozent höher." (Frey 1999: 101-102.)

Trotz dieser beachtlichen Unterschiede im internationalen Vergleich gibt es auch wichtige transkulturelle Gemeinsamkeiten.

> „Sowohl auf der kognitiven als auch auf der affektiven Ebene lösten die jeweils nur wenige Sekunden dauernden Bewegtbildpräsentationen quasi auf Anhieb dezidierte Stellungnahmen aus. Dabei war es für die Geschwindigkeit der Urteilsbildung völlig unerheblich, ob die Betrachter gegenüber einem Politiker bereits eine vorgefasste Meinung hatten, die sie nur aus dem Gedächtnis abzurufen brauchten, oder ob sie sich diese Meinung erst bilden mussten. Offenbar entscheidet sich beim Anblick einer Person buchstäblich in Sekundenschnelle, was wir von dieser Person halten, welche Eigenschaften wir ihr zuschreiben oder absprechen, ob wir sie sympathisch finden, als langweilig erachten, als arrogant, unehrlich, intelligent, fair u.a.m. einstufen." (Ebd.: 113.)

Visuelle Zitate von 180 Politikern aus den USA, Frankreich und der Bundesrepublik (Cliplänge: 10 Sekunden pro Politiker) wurden insgesamt 172 US-amerikanischen, französischen und deutschen Versuchspersonen gezeigt, deren vegetative Erregung gemessen wurde. Der „Anblick der verschiedenen Politiker" rief bei den Versuchspersonen aus diesen drei Ländern ähnliche Wirkungen hervor. Frey (1999: 128) zieht hieraus die folgende Schlussfolgerung:

> „Die Annahme eines vom neokortikalen Geschehen weitgehend unabhängigen affektiven
> Informationssystems wird aber auch durch Korrelationsanalysen bestätigt, die nur ganz ge-
> ringe Kovariationen zwischen den Kennwerten der elektrodermalen, elektrokardialen und
> respiratorischen Aktivität einerseits und den Eindrucksurteilen andererseits erbrachten. Die
> Koeffizienten für insgesamt 224 Vergleiche zwischen diesen Parametern lagen fast durch-
> weg in einer Höhe von r < .2.“

Die zunehmende Visualisierung massenmedialer journalistischer Selbstbeobachtungen moderner Gesellschaften impliziert also eine Balanceverschiebung von
bewusster zu unbewusster Informationsverarbeitung, wobei eine Korrektur von
Vorurteilen durch Nachdenken immer seltener werde (ebd.: 131). Eine reflexive
massenmediale audiovisuelle Selbstbeobachtung erfordert es, psychische Autonomie gegenüber den sehr kurzfristig wirksamen Eindrücken zu stärken.

Die transmedialen Konventionen, die sich teilweise kulturspezifisch, teilweise transkulturell für aktuelle Informationen in Bildschirmmedien entwickelt
haben, bieten einen Rahmen zur Erhellung der oft unbewussten Traditionen audiovisueller Berichterstattung und ihrer reflexiven Nutzung.

> „In einer Zeit, in der sich der gesamte kommunikative Prozess immer mehr in den Bereich
> des Visuellen verschiebt, wird sich die Wissenschaft der Auseinandersetzung mit den Fra-
> gen der visuellen Eindrucksbildung nicht ein weiteres Mal entziehen können (...) Denn die-
> selben technologischen Entwicklungen, die uns die Flut visueller Information in unseren
> Lebensalltag schwemmten, brachten uns auch in den Besitz der hochleistungsfähigen
> Werkzeuge, die zur Aufklärung der psychischen Wirkung benötigt werden, die von der
> nonverbalen Komponente des Kommunikationsverhaltens ausgehen.“ (Ebd.: 145-147.)

Sie brachten auch die Chance, differenziert Schlüsselbildrepertoires zu rekon-
struieren, systematisieren und derart transmediale Konventionen und visuelle
Argumentationen zu erhellen. Die Analyse audiovisueller Berichterstattung, ihre
Verdichtung auf Schlüsselstandbilder und – wegen der Wahrnehmungsbedeu-
tung von Bewegungsabläufen wichtiger – Bewegtbildsequenzen erfordert Medi-
enwirkungsstudien, um allgemeiner medien- und kommunikationswissenschaft-
lich und gesellschaftstheoretisch relevant zu werden.

Man unterscheidet Ansätze, die kausal-linear Stimulus-Response-Zusam-
menhänge untersuchen, Einstellungsänderungen, Agenda-Setting sowie mittel-
und langfristig hervorgerufene medialisierte Wirklichkeitskonstruktionen. Der
individuenzentrierte Nutzen- und Belohnungsansatz und die stärker gruppen- und
öffentlichkeitsorientierte Theorie der Schweigespirale können für die Untersuchung von elektronisch bzw. digital audiovisualisierten individuellen Vorstellungen, Gruppen-Kommunikationsprozessen und Öffentlichkeiten ebenso weiterentwickelt werden wie das Kontaktmodell, die Hypothese eines Zweistufen-
flusses der Kommunikation oder einer wachsenden Wissenskluft. Ich halte die
Verbindung von Schlüsselbildanalysen mit Theorien der langfristig wirksamen
massenmedialen Enkulturation und „entsprechender“ Verhaltensmodellierungen

(im Kontext z. B. der Untersuchungen von Elias und Frey) für besonders frucht-bar. Automatische Suchprozesse in Filmen, Fernsehprogrammen und WWW-Angeboten werden mit neuen (von der Informatik entwickelten) medien- und kommunikationswissenschaftlichen Suchmaschinen ganz neue Einblicke und Entdeckungen fördern. (S. Warnke 2009.)

Der Anfang des 21. Jahrhunderts erreichte Stand der Forschung verdeut-licht, dass Umbrüche der Medieninformation zu einer von den Themen her um-fassenderen und der Technik her schnelleren und besseren Bildberichterstattung Eindrücke fördern, die durch reflexive Berichterstattungen ergänzt und teilweise abgelöst werden müssen. Sonst ließe sich der oft in positiven Assoziationen gezeichnete Trend einer Multimedialisierung moderner Gesellschaften als Be-deutungszunahme schneller Vor-Urteile und Eindrücke auf Kosten von Nach-denken und Zusammenhangsdenken interpretieren, trotz aller neuer Links und enormen Expansion von Einzelinformationen.

In der Europäischen Währungsunion werden transkulturelle Eindruckskon-ventionen durch ihre Einordnung in die Vielfalt unterschiedlicher Kommunika-tionssituationen aufgeklärt werden müssen. Eine Vision von Europa als gemein-samem Verständigungsraum (d.h. keine Homogenität der regionalen und natio-nalen Kulturen) erfordert sowohl die professionelle Förderung transkultureller europäischer Schlüsselbilder als auch die Reflexion latenter Wirkungen. Was hat die Selbstbeobachtung moderner Gesellschaften in der Form von Schlüssel-bildern mit Zivilisationsprozessen zu tun? Wie vor allem die Forschung von Frey zeigt, setzte sich ein Umbruch hin zu eher affektuellen, kurzfristig an Äu-ßerlichkeiten orientierten Eindrücken durch. In diesem Sinne wurde der (von Max Weber beschriebene) Prozess der wertrational geprägten Zweckrationali-sierung seit der zweiten Hälfte des 20. Jahrhunderts massenmedial teilweise umgeleitet.

Gegen die zunehmende „Inszenierung des Scheins" im 20. Jahrhundert (die Meyer seit 1992 hervorhob, vgl. Meyer 1994 und 1996) muss im 21. Jahrhun-dert eine bewusste Reflexion visueller Prozesse institutionalisiert werden. Der elektronischen audiovisuellen Berichterstattung nicht Zugängliches wurde bis-her von massenhaften öffentlichen Diskussionen ausgeschlossen - ein Prozess, der bewusst und professionell Tag für Tag in Redaktionsstuben entschieden wird. Seit Beginn des 21. Jahrhunderts gibt es zunehmend Shows, die mit Filmeinblendungen von Original-Zitaten arbeiten. Die thematische Stabilität von Sachgebieten, Ereignisregionen, Haupttypen von Handelnden über mehr als ein halbes Jahrhundert Fernsehnachrichtenentwicklung hinweg wird aber inzwi-schen teilweise überlagert durch den Umbruch der Präsentationsformate, der trotz der nachgewiesenen transmedialen Konventionen gerade im World Wide Web mit der Weiterentwicklung neuer dreidimensionaler Virtual Realities ver-

stärkt wird. Die massenmedial audiovisuell vermittelte Ko-Orientierung je individueller Eindrücke und Absichten ergibt neue Formen der visuellen Kommunikation, die keineswegs allein als medientechnisch anders interpretiert werden
dürfen, sondern vielmehr mit Rezeptions- und Nutzungsmodi einhergehen und
die Balanceverschiebungen von wert- und zweckrationalen Handlungsorientierungen hin zu affektuellen vermuten lassen.

Nur wenn diese Prozesse von verschiedenen beteiligten Gruppierungen
(JournalistInnen, Medien- und KommunikationswissenschaftlerInnen, Rezipien-
tInnen und NutzerInnen) reflektiert werden, können diese bisher mittel- und
längerfristig ungeplanten Prozesse der Multimedialisierung und Visualisierung
öffentlicher und zielgruppenspezifischer Kommunikation absichtsvoller Steuerung, bewusster Hinterfragung und Verständigung stärker zugänglich gemacht
werden. Erst damit ergeben sich auch aus durchschauten Bildern und ihren reflektierten Nutzungen neue Steuerungsoptionen, die über institutionelle Regulierungen hinaus führen, ja diese oft erst ermöglichen.

Denkt man an die Jahrhunderte während Durchsetzung allgemeiner Lese-
und Schreibkompetenzen in modernen Gesellschaften, wird deutlich, dass entsprechende audiovisuelle multimediale Kompetenzen kaum innerhalb einer Generation eingeübt werden können. Wir müssen uns also in den ersten Jahrzehnten des 21. Jahrhunderts auf neuartige Missverständnisse vorbereiten, die gerade
durch die „Offensichtlichkeiten" von Bildern nahe gelegt werden. Je nach der
generationentypischen, milieuspezifischen und professionellen Einbindung in
unterschiedliche massenmediale und zielgruppenspezifische visuelle Zusammenhänge, werden je spezifische Kompetenzen auf- und abgebaut, Wissens-,
BILDungsunterschiede etabliert. In Erziehungs- und Berufsinstitutionen muss
die Distanzierung von kurzfristigen, oberflächlichen Eindrücken bewusst eingeübt werden. Diese Ausweitung neuartiger Medienkompetenzen steht deshalb in
stärkerem Zusammenhang mit Denationalisierungsprozessen, weil gemischte
Zeichensysteme mehr in international orientierten World Wide Web-Angeboten
auftauchen und nationale Wörter-Sprachen zumindest teilweise überwinden.

Da die Ungleichzeitigkeit und Ungleichmäßigkeit der hier im Vordergrund
stehenden Prozesse der Multimedialisierung und Multimodernisierung sich
wechselseitig vieldimensional beeinflussen, ist nicht anzunehmen, dass sich
diese Prozesse im Sinne einer Expansion und Verdichtung unilinear weiterentwickeln. Vielmehr müssen gerade die neuartigen Identitätsentwicklungen (vgl.
Castells 1997) mit Hilfe audiovisueller Symbole in Massenmedien neu reflektiert werden. Allerdings zeigen die Entwicklungen seit der zweiten Hälfte des
20. Jahrhunderts, vor allem in der politischen Kommunikation, dass diejenigen,
die Darstellungseffekte (nicht nur Inszenierungen) schneller und besser durch-
schauen und bewusst einsetzen können, Machtvorteile gegenüber denjenigen

haben, die ihnen fast hilflos (vgl. die Argumentation von Frey, oben) ausgeliefert sind. Die bewusste Selbstkontrolle gegenüber spontanen Eindrücken dürfte die Selbstbeobachtung der BürgerInnen multimoderner Gesellschaften komplizieren und verstärken. Nur wenn diese relativ früh eingeübt wird, kann sie zu selbstverständlichen und auch weniger belastenden Persönlichkeitsdimensionen der Selbstkontrolle beitragen. Damit würde ihre emotionale Attraktivität aber ebenfalls nachlassen. Ob dies zu einer Neuaufwertung innerer Bilder, von Vorstellungen oder aber von multisensuellen Erlebnissen führt, ist eine der Leitfragen multimedialer und vollsinnlicher Kommunikation im 21. Jahrhundert. Ob z.B. bestimmte Bildtypen wegen ihrer Undurchschaubarkeit oder „gefährlichen, irreführenden Attraktion" besonders gekennzeichnet oder für bestimmte soziale Gruppierungen nur eingeschränkt zugänglich sind, ist eine der Regulierungsfragen der nächsten Jahrzehnte, die weit über „offensichtliche" Zensuren pornographischen oder gewaltverherrlichenden Bildmaterials hinausführt.

Auch die in der Eliasschen Zivilisationstheorie herausgearbeitete „Ausbreitung des Zwangs zur Langsicht und des Selbstzwangs" wird durch multimediale Vernetzungen und visuelle Koordinationen umgebrochen: Kommunikation über verschiedene Zeitgrenzen hinweg, Informationsaustausch in kurzen Zeitabständen, aber nicht in Echtzeit und audiovisuelle Dateien, die Nähe und Gleichzeitigkeit simulieren, lösen als vertrauenswürdig unterstellte lineare Zeithorizonte in teilweise konkurrierenden Zeitfenstern und Arbeitskoordinationen auf. Die hierbei erfolgende Expansion und Beschleunigung kommunikativer Akte führt oft zu deren Abschwächung und zeitlichen Reduzierung, was im Bereich der Kommunikation und von Arbeitsabläufen zu einer stärkeren Differenzierung kürzestfristiger Interaktionen (im Minuten-, ja Sekundenbereich) führt, in Konkurrenz zu langfristig orientierten Überlegungen und Entscheidungen, die auch eine längere Zeit des Nachdenkens und Vorfühlens erfordern.

Die eigene Zeit kann nicht mehr selbstverständlich als verbindlich in Kommunikationsprozessen in Multimedianetzen unterstellt werden, sie ist vielmehr zu reflektieren als eine von mehreren Koordinaten dieser Interaktivität. Weltweite Internetzeit und individuelle automatische Anruf- und E-Mail-Beantworter haben sich zunehmend als neue Steuerungstechniken verbreitet. Zwar wird nur ein Teil der Bevölkerungen multimoderner Gesellschaften in diese Vernetzungen fast kontinuierlich eingebunden, aber diese „early users" werden sowohl technisch als auch organisatorisch Standards für andere Gruppierungen und Bereiche setzen.

Trotz aller technischen Standardisierungen wird die multimediale Vernetzung zu einer Vielfalt von Präsentationsformaten und Nutzungssituationen, ebenso wie Graden der Interaktivität führen, die über die Addition mehrerer traditioneller Einzelmedien hinausweist. Die transnationale Vernetzung, die

Kombination und Durchmischung laienhafter, halbprofessioneller und professioneller Informations- und Unterhaltungsvermittlung, die Interaktivität unterschiedlicher MedieninhaltsproduzentInnen, Präsentationsformate und MediennutzerInnen, verdichtet, expandiert und differenziert Themenstrukturen und Formate.

Zwar entstehen hierbei auch eigenständige Verhaltensmodellierungen einer wesentlich erweiterten Netiquette, die Vermarktungszwänge und technische Standardisierungen unterlaufen. Ob dies auch transkulturell für größere Menschengruppierungen derart gelingt, dass dominierende ökonomische Zielsetzungen und massenmedial in Großunternehmen verankerte inhaltliche Schwerpunkte transformiert werden, ist angesichts der bisherigen Bildschirmmedienentwicklung aber in Frage zu stellen. Die Denationalisierung und Multimodernisierung, die kaum zentrale Steuerungsinstitutionen erlaubt, und vielmehr die Vernetzung unterschiedlicher Organisationsformen, Kommunikationssituationen und sozialer Kompetenzen organisiert, lässt vermuten, dass unter den Elementarfunktionen gesellschaftlicher Entwicklungen die Etablierung, Verbreitung und Nutzung von Orientierungsmitteln für umfassendere Gruppierungen an Bedeutung gewinnt.

Da immer mehr ökonomische Prozesse, politische Entscheidungen und Ausbildungsformen von multimedialen Präsentationsformaten, Themenstrukturierungen und Vernetzungen abhängen, werden sich deren Schlüsselprinzipien auf Kosten der in anderen gesellschaftlichen Bereichen (wie politischen Parteien, unmittelbaren sozialen Bewegungen, klassischen Erziehungsinstitutionen) verbreiteten durchsetzen. Nur wenn letztere sich (in teilweiser Aneignung und Ablehnung neuer Informations- und Kommunikationstechnologien) bewusst abgrenzen und koordinieren, entstehen neue Auseinandersetzungen unterschiedlich vernetzter sozialer Akteure. Die in den USA im Vergleich zu europäischen Entwicklungen beachtlich schwächere staatliche Zentralinstanz ging einher mit einer Koexistenz flexiblerer, unterschiedlicher Verhaltensstandards, die stärker situationsbezogen prägten und flexiblere Persönlichkeiten forderten und fordern (vgl. Arditi 1999: 42; Mennell 2007 und Deir 2009). Derartige Verhaltensmodellierungen gewinnen mit den Denationalisierungsprozessen in der Europäischen Union an Bedeutung. Die von Elias (vgl. 1989a: z.B. 211, 226 und 236) hervorgehobene Verhaltensstandardisierung durch Ängste, Fremdkontrolle und Selbstkontrolle wird vor allem auch dadurch transformiert, dass sich Mehrheiten moderner Gesellschaften - obwohl (technisch kontrolliert) stärker beobachtet als je zuvor - nicht unbedingt in erster Linie als beobachtet und fremdkontrolliert, sondern selbst als Beobachter (mit einer Fernbedienung) erleben. Die Umbrüche des Beobachtungsmodus von der Beschreibung (und der phantasievollen Vorstellung) zur massenmedialen, alltäglichen, audiovisuell berichtenden oder fiktionalen Beobachtung oder expliziten Verhaltensmodellierung in der Werbung beschleunigten und intensivierten die von Elias interpretierten Zusammenhänge medialer Menschenschilderung, Selbstbeobachtung und Verhaltens-, ebenso wie Persönlichkeitsentwicklungen.

> „Wie die Natur nun in höherem Maße als früher zur Quelle einer durch das Auge vermittelten Lust wird, so werden auch die Menschen nun füreinander in höherem Maße zur Quelle einer Augenlust oder umgekehrt auch zur Quelle einer durch das Auge vermittelten Unlust, zu Erregern von Peinlichkeitsgefühlen verschiedenen Grades. Die unmittelbare Angst, die der Mensch dem Menschen bereitet, hat abgenommen und im Verhältnis zu ihr steigt nun die durch Auge und Über-Ich vermittelte, die innere Angst." (Elias 1939, Bd. 2: 407.)

Der Bedeutungsverlust traditioneller Staatsaufgaben und -kompetenzen (wie die Sicherung wohlfahrtsstaatlicher Regelungen und hierdurch geförderter Loyalitäten) und die Ausweitung von Märkten erfordert entsprechend facettenreichere Verhaltensmodellierungen, die zugleich flexibler eingeübt werden. Diese Prozesse der Selbstbeobachtung und Verhaltensstandardisierung, der Denationalisierung und verstärkten Marktorientierung verlaufen nicht gleichmäßig und nicht „naturwüchsig" in wechselseitiger Ergänzung. In generationenübergreifender zivilisationstheoretischer Perspektive lässt sich zwar schlussfolgern, dass in der Europäischen Währungsunion ein im historischen und interkulturellen Vergleich signifikanter gemeinsamer Bestand an Orientierungsmitteln wie Raum und Zeit vorherrscht. Normative Vorstellungen zu Menschenrechten sind weit verbreitet, sie werden in schulischen oder massenmedialen Institutionen und juristischen Sanktionen interpretiert und gefordert. Gegenüber diesen langfristigen Orientierungsmedien und normativen Medien etabliert sich aber erst seit Anfang des 21. Jahrhunderts in der Europäischen Währungsunion der Euro. Als gemeinsames Standardisierungsinstrument (vgl. Seip 1998 und Soskice 1999) steuert und koordiniert er zugleich auch Medienentwicklungen und Verhaltensabläufe. Betrügerische Bilanzfälschungen von Regierungen oder Unternehmen, Banken und Rating-Agenturen laufen dem zuwider.

Wenn es hier (unter anderem aufgrund der jetzt erfolgenden und im Medienvergleich früheren Standardisierung) nicht zu einer dominierenden Normierung durch Monetarisierung in der Europäischen Währungsunion kommen soll, sind die in der bisherigen Entwicklung technischer Verbreitungsmedien angelegten transnationalen Orientierungspotenziale stärker zu berücksichtigen. Dann wird - in Kombination der Ergebnisse unserer Schlüsselbildanalysen mit den Forschungsergebnissen von Frey (1999) - deutlich, dass sich in grundlegenden Präsentationsmustern bereits transnational ca. sechs bis 15 Sekunden dauernde Schlüsselbildsequenzen als Orientierungs- und Kommunikationsmittel anbieten. Sowohl die Entwicklung der durchschnittlichen Länge eines Redeausschnitts von Kandidaten in Präsidentschaftswahlkämpfen in den USA von 42,3 Sekunden 1968 auf nur 9,8 Sekunden 1988 (vgl. Adatto 1990 und 1993, Barnhurst/Steele 1997) und rund sieben Sekunden 2000 (www.brookings.edu /hessreport.14.Nov.2000) als auch die Länge der in Freys Analysen enthaltenen „4131 visuellen Zitate (die von insgesamt 531 verschiedenen Akteuren stammten)" mit durchschnittlich 8,4 Sekunden (Frey 1999: 101) als auch die in unseren langjährigen Kodierungen entwickelten sechs bis 14 Sekunden dauernden Schlüsselbildsequenzen lassen vermuten, dass in dem hier beobachteten Zeitabschnitt der Bildschirmmedienentwicklung und Multimodernisierung diese (Sende-) Zeiten recht einheitlich konventionalisiert wurden. (S. Esser 2008 für einen europäischen Vergleich.)

Wenn derartige Schlüsselbildsequenzen transnational mehr oder weniger einheitlich sind, können die sie umgebenden Bildsequenzen wahrscheinlich stärker kulturspezifisch oder medial variieren, ohne dass Grundmuster der audiovisuellen Typifizierung und Ko-Orientierung verändert werden. Deshalb würde eine stärkere Beachtung der langjährigen Konventionen und Innovationen von themenspezifischen Schlüsselbildsequenzen zumindest von den Präsentationsformen her Verständigungsprozesse fördern. Wie die Untersuchung in Bildschirmmedien kollektiv vernachlässigter Themenbereiche, Ereignisregionen und Typen von Handlungen ergab, ist aber auch stärker zu reflektieren, inwieweit jahrzehntelang Ausgeblendetes massenmedial beobachtet werden muss. Das heißt keineswegs, eine immer umfassendere elektronische bzw. digitale audiovisuelle Berichterstattung, Dokumentation oder Fiktionalisierung sei aufklärerisch. Vielmehr sollten die journalistischen Entscheidungen zur Auf- oder Abklärung, des Zeigens oder Nicht-Zeigens selbst stärker thematisiert werden.

Nur wenn die perspektivischen Begrenzungen und je besonderen Einsichten ihrer Präsentationsformate und Themenselektionen stärker als bisher reflektiert werden, vor allem auch mit Hilfe visueller Zitate und visueller Argumentationen, werden derart professionell produzierte Bildsequenzen neue Einsichten und Steuerungspotenziale in sonst zunehmend unübersichtlichen Verhältnissen bieten. Die Transformation von Öffentlichkeiten in Märkte, von Publika in KonsumentInnen erfordert allerdings auch eine weitere Übernahme bestimmter Prinzipien der Produktion und des Vertriebs wirtschaftlicher Güter, nämlich - im übertragenen Sinne - eine Haftung für die journalistischen Produkte. Es dürfte notwendig werden, juristisch Verantwortungen für Informationsinhalte in Bildschirmmedien zu übernehmen. Damit würden transnationale Kommerzialisierungsprozesse auch dazu dienen, mediale Entwicklungen nach öffentlich thematisierten Kriterien zu kontrollieren.

Die medientechnische Transformation überlieferter Symbole und deren Ergänzung durch professionell hergestellte und massenhaft verbreitete Abarten verändern bisher grundlegende Merkmale von Symbolisierungsprozessen. So werden deren kommunikative und integrative Potentiale vor allem im massenmedialen kommerziellen Einsatz verschoben in Richtung mehr oder weniger explizit übergeordneter Motivierungen zu Aufmerksamkeit oder Kaufabsichten. Hierdurch werden traditionelle Dimensionen des Außergewöhnlichen oder gar Heiligen trivialisiert oder in Firmenlogos oder durch Stars profanisiert - Prozesse, die, selbst wenn sie auf einen Teil der Symboltransformationen begrenzt bleiben, Auswirkungen auf umfassendere Symbolverständnisse haben. In diesem Sinne ist ein Bedeutungsverlust überlieferter und neuer Symbole nicht nur in ihren massenmedialen Präsentationen für den weitaus überwiegenden Teil der MediennutzerInnen fast unausweichlich.

Zwar werden insbesondere Werbe- und PR-Strateglnnen immer wieder versuchen, mit neuen technischen Mitteln und ästhetischen oder dramaturgischen Innovationen Besonderheit zu evozieren, diese wiederholte massenhafte Anstrengung führt aber zu Inflationstendenzen. Zusätzlich setzen sich neuartige Symbolisierungskonventionen und -strategien durch, die hauptsächlich durch ökonomisch kostengünstigere und qualitativ bessere audiovisuelle Medienspeicher- und -übertragungstechnologien gefördert werden.

> „Symbole beschränken sich nicht mehr darauf, auf etwas anderes zu verweisen. Computer-Icons sind dynamisch aktive Werkzeuge, die den Benutzer zu den Quellen des Wissens hinführen. (...) Wir sind Zeuge des Wiederherstellens einer Sprache, in der Gesprochenes, Geschriebenes, individuelle und kollektive Imagination sowie private und öffentliche Denkstrukturen zusammenwachsen. (...) Virtual Reality ist ein weiterer Schritt, um unser Denken nach außen zu verlagern." „Gedanken und Vorstellungen, die uns aus der Welt der multimedialen Computervernetzung erreichen, können unser Denken weitaus mehr beeinflussen als das Fernsehen". (de Kerckhove 2001: 59f. und 65)

Im Unterschied zu symbolischen Sinnverdichtungen und Identifizierungsangeboten wie heiligen Schriften, Landschaften, Gebäuden oder Denkmälern wird die „Wissensgesellschaft der Zukunft (...) von der neuen Logik des Bildes revolutioniert" (Weibel 2000: 66). Aber da das Auge nicht mehr als zehn bis zwanzig Prozent der visuellen Information aufnehme und die restlichen achtzig bis neunzig Prozent der Wahrnehmung Zusatzleistungen des Gehirns seien, würden die Medien der Zukunft „das Gehirn also direkt stimulieren" (Ebd.: 70f.). Die „relativ natürlichen" Wahrnehmungsmodalitäten werden in technischen Verbreitungsmedien, vor allem in multimedialen, gar multisensorischen Simulationsmedien zunehmend verdrängt. Allerdings sind mentale Fähigkeiten

> „untrennbar mit der Aktivität und Bewegung unseres Körpers verbunden, der sich auf diese Weise in der Welt zurechtfindet. (...) Das Gehirn ist ja auf eine sehr enge Weise mit den Muskeln, dem Skelett, den inneren Organen und dem Immun- und Hormonsystem verbunden und das ganze Gebilde ist eine sehr komplexe Einheit. (...) Das Bewusstsein ist verkörpert. Verkörperung heißt, dass Innen und Außen in einer intensiven Wechselbeziehung stehen und sich gegenseitig bestimmen. Mit Aussen ist sowohl die äußere Umgebung wie der

Körper gemeint. (...) Bewusstsein hat nichts mit Abbildung eines bestimmten Zustands (...) zu tun. Es geht vielmehr um die konstante Verschleierung des Zusammenhangs, auf welche Weise die verschiedenen Wirklichkeiten, die an den Übergängen zwischen lokalen und systemischen Zuständen entstehen und aus denen sich die Welt zusammensetzt, miteinander verbunden sind. (...) Phänomenologisch gibt es keine klare Trennung zwischen Gedächtnis, Gefühl und Vorstellung" (Varela 2001: 146, 148 f., 152 f.; s. auch Sachs-Hombach 2009.)

Wie Siegfried Frey und der Autor bereits verdeutlichten, impliziert die zunehmende Nutzung audiovisueller Massenmedien und Beschleunigung der Bildabfolgen in Kinospielfilmen, im Fernsehen und World Wide Web als Quicktime oder Streaming Movies bzw. Videos eine Bedeutungssteigerung affektueller Prozesse auf Kosten zweckrationaler, wertrationaler und traditionaler Prozesse. „Affekte stellen ein präreflexives dynamisches System dar. (...) Ich bin gefühlsmäßig bewegt, noch bevor es ein ‚Ich' gibt, das diesen Zustand reflektieren könnte". (Varela 2001: 155) Diese allgemein verbreiteten Wahrnehmungsmodalitäten bedeuten, dass Trivialisierungen von Symbolaneignungen, -interpretationen und -nutzungen an diese Grenzen stoßen; zugleich ist kaum anzunehmen, dass diese spannungsreichen Vorstöße und affektuellen Reaktionen bei allen Angehörigen einer Kultur oder gar kulturübergreifend immer gleichartig, gleich schnell und gleich bedeutsam erfolgen. Im historischen und interkulturellen Vergleich, aber auch innerhalb multikultureller und multi-moderner zeitgenössischer Gesellschaften sind multiple Symbolisierungen zu erwarten. In jeweils unterschiedlichen Aufmerksamkeitsgraden, Intensitäten der Beachtung und Interpretationsspielräumen des Verständnisses ebenso wie Nutzungsvariationen werden ganz unterschiedliche Symbol-Angebote, ob primär multisensuell erfahrbar oder transformiert, über technische Verbreitungsmedien übermittelt oder in Zukunft teilweise direkt rückgekoppelt mit Gehirn-Rezeptoren wahrgenommen.

6. Vernetzte Medienöffentlichkeiten

Das Fernsehen ist nicht mehr nur ein Fenster zur Welt, sondern auch ein Teil von ihr; Windows fungiert als erweitertes Zeichen- und Regelsystem, das zum selbstverständlichen Modus des Selbst-Ausdrucks und der parasozialen Interaktion wird. Eltern, Lehrer, Priester, Vorgesetzte – Kinder, Schüler, Gläubige und Mitarbeiter: Sie alle finden für sich und ihre realen Gegenüber medial vorgegebene Sozialtypen, so dass der Trend der siebziger und achtziger Jahre des vorigen Jahrhunderts zur Fernsehgesellschaft mit parasozialen Interaktionen zu umfassenden Medialisierungen (Livingstone 2008) führte. (1) Was bedeutet dies für JournalistInnen, die sich und ihre Mit-Argumentierenden auf bestimmte, strittige Themen konzentrieren wollen? (2) Inwieweit fördern neuere Informations- und Kommunikationstechnologien die Erfüllung dieser Aufgaben – oder implementieren sie fundamentale Kodierungen der Zerstreuung und Kommerzialisierung? (3) Wie kann die Vernachlässigung von Vergangenheit und Zukunft im tagesaktuellen Nachrichtengeschäft überwunden werden? Diesen Fragen soll im Folgenden nachgegangen werden bevor ihre vernetzten Antworten (4) zu einer konstruktiven Kritik an Manuel Castells' (2007) Theorie der Massen-Selbst-Kommunikation führen.

6.1 Gemischte Meldungen im „kostenlosen" Kaufhaus

Für viele Themen, Annahmen über „Selbstverständliches" und „Wichtiges" greifen JournalistInnen nicht nur auf akademisches und professionelles Fachwissen zurück, sondern auf ihre lebensweltlichen Erfahrungen und Überzeugungen. Diese „Nachrichtenwerte" – so Auswertungen von 166 Experteninterviews, die jeweils etwa 2 Stunden dauerten und zwischen 1989 und 1998 durchgeführt wurden (vgl. z.B. Ludes 2001) und mehrstündiger Gespräche mit verschiedenen Jury-Mitgliedern der Initiative Nachrichtenaufklärung seit 1998 – entscheiden oft im Zweifelsfall. So lässt sich wohl auch das Hinterherhinken internationaler, transnationaler und globaler Themen in weiterhin stark national geprägten Weltsichten von „Tagesschau", „Heute", „RTL aktuell" usw. mit erklären – in wechselseitiger Verstärkung mit den relativ natürlichen Weltanschauungen je medienspezifischer Teilöffentlichkeiten.

In diese Kontinuität nationaler Medien (vgl. grundlegend Thussu 2006) hinein wirken aber „Umbrüche der Medieninformation" Anfang des 21. Jahrhunderts (vgl. Ergebnisse des gleichnamigen Siegener Sonderforschungsbereichs-Projekts unter Leitung von Rainer Geißler und Peter Ludes, 1998/99 in Ludes 2001 und des Projekts von Rainer Geißler und Horst Pöttker im Kulturwissenschaftlichen Forschungskolleg „Medienumbrüche" 2002 - 2010). Zu den bisher weniger beachteten Faktoren aktueller Medienumbrüche gehört die Mediensozialisation der Medienprofis (ob angestellt, frei beruflich oder Feste Freie): Zum ersten Mal verfügt die Mehrheit dieser Berufsgruppe über seit Kindheitsaugen und -ohren dominierende Erfahrungen mit Bildschirmmedien (im Gegensatz zu Druckmedien). Immer stärker gemischte Zeichensysteme, mit höheren Anteilen an bewegten Bildern, prägen Erzähl- und Erklärungsmuster bis in die kulturellen Tiefendimensionen des nicht weiter zu hinterfragenden Selbstverständlichen. Wer, was, wann, wo, wie und warum passen nicht mehr. ‚Wer' muss gezeigt und personalisiert werden, ‚was' passt in Genres und Hybridgenres, ‚wann' muss meist jetzt sein, ‚wie' spannend und ‚warum' fällt – da es sich schlechter zeigen lässt und eigener Recherchen bedürfte – zunehmend aus dem Rahmen.

Medienunternehmen verkaufen potentielle Aufmerksamkeit und Beachtung an Werbekunden. Diese Leitfunktion deformiert langfristige Verantwortlichkeiten. Wie Jürgen Habermas 2007 (4) schlussfolgerte:

> „Aus historischer Sicht hat die Vorstellung, dem Markt der Presseerzeugnisse Zügel anzulegen, etwas Kontraintuitives. Der Markt hat einst die Bühne gebildet, auf der sich subversive Gedanken von staatlicher Unterdrückung emanzipieren konnten. Aber der Markt kann diese Funktion nur solange erfüllen, wie die ökonomischen Gesetzmäßigkeiten nicht in die Poren der kulturellen und politischen Inhalte dringen, die über den Markt verbreitet werden. Nach wie vor ist das an Adornos Kritik der Kulturindustrie der richtige Kern. Argwöhnische Beobachtung ist geboten, weil sich keine Demokratie ein Marktversagen auf diesem Sektor leisten kann."

Was bedeutet aber der „Doppelumbruch" der Bildschirmmedien-Sozialisation kombiniert mit der Kommerzialisierung von Medieninhalten für JournalistInnen, die sich und ihre Mit-Argumentierenden dennoch weiterhin auf bestimmte, strittige Themen konzentrieren wollen: mit herausragender politischer, wirtschaftlicher, militärischer, ökologischer, wissenschaftlicher Expertise? Eine Antwort darauf liegt in der Ausbildung von JournalistInnen für diese beruflichen Herausforderungen. Zu denken ist an entsprechend spezialisierte Projektseminare während ihrer Ausbildung, ein „Netzwerk Recherche" (s. http://www. netzwerkrecherche.de/) und Zivilcourage während des gesamten Berufslebens.

Ausbildung und ‚learning by doing' erfordern zunehmend facettenreichere Vermittlungen zwischen vertraulichen Gesprächen, (teilnehmenden) kritischen Beobachtungen und Auswertungen von Dokumenten, Presseerzeugnissen (gelegentlich auch ganzer Bücher oder vielseitiger Berichte), Fernsehprogrammen, Inter- und Intranetangeboten, besonders spezieller, kostenpflichtiger Datenbanken. Falls es einen Trend gibt, die zuerst genannten Informations- und Hintergrundwissensquellen durch die zuletzt genannten zu ersetzen, statt nur zu ergänzen, entstehen systematische Verzerrungen. (S. Meyen/Springer/Pfaff-Rüdiger 2008 und Deuze 2008). Insoweit diese für VertreterInnen bestimmter Generationskohorten als selbstverständlich erscheinen, durch Zeitnot erzwungen und legitimiert werden, emergiert eine GeldScheinÖffentlichkeit, deren ExpertInnen dazu beitragen, sie zu perpetuieren. Dass dies dann noch den Anschein der Kostenlosigkeit erhält („nicht Freibier, sondern freie Informationen für alle"), da die versteckten Zusatzkosten der Waren, für die geworben wird, fast nie systematisch thematisiert werden, verstärkt den Kaufhauscharakter mehr oder weniger gut gemischter Meldungen und Meinungen.

Strategisch geplante Mehrfachverwertungen von Infotainment (vgl. Thussu 2008) weichen immer stärker von Qualitätsjournalismus und Expertenwissen ab. Sind neue Informations- und Kommunikationstechnologien also immer zugleich als Desinformations- und Exkommunikationsmittel zu begreifen – und müssten sie sich selbst so desavouieren, um tatsächlich zu Entschleierungen beizutragen?

6.2 Des-/Informations- und Ex-/Kommunikationsplattformen

In den meisten Gesellschaften verlagern sich Mediennutzungs-, -konsum- und Partizipationsbalancen von persönlichen Erlebnissen über massenmedialen Konsum hin zu interaktiven Netzwerkmedien, immer öfter mobil genutzt. Was Aufmerksamkeit erringt und erhält, wie lange und intensiv, wem vertraut wird und wie Widersprüche, Gegen-Sätze und -Bilder aufgehoben oder verdrängt werden, ist immer wieder neu auszutarieren: individuell, in Gruppen und Netzwerken, mit gesamtgesellschaftlichen Funktionen und Bedeutungen. Gemeinsame Wissensbestände und Relevanzhierarchien, Grundannahmen und -erfahrungen für common sense werden zwar weiterhin multi- und intermedial verbreitet, aber unverbindlicher, weil auch weitere Institutionen der Vermittlung von Kulturtechniken und allgemeinem Orientierungswissen, wie Schulen und Arbeitswelten, für längere Lebenszeiten und kürzere Arbeitsverhältnisse an Bedeutung verlieren.

Aus diesen fragmentierten Perspektiven vernetzter Kommunikationssplitter heraus werden nicht natürlich, sondern nur in anstrengenden Synopsen Denksti-

le entstehen, die größere Zusammenhänge verstehen lassen. Was Mannheim
1929 in „Ideologie und Utopie" noch als besondere Herausforderung für frei
schwebende Intellektuelle formulierte, die jenseits von Klassen- und Gruppen-
schranken eine dynamische Synthese unterschiedlicher Perspektiven erarbeiten
sollten – wird in multimedialen Des-/Informationsgesellschaften zu einer allgemeinen Forderung an Informations-, im Unterschied zu Verschleierungsspezialisten: multiperspektivisch zu recherchieren und zusammen zu sehen und zeigen, was nicht allgemein offensichtlich ist, über Grenzen von Wirtschaft vs.
Politik vs. Kultur, von Nationen und Regionen, von aktuellen Orientierungen
und jetzt lebenden Generationen hinaus. „Hörer und Zuschauer sind nicht nur
Konsumenten, also Marktteilnehmer, sondern zugleich Bürger mit einem Recht
auf kulturelle Teilhabe, Beobachtung des politischen Geschehens und Beteiligung an der Meinungsbildung." (Habermas 2007: 2; vgl. Habermas 2006.) Hier
wird eine weitere Verkürzung der Habermasschen Diagnose deutlich: Auch sie
ist der Gegenwartsorientierung verhaftet, muss also durch eine Öffnung hin zu
kollektiven Erinnerungen als Voraussetzungen für langfristige Ziele ergänzt
werden (s. Abschnitt 3, unten).

Demgegenüber affirmieren die meisten (Bildschirm-) Medien sehr vereinfa-
chende Denkschablonen wie z. B. die der einsam entscheidenden PolitikerInnen,
die deshalb voll verantwortlich für alle Nachteile und Fehler seien. Im internationalen Kontext lassen sich aber mit Thussu (2006: 219ff) die folgenden Kontinuitäten und Diskontinuitäten internationaler und transnationaler Kommunikation zusammenfassen:

> „In the era of real-time global communication, it is possible that the speed and quantity of
> news is undermining its quality, accuracy and context (...) contemporary journalism, espe-
> cially on TV, has to operate in a fiercely competitive, commercial and increasingly frag-
> mented news market, which in order to attract consumers is adopting the form of ‚infotain-
> ment'. (...) In this age of ever shorter sound- and sightbites, the question arises as to whether
> this ‚turbo news' can allow a critical assessment and reflection of the content presented, or
> whether information overload erodes the potential for anything other than a superficial re-
> sponse."

Diese Belege zeigen, dass Habermas' Fokussierung auf Kommerzialisierung der
Ergänzung durch die Gefahren der Beschleunigung, Verkürzung und Vermi-
schung von Information und Unterhaltung bedarf – die, so wird hier vorgeschla-
gen, nicht nur die Arbeits- und Verwertungsbedingungen des aktuellen Journalismus prägen, sondern internalisierte Selbstverständlichkeiten.

> „One result of the proliferation of news outlets is a growing competition for audience and,
> crucially, advertising revenue, at a time when interest in news is generally declining. In the
> USA, audiences for network television peak time news bulletins declined substantially,
> from 90 per cent of the television audience in the 1960s to 30 per cent in 2000, partly as a
> result of many, especially younger viewers opting for online news sources" (Thussu 2006:

221). Letztere erscheinen allerdings auch nicht mehr als „a democratizing and even subversive communication tool, the commercialization of the Internet is perceived by some as betraying the initial promise of its potential to create a ‚global public sphere' and an alternative forum." (Thussu 2006: 227)

Diese Trends belegen die zunehmende Kolonialisierung der Lebenswelt auch in ihren mobilen Bereichen. Aber über Habermas' (2006) neuere Arbeiten zum Strukturwandel der Öffentlichkeit hinaus sind auch seit Jahrzehnten bestehende Überwachungssysteme zu beachten, die mit neuesten Informations- und Kommunikationstechnologien und Schlagwortsuchmaschinen in zahlreichen Datenströmen fischen, nicht nur im nationalen Sicherheitsinteresse, sondern auch für wirtschaftliche Vorteile:

„The USA already has an extensive international surveillance operation, Echelon, run by the US National Security Agency. Through a combination of spy satellites (such as Orion/Vortex for telecom surveillance and Trumpet to interpret cell phone calls) and sensitive listening stations, it eavesdrops on international electronic communication – phones, faxes, telexes, email and all radio signals, airline and maritime frequencies. Established in 1948 (...) the Echelon system (...) can give a competitive advantage to Anglo-Saxon corporations." (Thussu 2006: 235, vgl. www.nachrichtenaufklaerung.de die Nummer 2 der vernachlässigten Nachrichten von 1998).

In globaler Perspektive besteht die Gefahr einer Kommerzialisierung des Wissens unter westlichen Vorzeichen; der ‚digital divide' exkommuniziert große Minderheiten in den reichen Ländern und die überwiegenden Mehrheiten der meisten Länder der Erde. Deshalb sollten die Exkommunikationsfunktionen neuer Kommunikationstechnologien gerade auch in der Berichterstattung über sie immer wieder gezielt untersucht und diskutiert werden. Hierzu gehören kollektive (audio-visuelle) Gedächtnisse und Vernachlässigungen.

6.3 Kollektive Gedächtnisse und Vernachlässigungen

Die nun folgenden Beispiele werden nur wenige Dimensionen dieser Problematik skizzieren: die Ko-Existenz verschiedener Medien-Generationen, mit unterschiedlichen kollektiven textuellen, auditiven, audio-visuellen, multimedialen und vollsinnlichen Erlebnissen in teilweise konfligierenden Mischungen. In einer von Ingrid Volkmer (2006) koordinierten internationalen Vergleichsstudie von Medienerinnerungen dreier aufeinander folgender Generationen war es Ziel, neue Dimensionen der Nachrichtenmedien für symbolische Integration zu erfassen. Auf der Basis von Focus-Gruppen-Interviews in neun Ländern ergab sich als allgemeines Ergebnis die folgende Einteilung: die Radio-Generation der zwischen 1924 und 1929 geborenen, mit ihren (im Sinne Mannheims) prägenden Jahren 1935-1946; die Fernseh-Generation, geboren zwischen 1954 und 1959, geprägt von 1965-1975, oft durch Schwarz-Weiß-Fernsehen – und die Internet-Generation, geboren 1979-1984 und geprägt 1989-1999. Inzwischen kann man in den Kommunikationssystemen, in denen die meisten Kinder und Jugendlichen kontinuierlich und kostengünstig Zugang zum Internet haben, auch von Google- und YouTube-Generationen, danach von Facebook- und Twitter-Generationen sprechen.

In Deutschland – so Rusch und Volkmer (2006) – wuchs die Radio-Generation in einer geschlossenen Medienwelt auf, begrenzt durch die Medientechnologie und deren Instrumentalisierung für Propagandazwecke. Nur wenige Freiräume in vertrauten persönlichen Umgebungen ermöglichten Infragestellungen kollektiv zensierter Weltanschauungen. Die Fernseh-Generation wuchs demgegenüber in der Phase nach (durch Großeltern und Eltern weiter) überlieferten nationalistischen Selbstverständlichkeiten und mit neuer internationaler Musik, Hollywood-Filmen und ersten weltweiten Medien-Ereignissen auf, wie beispielsweise der Ermordung von Präsident Kennedy oder der Geiselnahme bei den Olympischen Spielen 1972 in München. Diese mittlere Generation ist an die alten Zeitungen, Radiosendungen und Kino-Filme gewöhnt, sieht in erheblichem Umfang (meist öffentlich-rechtliche Sender) fern und nutzt Computer und Internet. Die jüngere Generation war nicht nur durch eine individuellere Nutzung öffentlich-rechtlicher und vor allem privat-kommerzieller Fernsehsender geprägt, sondern auch durch den Mauerfall und die (Wieder-) Vereinigung. International lässt sich diese Generationenfolge auch durch unterschiedliche inhaltliche Schwerpunkte kennzeichnen: (1) Information, (2) Musik, Shows, Nachrichten, Filme und (3) Unterhaltung und Spielfilme – inzwischen auch durch Suchmaschinen, kürzere Videos und soziale Netze.

Im historischen Rückblick werden auch offensichtliche Mängel journalistischer Informationen klar. So fasste Tunstall (2008: 64-68) die folgenden vergrabenen Nachrichten zusammen:

„1. The Congo, around 1900. Several million people died in the Belgian Congo(...) 2. In the Soviet Union, Stalin's purges and the German invasion killed millions of civilians. (...) 3. About six million Jews—and five million Poles, Roma, communists, and other 'undesirables'—were killed in the Holocaust. (...) 4. The British and American targeted bombing of civilians in Germany and Japan (...) probably killed between three and four million civilians. (...) 5. In China during Mao's ‚Great Leap Forward' campaign (1958-1960) probably between 15 and 30 million people died (...) 6. In Gutatemala some 200,000 civilians were killed by the army (...) the late 1970s and late 1980s. (...) 7. A significant fraction of the entire population of (...) Ruanda was murdered (...) in 1994. 8. Around 2000 the Congo experienced violence that produced over three million deaths. (...) This was a classic example of a conflict too obscure, too complex, and too dangerous to allow reliable reporting.“

Tunstall (2008: 69) folgert: „Some further revelations may surface several decades after the violent events."

Es wäre verfehlt anzunehmen, im 21. Jahrhundert seien solche gewalttätigen Zivilisationsumbrüche und medialen Vernachlässigungen nicht mehr möglich – oder JournalistInnen entwickelten sich jenseits solcher Schlüsselerlebnisse. Vielmehr zeichnet sich bereits ein neuer *Selbstverständlichkeitsumbruch* ab hin zu (vernetzten) Multimedia-Spielen. Medienbiographische SelbstReflexionen nicht nur im Feuilleton könnten deshalb zu Erhellungen der jeweils als selbstverständlich unterstellten Horizonte verantwortlicher Berichte und Kommentare beitragen. Wie kann aber die Vernachlässigung von Vergangenheit und Zukunft im tagesaktuellen Nachrichtengeschäft überwunden werden?

Eine Antwort hierauf ist technisch-ökonomisch: Der zunehmend schnellere und kostengünstigere Zugang zu den Archivbeständen, die bereits digitalisiert, indexiert, klassifiziert und systematisiert sind, erlaubt und fördert die Produktion immer neuer Rückblicke. Zuschauer- oder Nutzerbefragungen eröffnen neue Selektions- und Hierarchisierungskriterien, die allerdings meist die Text-, Sound- und Videobites der aktuellen Häppchenkultur reproduzieren. Hier sind deshalb neuartige Kooperationen zwischen Historikern, Archivaren und (Fach-) JournalistInnen nötig, die über die Reproduktion überlieferter Dateien hinaus die Chancen von Computersimulationen nutzen. Nur wenn mit den Visualisierungen in den Massenmedien eine Kompetenzsteigerung der Imaginationen einhergeht, werden die neuen Merkmale einer Netzwerkgesellschaft wenn schon nicht offensichtlich, so doch vorstellbar.

1996 (2., verbesserte Auflage 2000) stellte Manuel Castells seine Theorie des neuen Typs einer Netzwerkgesellschaft vor. Castells (2000: 507 und 508) betonte „image-making is power-making" und „flows of messages and images between networks constitute the basic thread of our social structure" und (1997: 359, hier nicht kursiv) argumentierte im zweiten Band seiner Trilogie: „The new power lies in the codes of information and in the images of representation around which societies organize their institutions, and people build their lives, and decide their behavior. The sites of power are people's minds." In „The Network Society: from Knowledge to Policy" diagnostiziert Castells (2006: 14):

> „Mainstream media, and particularly television, still dominate the media space, although this is changing fast. Because the language of television is based on images, and the simplest political image is a person, political competition is built around leaders. (...) People think in metaphors, and built these metaphors with images."

Allerdings konzentrierte sich politischer Wettstreit schon lange vor dem Fernsehen auf politische Führungspersönlichkeiten.

Im Unterschied zu Castells betont Appadurai (1996: 33) „five dimensions of global cultural flows", „ethno-, media-, techno-, finance-, and ideoscapes". Elektronische Medien „decisively change the wider field of mass media and other traditional media (...) because they offer new resources and new disciplines for the construction of imagined selves and worlds"; sie transformieren „preexisting worlds of communication and conduct".

> „The image, the imagined, the imaginary—these are all terms that direct us to something critical and new in global cultural processes (...) the imagination has become an organized field of social practices, a form of work (in the sense of both labor and culturally organized practice), and a form of negotiation between sites of agency (individuals) and globally defined fields of possibility."

Diese Konvergenz von Castells' und Appadurais Diagnosen einer zunehmenden Visualisierung impliziert die Notwendigkeit entsprechender visueller Kompetenzen und Imaginationen. Van Dijk (2005: 15f) ergänzte, ICT-Netzwerke erfordern „trust, commitment and richness of information exchanged (...) trust is a vital condition in all networking both face-to-face and mediated (...) Commitment to the activities and ties of networks is perhaps even more important than commitment to the goals, activities, and colleagues in traditional organizations. Otherwise networks will easily fall apart."

Hier liegen entscheidende Aufgaben eines verantwortlichen Journalismus im Rahmen neuer medialer Vernetzungen. „Der Aufstieg der Netzwerkgesellschaft" erfordert also die folgenden Voraussetzungen: „open structures, able to expand without limits, integrating new nodes as long as they are able to communicate within the network, namely as long as they share the same communication codes" (Castells 2000: 501).

6.4 Massen-Selbst-Kommunikation oder die Popularisierung von Schwatzbuden

Demgegenüber verfestigt sich – zu erheblichen Teilen gegen den etablierten, professionellen Journalismus – eine Kultur der Selbst-Darstellung in Blogs, auf YouTube, facebook, orkut oder myface. Damit entstehen neue Formate der Selbst- und Fremddarstellungen, als Ergänzung und Ersatz diskursiver Elemente der medienwissenschaftlichen Teilöffentlichkeiten, die durch schriftliche und persönlich mündliche Kommunikation ko-konstituiert wurden. Es emergiert also nicht nur die Chance neuer Formate interaktiver Multimedianutzungen, die Castells (2007) als Massen-Selbst-Kommunikation interpretiert, sondern ein Umbruch der Medieninformation hin zu individuelleren, unterhaltsamen und laienhaften Selbstdarstellungen, weg von professionellen Analysen, Kommentaren,

Hintergrundrecherchen. Diese Laien-Öffentlichkeiten (s. für den wichtigen Sonderfall von „Wissensproduktion und Wissenstransfer" Mayntz/Neidhardt/ Weingart/Wengenroth 2008) sind mehr als Aufmerksamkeitsmärkte zu verstehen denn als Öffentlichkeiten und tragen zu „Schein-Öffentlichkeiten" bei (Ludes 1993a, s. aber auch Metykova 2008). Im Gegensatz zu dem Schein kostenloser Kaufhausangebote spielt die finanzielle Investition in Informationsbeschaffung und -vermittlung zudem weiterhin eine entscheidende Rolle, denn Blogs sind – über den rein individuell selbstdarstellerischen Part hinaus – oft nur Dritt- und Viertverwerter von Datenbeständen, die doch weiterhin in Großorganisationen produziert wurden. Sie sind aber revolutionär in Diktaturen mit Medienzensur.

Jürgen Habermas (2006: 416) unterschied zwei Haupttypen „among the actors who make their appearance on the virtual stage of an established public sphere", Medienprofis und Politiker, ebenso wie fünf weitere Typen: Lobbyisten, Advokaten, Experten, moralische Unternehmer und Intellektuelle. Seine Argumentation legt weiterhin nahe, dass der Niedergang kritischer Öffentlichkeiten, „argwöhnischer Beobachtung" bedarf, „weil sich keine Demokratie ein Marktversagen auf diesem Sektor leisten kann" (s. Abschnitt 1, oben; weiterführend Wendler 2008).

Demgegenüber wird hier argumentiert, dass die langfristigen sozioökonomischen und medientechnologischen Umbrüche so eng mit den als selbstverständlich unterstellten Medienerfahrungen je neuer Generationen von JournalistInnen und MediennutzerInnen vernetzt sind, dass aus diesen neuen Erfahrungs- und Wahrnehmungsmodi heraus auch neue Formate diskursiver, multimedialer Ko-Orientierungen und Rückfrage-Selbstverständlichkeiten professionell entwickelt werden müssen, die zudem längerfristige Horizonte gegen kurzfristige Interessen etablieren. Die Sozialen Netze einer Netzwerkgesellschaft fangen nicht nur auf oder nehmen gefangen – sie haben vor allem (sonst wären sie keine Netze) Löcher, durch die viele hindurch fallen. Es gibt zudem kaum nur ‚ein' Netz für nationale Gesellschaften oder die Welt. Wenn sich innerhalb von Unternehmen die Relationen von Managergehältern zu denen einfacher Arbeiter vervielfachen und sie an einem Tag mehr verdienen als ihre „Untergebenen" in einem Jahr, wird die Imagination eines Netzes sehr irreführend: die Löcher sind enorm unterschiedlich groß, die Entfernungen zwischen den Knoten asymmetrisch, die Dichte und Festigkeit kaum so geknüpft, dass diese Netze nicht reißen könnten. Diejenigen, die besonders gerissen sind, können sich diese Netzeigenschaften zunutze machen.

Wir sollten also nicht den gleichmacherischen Assoziationen dieser Metapher aufsitzen. Auch hier liegt eine Aufgabe für aufklärerischen Journalismus, die in längerfristigen Vergleichen gründet und Infragestellungen der eigenen

Knoten erfordert. Denn die heutigen *Aufmerksamkeitsmärkte* für Privaträume, mit hohen Anteilen an Selbstdarstellungen, Images und visuellen Stereotypen, ähneln bisher mehr Tages- und Jahrmärkten als professionell informierten Öffentlich-keiten. (S. weiterführend auch Whitty/Joinson 2009.)

Deshalb schlage ich vor, von *Aufmerksamkeitsmärkten* zu sprechen (vgl. Murdock/Golding 1999), „a complex network of companies, products and audiences" (Chalaby 2005: 32) oder „growing political and economic pressure for the re-conceptualisation of broadcasting as a marketplace rather than as a cultural entity" (Papathanassopoulos 2005: 47). (S. weiterführend Giulianotti/Robertson 2004; Goodwin/Spittle 2002; Kluver 2002; Lash/Urry 2002; Machin 2004; Rantanen 2005a, 2005b; Rojecki 2005; Urry 2000, 2002a, 2002b, 2003; Zook 2005). 2008 führte Castells seine Diagnose einer neuen Öffentlichkeit aus: „global civil society, communication networks, and global governance" konstituierten sie; „public diplomacy, understood as networked communication and shared meaning, becomes a decisive tool for the attainment of a sustainable world order" (Castells 2008: 91). Aber wie die Beispiele extremer Vernachlässigungen wichtiger Themen im 20. Jahrhundert und zu Beginn des 21. Jahrhunderts zeigen, müssen wir in den internationalen Medien- und Kommunikationswissenschaften die Verschleierungsstrategien bei Medienproduktionen (s. www.projectcensored.org) stärker berücksichtigen.

7. Informationsumbrüche

7.1 Symbolisch generalisierte Kommunikations- und Verbreitungsmedien

Systemtheoretisch lässt sich die Ausdifferenzierung funktionaler Teilbereiche moderner Gesellschaften - vor allem von Politik, Wirtschaft, Familie, Religion, Wissenschaft - auch als Ausdifferenzierung symbolisch generalisierter Kommunikationsmedien verstehen: von Macht, Geld, Liebe, Glaube und Wahrheit. Für die historisch neueren funktional ausdifferenzierten Systeme, wie Kunst und Massenmedien, ist eine entsprechend klare Zuordnung funktionsspezifischer Kommunikationsmedien noch nicht so eindeutig - trotz Luhmann (1995a, 1996). In „Gesellschaftsstruktur und Semantik" interpretierte Luhmann (1995b: 298) die „verstärkte Differenzierung und Spezifizierung symbolisch generalisierter Kommunikationsmedien" als eine „Ersetzung von Natur durch Geschichte". Diese Differenzierung kann „auch semantisch legitimiert werden". Seit Ende des zwanzigsten Jahrhunderts kann man - mit Münch (1991, 1995) - fragen, inwieweit die Perspektivierung einer vorrangigen funktionalen Differenzierung zumindest teilweise historisch obsolet wurde und durch eine verstärkte Konzentration auf die Interpenetration zuvor primär funktional differenzierter Teilbereiche ergänzt (und teilweise ersetzt) werden muss.

Medien- und kommunikationstheoretisch lässt sich erkennen, wie zunehmende funktionale Differenzierung auf zunehmende Medialisierung – die Verbreitung und Rezeption von Nachrichten/Berichten, Werbung und Unterhaltung – angewiesen blieb (vgl. Luhmann 1996: Kapitel 5,7 und 8). Die Selbstorganisation immer komplexerer Systeme und ihre wechselnde Anpassung, sowie sachliche, zeitliche, mediale und soziale Koordination erforderte „eine immense Ausdehnung der Reichweite des Kommunikationsprozesses, die ihrerseits zurückwirkt auf das, was sich als Inhalt der Kommunikation bewährt. Die Verbreitungsmedien selegieren durch ihre eigene Technik, sie schaffen eigene Erhaltungs-, Vergleichs- und Verbesserungsmöglichkeiten, die aber jeweils nur aufgrund von Standardisierungen benutzt werden können. Dadurch wird, verglichen mit mündlicher, interaktions- und gedächtnisgebundener Überlieferung, immens ausgeweitet und zugleich eingeschränkt, welche Kommunikation als Grundlage für weitere Kommunikationen dienen kann" (Luhmann 1984: 221).

Auch innerhalb von Systemen steigt der Bedarf an nicht persönlich weiter-
gegebener, zielgruppenspezifischer Kommunikation. Man denke zum Beispiel
an die mit zunehmender Arbeitsteilung einhergehende Informationsteilung und
den entsprechenden Bedarf nach Informationsdatenbanken, der dem Bedarf
nach Geldbanken nicht nachgeordnet werden muss. Zudem lässt sich feststellen,
dass allgemein verbindliche Verhaltensstandards und Persönlichkeitsstrukturen
einerseits und systemspezifische Kommunikationsmedien andererseits einander
ergänzen (vgl. Ludes 1989: 319). So war z.B. die Schulpflicht bereits eine unerlässliche Voraussetzung für eine allgemeinere Verbreitung und Nutzung der
Druckmedien. Industrialisierung, Demokratisierung, Bildungsrevolution, Verstädterung und die Verbesserung räumlicher und sozialer Mobilität trugen erheblich dazu bei, dass die in acht-, zehn- oder zwölfjähriger Schulpflicht erwor-
benen Kenntnisse nicht mehr lebenslang nützlich waren. Selbst die Vermittlung
der allgemeinen Fähigkeit zu lernen, von Grundmustern der Datensuche und
Erklärung, konnte in sich teilweise radikal transformierenden Gesellschaften des
zwanzigsten und zu Beginn des einundzwanzigsten Jahrhunderts kaum hinreichend Orientierungsmittel für einen gesamten Lebenslauf bieten. Massenmedien
erfüllten deshalb zunehmend systemspezifisch und durch das Schulwesen nicht
mehr primär leistbare Orientierungs-, aber auch Desorientierungsfunktionen –
ergänzt oder verdrängt durch ebenfalls unersetzliche Unterhaltungs- und Lan-
geweilefunktionen.

Sucht man für Individual-, Gruppen- und Massenmedien nach klar abgrenz-
baren Einzelmedien, die jeweils spezifische Verbreitungstechniken, Inhalte und
Präsentationsformate für je spezifische RezipientInnenkreise zur Verfügung
stellen, so lassen sich zahlreiche, historisch jeweils spezifische Einzelmedien
unterscheiden. Diese können zum Beispiel nach ihrer historischen Entstehung,
ihrem Anteil am Zeitbudget der MediennutzerInnen heutiger Gesellschaften,
ihrer ökonomischen Bedeutung oder der (schwer quantifizierbaren) Intensität
ihrer Nutzung systematisiert werden.

Ich benutze hier eine Systematisierung nach dem Hauptkriterium der bei der
Rezeption der jeweiligen Einzelmedien beteiligten menschlichen Sinne. Dies
knüpft an eine in der Systemtheorie Luhmanns (1974) explizierte „symbiotische
Verankerung" symbolisch generalisierter Kommunikationsmedien an: Politische
Macht kann auf körperlichen Zwang und entsprechende Erfahrungen zurück-
greifen; durch Geld erworbene Waren müssen prinzipiell konsumierbar sein;
heterosexuelle oder homosexuelle Liebe genießt ihre spezifischen Ausdrucksformen; wissenschaftliche Aussagen mit einem perspektivisch und systemspezifisch begrenzten Erkenntnis- bzw. Wahrheitsanspruch müssen prinzipiell durch
(intersubjektiv überprüfbare, methodisch abgesicherte) Wahrnehmungen falsifi-
ziert werden können. Auch Verbreitungsmedien sind auf spezifisch sinnliche

Wahrnehmungen angewiesen. Die Vernetzung und Mobilisierung der Kommunikation (Castells et al. 2007; Bachmair/Pachler/Cook/Kress 2010) überwindet
isolierte (stand alone) Einzelmedien und transformiert sie. Trotz aller starken
Argumente Luhmanns (1986; 1995a: Kap. 5; 1996: Kap. 3) lässt sich deshalb
kaum ein systemtheoretischer Code-Begriff für medienspezifische (und intermediale) Codes zugrunde legen. Bei Einzelmedien handelt es sich eben nicht
um funktional ausdifferenzierte autopoietische Systeme, sondern um Produkti-
ons-/Verbreitungsorganisationen und spezielle Präsentationsformate, die häufig
je spezifische Rezeptionserwartungen hervorrufen, konventionalisiert sind, aber
zumindest so weit innovativ verändert werden, dass sie in der Konkurrenz um
Aufmerksamkeit bestehen, ja sich durchsetzen können.

Die audiovisuellen Medien Film, Fernsehen, Video und streaming videos
im Web entwickelten sich im Vergleich zu den historisch stark differenzierten
Druckmedien zunächst wesentlich stärker als Unterhaltungsmedien, dienten
aber auch allgemeinen Informationsbedürfnissen. Sie verlangten von vornherein
eine besondere räumliche Zuordnung, deutlich beim Film mit den neu entste-
henden Abspielmöglichkeiten auf Jahrmärkten, in Kinos und Filmpalästen; aber
auch das Fernsehen (später ergänzt durch Videorecorder bzw. Fernsehcomputer)
refunktionalisierte Wohnzimmer nach seinen speziellen Blickwinkeln. Im Vergleich zu Druckmedien etablierten AV-Medien durchgängig typisch andere Inhalte, Formate und Rezeptionssituationen. So entwickelte sich das Fernsehen
seit den sechziger Jahren des vergangenen Jahrhunderts in allen Industriegesellschaften und nachindustriellen Gesellschaften zu dem – gemessen am Zeitbudget – dominierenden Massenmedium; in der „Primetime", der Hauptsende-
und -einschaltzeit, wird es Tag für Tag je mehrere Stunden von der überwiegenden Mehrheit der Bevölkerung genutzt.

Hörfunk und Fernsehen programmierten Tagesabläufe und soziale Verhaltensmuster, berücksichtigten aber auch immer wieder die Veränderung von Arbeitszeiten und Freizeitgewohnheiten bei der jeweiligen Programmgestaltung.
Die kaum veränderbare Nutzungssituation dieser audiovisuellen Medien kon-
ventionalisierte und standardisierte Verhaltensmuster, allerdings fast ausschließlich im Freizeitbereich, und wurde damit zu einem Hauptpräger alltäglicher
Verhaltensweisen.

Berücksichtigen wir die auditiven Medien, so wird deutlich, dass sie in ihrer
Kombination von Hörfunk, Schallplatte/CD, MP3-Player und Telefon bzw. Mo-
bilgeräten typischerweise das Spektrum von Massenmedien über zielgruppenspezifische, individuell genutzte Gruppenmedien zu Individualmedien und
Netzmedien abdecken. Aufgrund ihrer monosensuellen auditiven Nutzung können sie einerseits als Hintergrundmedium genutzt werden, andererseits erlaubt
die Reduzierung der Kommunikation mittels Fernsprecher unterschiedlichste

Formen von der beruflichen bis zur privaten Nutzung. Dementsprechend sind sie zwar massenhaft verbreitet, aber selten in der Lage, hundertprozentige Aufmerksamkeit zu gewinnen. I-Pods mobilisierten und individualisierten Hörmedien und gehen teilweise in mobilen Kommunikationsgeräten auf, die traditionelle Radio-, Fernseh-, Telefon- und Navigatorfunktionen mit immer neuen Kommunikationsmöglchkeiten kombinieren. Das Telefon (ähnlich wie der Brief, den es teilweise verdrängte), Handy, und Smartphone entwickelten sich in Wirtschaft, Politik, Wissenschaft – und in räumlich getrennten persönlichen Beziehungen – zu einem unersetzlichen Verbindungsmittel. Die mobilen Medien werden durch ihre Visualisierung neue Konkurrenzvorteile gegenüber den räumlich festsetzenden audiovisuellen Medien erringen, aber auch einige ihrer bisher speziellen Funktionen verlieren.

Computernetze wurden in den funktional ausdifferenzierten Teilbereichen Militär, Wirtschaft, Wissenschaft und Politik als spezielle Arbeitsmittel und Kommunikationsinstrumente entwickelt. Erst nachdem Computer Jahrzehnte in diesen Bereichen eingesetzt worden waren, wurde ihre Produktion und Nutzung so kostengünstig, dass Computer auch von einem Großteil der Bevölkerung außerhalb des Berufslebens genutzt werden konnten. Diese Kostenreduzierung bei der Anschaffung wurde ergänzt durch Vereinfachungen der Nutzung, ohne besondere Programmierkompetenzen. Erst mit diesen Veränderungen konnten einzelne, einfachere, billigere Computer auch zu individuellen Arbeitsinstrumenten und zu Unterhaltungsmitteln im Alltag werden und schließlich mit ihrer Vernetzung besondere Formen der informierenden und unterhaltenden Kommunikation für Tausende bis Hunderttausende, manchmal Millionen Menschen ermöglichen. Erst mit dieser Inhaltserweiterung und Erweiterung der Nutzungssituationen entstand auch die neue Verbindung mit dem Fernsehen zu „Fernsehcomputern" (s. bereits Schütte/Ludes 1996). Erst mit der Vernetzung und Alltagsnutzung gewinnen multimediafähige Computer massenmediale Eigenschaften. Sie werden aber vermutlich über Jahrzehnte hinweg weiterhin als spezielle Arbeitsinstrumente in Militär, Wirtschaft und Politik eigene Weiterentwicklungen erfordern, die jenseits massenmedialer Entwicklungen verlaufen (und durch spezielle Militär-, Wirtschafts- und Politikwissenschaften beobachtet werden).

Zumindest gemessen am Zeitbudget der NutzerInnen, meist aber auch am Anteil an den finanziellen Budgets, konkurrieren die Einzelmedien um die Aufmerksamkeit und Ausgaben der MediennutzerInnen. Da alle diese Medien inzwischen in den meisten Industriegesellschaften und nachindustriellen Gesellschaften seit Ende des zwanzigsten Jahrhunderts etabliert und in Produktion, Präsentation und Rezeption konventionalisiert sind, spricht einiges dafür, dass sie sich wechselseitig ergänzen. Die Nutzung einer nur sehr kleinen Auswahl aus diesen Medien im gesamten Lebenslauf erschiene als kulturell kaum verständlich. Dennoch handelt es sich keineswegs um eine einfache Addition und Ergänzung dieser Einzelmedien bei der Konventionalisierung kultureller Codes. Vielmehr institutionalisierten sie medienspezifische und intermediale Kulturcodes.

7.2 Konventionalisierung, Standardisierung und Des-/Orientierung

Fragt man mit Luhmann (1996: 130, 173-175) nach dem Sinn der Programmtypendifferenzierung in Nachrichten/Berichte, Werbung und Unterhaltung (für Massenmedien), fällt auf, dass diese Differenzierung

> „Formen nachzeichnet, in denen die moderne Gesellschaft individuelle Motivlagen für Kommunikation verfügbar macht (...) Die Funktion der Massenmedien liegt nach all dem im Dirigieren der Selbstbeobachtung des Gesellschaftssystems (...) in der ständigen Erzeugung und Bearbeitung von Irritation - und weder in der Vermehrung von Erkenntnis noch in einer Sozialisation oder Erziehung in Richtung auf Konformität mit Normen (...) Das deutet auf einen rekursiven Konstitutionszusammenhang von Gedächtnis, Irritabilität, Informationsverarbeitung, Realitätskonstruktion und Gedächtnis hin". Damit leisten Massenmedien einen speziellen Beitrag zur Realitätskonstruktion der Gesellschaft, zur laufenden Reaktualisierung ihrer Selbstbeschreibung und ihrer „kognitiven Welthorizonte, sei es in konsensueller, sei es in dissensueller Form" (Luhmann 1996: 183).

In diesem Sinne lassen sich die Differenzierungen Luhmanns als transmediale Codes für die Haupttypen der Inhalte der verschiedensten Einzelmedieninhalte verstehen. Allerdings entwickeln sich auch diese sehr generellen Codes medienspezifisch mit je historisch besonderen Ausprägungen. Zusätzlich zur historischen Veränderung transmedialer Codes für die drei Programmtypen erschwert die unterschiedliche Kombination, teilweise Mischung von Nachrichten, Unterhaltung und Werbung in den verschiedenen Medien eine je spezifische Codierung. Infotainment und Infomercials sind neue Programmtypen. Die Entwicklung von Nachrichten und Unterhaltung (und auch Bildungsprogrammen) lässt sich zudem als in hohem Maße abhängig von Werbung interpretieren (vgl. z.B. bereits Schiller 1989; Schmidt 1997: 21; Erlinger/Foltin 1994: 11f., die Jahrbücher des Project Censored, auch McQuail 2010).

Die zahlreichen Einzelmedien treten zumindest teilweise zueinander in Konkurrenz um Aufmerksamkeit, Anteile am Zeit- und Ausgabebudget; sie ergänzen einander aber auch durch ihre je medienspezifischen Präsentationsweisen und Themenstrukturen. Im Dienste dieser funktionalen Komplementarität (vgl. Saxer 1997: 19) müssen die medienspezifischen Produktionsweisen, Präsentationsformate und Rezeptionsmuster den jeweils beteiligten Kommunikatoren, Berufsgruppen oder medienspezifischen Teilöffentlichkeiten in ihrer Unterschiedlichkeit verständlich sein. Medientechnik, Präsentationsformate und In-

halte verändern sich zudem rascher als die „klassischen" symbolisch generalisierten Kommunikationsmedien. Medienspezifische und intermediale Codierungen gelten dementsprechend bisher meist nur für eine begrenzte Zeit, für wenige
Grunddimensionen und unter Vorbehalt. Sie sollen einerseits Erwartungshaltun-
gen koordinieren - andererseits müssen sie sehr unterschiedliche Kombinationen
von Zeichensystemen und Themenstrukturen vermitteln.

In Analogie zur Standardisierung bei der Techniksteuerung lassen sich hierfür zwei Haupttypen erkennen: koordinative Standards und regulative Standards
(vgl. Werle 1993). Diese Standardisierungen dienen als Orientierungsmittel für
die Entwickler, die Produzenten bzw. Kommunikatoren und die Nutzer verschiedener Medien.

> „Oftmals dienen Koordinationsstandards also dazu, Kompatibilität, Interoperabilität oder
> Portabilität von einzelnen technischen Artefakten (bzw. neueren Medien oder Medieninhal-
> ten, P.L.) in größeren Systemzusammenhängen zu sichern. Im Idealfall wirken Koordinati-
> onsstandards wie *Konventionen,* auf die man sich leicht einigt, weil sie für alle von Vorteil
> sind. Sie reduzieren Informationskosten und Entscheidungsunsicherheit. Regulationsstan-
> dards definieren oft Höchst- oder Grenzwerte, die nicht überschritten werden dürfen, damit
> die unerwünschten Effekte nicht eintreten" (Werle 1993: 130f.).

Medien und Medieninhalte werden zunehmend durch marktmäßige Konventionen und weniger durch politische und rechtliche Regelungen standardisiert und
koordiniert. Dementsprechend werden die Abgrenzung, funktionale Zuordnung,
Interpretation und Nutzung der verschiedenen Einzelmedien und Medieninhalte
und ihre Kombination konventionalisiert. Insoweit Medien spezifische (Re-)
Präsentationen und (Re-) Konstruktionen der Alltagswelten und systemspezifi-
scher Sonderwelten vermitteln, konstituieren sie Grundmuster der Weltwahrnehmung und Weltbeurteilung, der „relativ natürlichen Weltanschauung" (um
hier einen Begriff von Max Scheler aufzugreifen). Auch noch Anfang des 21.
Jahrhunderts lassen sich in den meisten nachindustriellen Gesellschaften Fernsehprogramme als leitmediale, dominierende Orientierungsmuster für einen
Großteil der Bevölkerungen dieser Gesellschaften erkennen. Die Vervielfachung des Fernsehprogrammangebots in den letzten Jahrzehnten, seit Einführung von Kabel- und Satellitenfernsehen, führte jedoch auch zu einer Fragmentierung dieses medienspezifischen Publikums, so dass selbst bei Vielnutze-
rInnen des Fernsehens zwischen informationsorientierten Zuschauerinnen und
Zuschauern des öffentlich-rechtlichen Fernsehens, eher unterhaltungsorientier-
ten Zuschauerinnen und Zuschauern des kommerziellen Privatfernsehens und
der Minderheit der Zuschauerinnen und Zuschauer, die hauptsächlich Sparten-
programme sehen, unterschieden werden muss. Damit reduzieren sich die Koor-
dinationspotentiale des Fernsehens. Diese „neue Unübersichtlichkeit" ergibt
sich aus der Vervielfachung der Medieninhalte und führt zu neuen Problemen.

Die flexible, „schwache Codierung" unterschiedlicher Einzelmedien, die beschleunigten Innovationszyklen technischer Verbreitungsmöglichkeiten und um Aufmerksamkeit ringender Präsentationsformate und Themenstrukturen erfordern immer wieder neue Konventionalisierungen. Diese können aber nicht rigide vorgegeben oder unterstellt werden. Ihre Vielzahl und Flexibilität bedeuten, dass intermediale und medienspezifische Kulturcodes - trotz ihrer fast totalen Durchdringung der verschiedensten Lebens- und Sterbebereiche - weniger dominant wirken als in früheren Epochen dominierende Sozialisationsinstitutionen wie Kirche oder Schule. Wie Georg Simmel in seiner Theorie der Kreuzung sozialer Kreise verdeutlichte, ermöglicht das Kennenlernen verschiedener Verhaltensmodelle und die Teilnahme auf Zeit an unterschiedlichen sozialen Gruppierungen eine Distanzierung von selbstverständlichen Verhaltensregeln. Die Individualisierung von Optionen und Zwängen auch im Bereich der Mediennutzung und -interpretation bedeutet aber nicht, dass Freiheitsspielräume und Gratifikationen insgesamt erheblich gewachsen wären. Denn einerseits behielten die symbolisch generalisierten Kommunikationsmedien Geld, Macht, familiäre Liebe und wissenschaftliche Wahrheit weiterhin für einen Großteil aller Verhaltensmuster eine höhere Verbindlichkeit und Unausweichlichkeit. Andererseits lassen sich für je spezifische Systeme auch dominante Muster erkennen.

Abstrakt formuliert prägen, verstärken, orientieren je spezifische Einzelmedien, ihre Inhalte und ihre Komplementarität soziale Situationen. Sie verändern gruppenspezifische, regionale, nationale und internationale Machtbalancen. Sie verlagern Standortfaktoren und rekonstituieren Transaktionskosten (vgl. bereits Ludes 1989b: Kap. 2; Grauer/Merten 1997: Kap. 2.2). (Selbst-) Darstellungskompetenzen zusätzlich zu systemspezifischen Leistungen konkurrieren miteinander. Mediale Orientierungsmittel bieten in diesem Sinne konkurrierende Modelle mit unterschiedlichen Vergemeinschaftungsmustern. Je verschieden definierte und präsentierte „Selbstverständlichkeiten" oder Tabuverletzungen werden konventionalisiert. Übergreifende transkulturelle Codierungen sind hierbei allerdings Ästhetisierung (elektronische oder digitale Audio-Visualisierung, Dramatisierung und Stilisierung) und die Vereinfachung auf je überschaubare HauptdarstellerInnentypen.

Die Entwicklung von Nachrichtenspartenkanälen und deren Einfluss auf je aktuelle politische Live-Berichterstattungen, mit stundenlangen Interviews und Hintergrundberichten, förderte revolutionäre Umbrüche in Mittel- und Osteuropa 1989/1990 (vgl. Ludes 1991) und in den arabischen Diktaturen Nordafrikas 2011. Internet, soziale Foren, Twitter beschleunigten diese Vernetzungen.

Die Realitätskonstruktionen der Massenmedien unterliegen ähnlichen Konkurrenz- und Innovationszwängen, wie sie z.B. in Wirtschaft und Kunst herrschen - auch sie müssen an tradierte Orientierungsmuster anknüpfen, um verständlich zu bleiben. Das „Neue" bei Nachrichten, Unterhaltung und Werbung verweist immer zugleich auch auf Bekanntes. Die Vielzahl nur schwach ausgebildeter Mediencodes führt bei der Suche nach klaren Vorgaben immer wieder in Desorientierungsfallen. Symbolisch generalisierte Kommunikationsmedien konkurrieren nicht nur untereinander; sie werden teilweise durch spezifische Selektions-, Präsentations- und Rezeptionsmuster der Verbreitungsmedien transformiert. So dominieren (Selbst-) Darstellungszwänge z.b. weite Bereiche der Politik und Selbstdarstellung in sozialen Foren. Medienvergleich bleibt deshalb eine Voraussetzung für die individuelle Erarbeitung gesamtgesellschaftlich notwendiger Orientierungsmittel, die immer weniger in Schule und Beruf vermittelt werden und nicht allein einer Unterhaltungsgratifikation in der Freizeit dienen können. Das Internet als Plattform für viele traditionelle Medien und Public Relations und neuartige soziale Netze bietet hierbei nicht nur neue Chancen für „Massen-Selbstkommunikation" (Castells 2007 und 2009), sondern auch für verzerrende Bilder.

7.3 Key Invisibles: Zur Anästhesie der Bildschirmmedien

Wie unsere Auswertung der Fernsehjahresrückblicke aus Brasilien, China, Deutschland und den USA ergab, gibt es weiterhin zahlreiche Akteure, Themenbereiche und Länder bzw. Regionen, die kaum Eingang in massenmedial vermittelte audio-visuelle Gedächtnisse finden können. Hierfür seien zunächst die Top Drei und dann die am meisten vernachlässigten „Least" Drei tabellarisch aufgeführt.

Im Vergleich zur Auswertung der wichtigsten Fernsehnachrichtensendungen in den USA, der BRD und der DDR, 1949 bzw. 1952 bis 1998 bzw. 1990 (s. Ludes 2001) ergibt sich folgendes Bild.

Top 3 Akteure (1999-2010) in CBS Fernseh-Jahresrückblicken	Top 3 Themenbereiche (1999-2010) in CBS Fernseh-Jahresrückblicken	Top 3 Länder (1999-2010) in CBS Fernseh-Jahresrückblicken
1. Einfache Leute	1. Wirtschaft	1. USA
2. Staatsoberhäupter (Präsidenten, Könige, Kanzler)	2. Wahlen	2. Irak
3. Soldaten (keine Offiziere)	3. Politik	3. Indonesien

Tabelle 7: Top 3: Akteure/Themenbereiche/Länder (Regionen) in CBS-Fernsehjahresrückblicken, 1999-2010.

Least 3 Akteure (1999-2010) in CBS Fernseh-Jahresrückblicken	Least 3 Themenbereiche (1999-2010) in CBS Fernseh-Jahresrückblicken	Least 3 Länder (1999-2010) in CBS Fernseh-Jahresrückblicken
1. Umweltschützer	1. Gewalttätige Demonstrationen	1. Belgien
2. Leiter internationaler Organisationen	2. Spionage	2. Frankreich
3. Religiöse Führer	3. Journalismus und Medien	3. Hong Kong (China)

Tabelle 8: Least 3: Akteure/Themenbereiche/Länder (Regionen) in CBS Fernsehjahresrückblicken, 1999-2010.

CBS Evening News (1949-1998)	ARD Tagesschau (1952-1998)	Aktuelle Kamera (1960-1990)
Top 3 Ereignisregionen	*Top 3 Ereignisregionen*	*Top 3 Ereignisregionen*
1. USA	1. BRD	1. DDR
2. Westeuropa	2. Westeuropa	2. BRD
3. Naher Osten	3. USA	3. Westeuropa
Least 3 Ereignisregionen	*Least 3 Ereignisregionen*	*Least 3 Ereignisregionen*
1. BRD	1. Warschauer Vertragsorganisation	1. Rat für gegenseitige Wirtschaftshilfe (Ostblock)
2. DDR	2. Rat für gegenseitige Wirtschaftshilfe (Ostblock)	2. Australien
3. Rat für gegenseitige Wirtschaftshilfe (Ostblock)	3. Australien	3. Arktis; Antarktis

Tabelle 9: Top 3 und Least 3 Ereignisorte der Berichterstattung der CBS Evening News, der Tagesschau und der Aktuellen Kamera, 1949 bzw. 1952 bis 1998 bzw. 1990.

CBS Evening News (1949-1998)	ARD Tagesschau (1952-1998)	Aktuelle Kamera (1960-1990)
Top 3 Sachgebiete	*Top 3 Sachgebiete*	*Top 3 Sachgebiete*
1. Politik	1. Politik	1. Politik
2. Wirtschaft	2. Wirtschaft	2. Wirtschaft
3. Gesellschaftliches	3. Militär/Krieg	3. Demonstrationen
Least 3 Sachgebiete	*Least 3 Sachgebiete*	*Least 3 Sachgebiete*
1. Anderes	1. Umwelt	1. Anderes
2. Verkehr	2. Medien	2. Umwelt
3. Kirche/Religion	3. Kirche/Religion	3. Gesundheit/Medizin

Tabelle 10: Top 3 und Least 3 Sachgebiete der Berichterstattung der CBS Evening News, der Tagesschau und der Aktuellen Kamera, bis 1998 bzw. 1990.

CBS Evening News (1949-1998)	ARD Tagesschau (1952-1998)	Aktuelle Kamera (1960-1990)
Top 3 Handelnde	*Top 3 Handelnde*	*Top 3 Handelnde*
1. Nicht erkennbar	1. Regierung*	1. Regierung*
2. Regierungsoberhaupt	2. Regierungsoberhaupt	2. Gewerk. organisierte Arbeitergruppe
3. Regierung*	3. Andere	3. Medien
Least 3 Handelnde	*Least 3 Handelnde*	*Least 3 Handelnde*
1. Junta	1. Mitglieder nichtrepräsent. Parteien	1. Mitglieder nichtrepräsent. Parteien
2. Generalsekretär	2. Randgruppen	2. Europäisches Parlament
3. Europäisches Parlament	3. Europäisches Parlament	3. (Aus-) Bildungseinrichtungen

* ohne Regierungsoberhaupt

Tabelle 11: Top 3 und Least 3 Handelnde der Berichterstattung der CBS Evening News, der Tagesschau und der Aktuellen Kamera, bis 1998 bzw. 1990.

Damit ergeben sich auch empirisch fundierte Muster der Vernachlässigung, von „Key Invisibles" für die Fernsehnachrichtenentwicklung in den ausgewählten Ländern. Hieraus lässt sich ableiten, dass Key Invisibles bewusst oder unbewusst, konventionell oder strategisch ausgeblendete Themen, Personengruppierungen, Länder, Handlungstypen bezeichnen, die erst gar nicht die Chance erhalten, in massenmedial vermittelte audio-visuelle Gedächtnisse und Handlungshorizonte zu gelangen. Insoweit diese Ausblendungen nicht selbstverständlich interpretiert werden können, tragen sie nicht zur Entwicklung wirklichkeitsgerechterer Orientierungs- und Kommunikationsmittel bei. Da sich die oben verdeutlichten Anästhesien der Bildschirmmedien (Ludes 2002a) kaum alle als wohl begründet ansehen lassen (und wie mehr als 160 Interviews mit JournalistInnen ergaben, auch kaum in Redaktionskonferenzen thematisiert werden), ist das massenhaft verbreitete zunehmende Misstrauen in Mediennachrichten (vgl. die Zahlen bei Castells 2009) plausibel. (S. weiterführend auch Holly 2008.)

Allerdings erlauben Medienquellen im World Wide Web immer mehr Menschen alternative Einsichten. Hier sei eine weltweit relevante Informationsquelle besonders hervorgehoben, die Human Development Reports der UNESCO seit 1990. Konzentrieren wir uns hier auf 1999, 2007/08 und 2010, lassen sich die folgenden Schwerpunkte erkennen:

Thema	Beispiel
1. Politik	„OECD countries, with 19% of the global population, have 71% of global trade in goods and services, 58% of foreign direct investment and 91% of all Internet users." (S. 3)
2. Wirtschaft	„When the market gets out of hand, the instabilities show up in boom and bust economies, as in the financial crisis in East Asia and its worldwide repercussions, cutting global output by an estimated $2 trillion in 1998–2000." (S. 2)
3. Militär und Sicherheit	„Globalization has given new characteristics to conflicts. Feeding these conflicts is the global traffic in weapons, involving new actors and blurring political and business interests." (S. 5)
4. Kommunikation (insb. ICTs)	„expanding media and Internet connections are fuelling economic growth and human advance." (S. 1)
5. Sport	-
6. Andere	„The ‚loud emergencies' of environmental degradation (acid rain, global warming and ozone depletion) have transboundary consequences, particularly for poor people and nations" (S. 10)

Tabelle 12: Ungleichheiten und Konflikte 1999 (Human Development Report 1999).

Thema	Beispiel
1. Politik	„The world lacks neither the financial resources nor the technological capabilities to act. If we fail to prevent climate change it will be because we were unable to foster the political will to cooperate." (S. 2)
2. Wirtschaft	„Setting credible targets linked to global mitigation goals is the starting point for the transition to a sustainable emissions pathway." (S. 10)
3. Militär und Sicherheit	„During the Cold War, large stockpiles of nuclear missiles pointed at cities posed a grave threat to human security. However, ‚doing nothing' was a strategy for containment of the risks." (S. 4)
4. Kommunikation (insb. ICTs)	„These impacts do not register as apocalyptic events in the full glare of world media attention." (S. 1)
5. Sport	-
6. Andere	„In today's world, it is the poor who are bearing the brunt of climate change." (S. 2)

Tabelle 13: Ungleichheiten und Konflikte 2007/2008 (Human Development Report 2007/08).

Thema	Beispiel
1. Politik	„Attempts to transplant policy solutions across countries with different conditions often fail: policies must be grounded in the prevailing institutional setting to bring about change." (S. 5)
2. Wirtschaft	„The divide between developed and developing countries persists: a small subset of countries has remained at the top of the world income distribution (…) Economic growth has been extremely unequal (…)" (S. 4)
3. Militär und Sicherheit	„Human security demands attention to all risks to human development, not just situations of conflict and post-conflict and fragile states." (S. 17)
4. Kommunikation (insb. ICTs)	„(…) the proliferation of mobile telephony and satellite television and increased access to the Internet have vastly increased the availability of information and the ability to voice opinions." (S. 6)
5. Sport	-
6. Andere	„(…) major new challenges must be addressed – most prominently, climate change." (S. 1)

Tabelle 14: Ungleichheiten und Konflikte 2010 (Human Development Report 2010).

Zum weltweiten Zugang zu Informations- und Kommunikationstechnologien gibt es folgende Daten: Trotz Wirtschaftskrise wächst die Nutzung von Informations- und Kommunikationstechnologien (ICTs) wie Mobiltelefonen und dem Internet kontinuierlich. Ende 2009 gab es schätzungsweise 4,6 Milliarden Mobiltelefonverträge, was global 67 von 100 Einwohnern entspricht. 2009 nutzten geschätzte 26 % der Weltbevölkerung (oder 1,7 Milliarden Menschen) das Internet. Dennoch zeigen Analysen, dass der ‚Digital Divide' noch immer signifikant ist, obgleich er leicht schrumpft. Dies gilt besonders für den Unterschied zwischen Ländern mit hoch entwickelten Informations- und Kommunikationstechnologien und solchen mit weniger entwickelten. Mithilfe der Zeit-Distanz Methode lässt sich ICT-Entwicklung messen. Diese Methode misst die Anzahl der Jahre, die ein Land/Region hinter einem Vergleichsland/–region im Hinblick auf Entwicklungsindikatoren zurückbleibt. Die Ergebnisse zeigen, dass die Lücke zwischen Industrienationen und Entwicklungsländern recht gering ist – insbesondere im Vergleich der Lücke zwischen anderen Entwicklungsindikatoren wie etwa Lebenserwartung oder Kindersterblichkeit als Komponenten des Human Development Index (HDI).

	HDI Rang	Tageszeitungen (pro 1,000 Einwohner)	Radioversorgung (in % der Bevölkerung)	TV-Versorgung (in % der Bevölkerung)
Brasilien	73 von 169	36	90	90
China	89 von 169	74	94	96
Deutschland	10 von 169	267	..	..
Indien	119 von 169	71	99	..
USA	4 von 169	193	..	..

Tabelle 15: Menschliche Entwicklung: Rang und Massenmedien in Brasilien, China, Deutschland, Indien und USA (Human Development Report 2010: 206ff.)

	Zugang und Kosten			
	Anzahl PCs	Mobiltelefon – Verbindungs-Gebühren	Festnetz – Verbindungsgebühren	Preis für ein 3-minütiges Lokalgespräch (Festnetz)
	pro 100 Einwohner	(in $)	(in $)	(in US cents)
	2006-2008	2006-2008	2006-2008	2006-2008
Brasilien	..	18,7	62,7	15
China	5,6	9,9	..	3
Deutschland	65,5	14,6	87,8	12
Indien	3,2	2,3	6,9	2
USA	78,7	0,0	39,0	24

Tabelle 16: Netzmedien in Brasilien, China, Deutschland, Indien und USA (Human Development Report 2010: 211ff.).

	Telefon		Internet	
	Mobil- und Festnetzverträge	Abgedeckte Bevölkerung des Mobilnetzes	Nutzer	Breitband-Abonnement
	pro 100 Einwohner	Bevölkerungsbezogenes Wachstum in %	in %	pro 100 Einwohner	Bevölkerungsbezogenes Wachstum in %	pro 100 Einwohner
	2008	2000-2008	2008	2008	2000-2008	2008
Brasilien	100	254	91	37,5	1.341	5,3
China	74	329	97	22,5	1.233	6,2
Deutschland	191	60	99	75,5	151	27,5
Indien	34	979	61	4,5	850	0,5
USA	140	41	100	75,9	87	23,5

Tabelle 17: Telefon und Internet in Brasilien, China, Deutschland, Indien und USA (Human Development Report 2010: 211ff.).

Ergänzt werden können diese Daten durch eine Zusammenstellung aus dem
Sampler für internationale Medienstatistiken von Nordicom (2010):

	Durchschnittliche Auflagen bei Tageszeitungen und Zeitschriften pro Erwachsene in 2008 (Kopien pro 1000)	Anzahl Radiosender in 2005	Anzahl Haushalte mit Fernsehen
Brasilien	72.5	3890	91% (2007)
China	111.0	2306	96% (2009)
Deutschland	283.1	56	95,3% (2008)
Indien	142.4	..	64% (2009)
USA	200.3	..	99% (2007)

Tabelle 18: Zeitungen, Radio und Fernsehen in Brasilien, China, Deutschland,
Indien und USA (Nordicom 2010).

2008 hat die Verbreitung von Mobiltelefonen und Breitband in Entwicklungsländern das Niveau erreicht, das Schweden (welches die ICT Development Index Rangliste anführt) fast ein Jahrzehnt zuvor hatte, und die Zahl der InternetnutzerInnen pro 100 Einwohner war dieselbe wie die Schwedens etwa elf Jahre
zuvor. Im Gegensatz dazu hinkt die Lebenserwartung in Entwicklungsländern
der Schwedens um 66 Jahre hinterher. Die Kindersterblichkeit in Entwicklungsländern entsprach 2007 der Schwedens 72 Jahre zuvor. (Measuring the Information Society 2010.)

Alternative Nachrichtenquellen wie der Human Development Report der
UNESCO, Project Censored in den USA oder die Initiative Nachrichtenaufklärung in Deutschland bieten eine ganz andere Agenda mit Schwerpunkt auf sonst
unsichtbarer Armut, Ungleichheit, Militär- und Geheimdienstaktionen, Korrup-
tion und Opfern (s. Phillips 2011). Verwendet man für diese anderen Datensätze
jedoch die gleichen Kategorien, so riskiert man, dass diese ‚Enthüllungen' verloren gehen. Auch die Erzählweisen unterscheiden sich: Fernseh-Nachrichten-
programme und -Jahresrückblicke zeigen eine sehr begrenzte Auswahl von Akteuren, wohingegen alternative Quellen sonst unsichtbare Verbindungen zwischen Organisationen verschiedener Bereiche zeigen, die illegale Profit- und
Machtmaximierungsstrategien darstellen und von den Mainstream-Medien ausgeblendet werden. Weit verbreitete Web-Informationen (s. www.alexa.com)
verändern diese Strukturen kaum.

Internationale Medienwissenschaften können von Darstellungsstrukturen
der Massenmedien lernen, sofern sie sich nicht auf Mainstream-Medien, die
unmittelbare Gegenwart und ihr Heimatland beschränken. Nur so können sonst
unsichtbare Netzwerktransformationen und -knoten für kollektive Vorstellungen

sichtbar werden und politische, wirtschaftliche, militärische und kulturelle Netzwerke prägen und formen.

Castells' Theorie des Aufstiegs der Netzwerkgesellschaft und der Macht der Kommunikation erfordert dementsprechend die folgenden Ergänzungen:

– Audio-visuelle Expertisen, ja vollsinnliche sowohl in den Massen- und Netzwerkmedien als auch in den Sozialwissenschaften und

– die Integration von Key Visuals and Key Invisibles in Netzwerkanalysen und –theorien für

– ein besserer Verständnis von Horizonten der Des-/Infor-mation und Ex-/Kommunikation.

7.4 Infrastrukturen der Verschleierung

Auch in den Naturwissenschaften stellt sich das Problem einer „Uncertainty Visualization". Auf der Website der Jacobs University Bremen fand sich dazu 2010 folgende Aussage:

> „Images are often accepted as the ground truth, especially by the users of the developed systems, not being visualization experts and not knowing about the underlying mechanisms of data generation and processing. This most commonly results in a situation, where the user experiences a suggested precision, ignoring the level of uncertainty present in the underlying data and processing steps. This suggested precision can be critical when leading, for example, to surgeons relying on the visualizations and, as a possible result, injuring critical risk structures. In neurosurgery, errors in the range of a millimeter can have dramatic effects, and medical images or three-dimensional renderings are often used as decision support. Conversely, if a medical doctor is confronted with a comprehensive information on all existing sources of error and on estimated levels of single and combined errors, a visualization might easily be overloaded or simply useless. Uncertainty visualization in medical imaging must, more than in other fields of application, be intuitive and reliable. Intuitiveness means that, for example, surgeons must grasp the given information within seconds, without being computer experts or even computer literate. Reliability refers to both the analytical part and the visualization of the results from uncertainty analysis. Although the necessity for visualizing uncertainty in medical applications has been acknowledged several years ago, there are still relatively few approaches that tackle the topic rigorously." (https://www. jacobs-university.de/mamoc/research/visualization - zuletzt kontrolliert am 28.03.2011)

Im Hinblick auf Infrastrukturen der Verschleierung zitiert Daya Thussu (2006: 111) in seinem Buch „International Communication, Continuity and Change" Herman, der 1999 schrieb, dass dissidente Ideen nicht gesetzlich verboten seien, sondern aufgrund der Monopolisierung von kommerziellen Fernsehprogrammen durch große profitorientierte Unternehmen schlichtweg das Massenpublikum nicht erreichen könnten, da sie leise und unaufhaltsam aussortiert würden. Zwei der weltweit größten Presseagenturen – AP und Reuters – sind zugleich international die zwei Top-Fernsehnachrichtendienste. Somit kontrollieren diese beiden

Unternehmen den globalen Fluss audio-visuellen Nachrichtenmaterials und prägen den globalen Fernsehjournalismus. Nach Übernahmen anderer Nachrichtenagenturen liefern die beiden Organisationen heute den Großteil des Nachrichtenmaterials weltweit (vgl. Thussu 2006).

Die Frage, die sich stellt, lautet, ob es möglich ist, dass die westlichen Medien Schaubühnen und Sprachrohre für die Anpreisung westlichen Konsumdenkens und der freien Marktwirtschaft werden. So beobachtet ein Kommentator, dass in der neuen Medienlandschaft Konsumdenken, der Markt, soziale Ungleichheit und Individualismus tendenziell als natürlich gegeben und häufig wohltätig gesehen werden, während politische Aktivität, bürgerliche Werte und Anti-Markt-Aktivitäten marginalisiert oder denunziert werden (vgl. Norris/ Inglehart 2009).

Die Dominanz westlicher Medien wird auch im Hinblick auf die Produktion von Filmen deutlich. So stellt Thussu (2008) in seiner Analyse der Zeitspanne von 1996 bis 2004 fest, dass die Top-10 Filme in dieser Periode alle Hollywood-Filme waren. Es kamen fast 72 % aller 2004 gezeigten Filme aus Hollywood, weitere 25 % aus Europa und nur 2 % des Marktanteils gehörten dem Rest der Welt. Mehr als ein Drittel aller Länder produziert nicht einmal Filme. (S. inhaltlich die Buchserie zu Filmentwicklungen in verschiedenen Ländern, hier bes. zu Brasilien, China, Deutschland, Indien und den USA: National Cinema Series, herausgegeben von Susan Hayward, inbesondere Zhang 2004 zu China, Hake 2007 zu Deutschland, Shaw/Dennison 2007 zu Brasilien.)

Der dialektisch antagonistische Charakter sozialer und technischer Netzwerke als Motor des Wettbewerbs und der Kooperation im Informationskapitalismus spiegelt – so Fuchs (2009) - Marx' Idee wider, dass die produktiven Kräfte des Kapitalismus zugleich Mittel der Ausbeutung und Dominanz sind und Potentiale erzeugen, die über die Wirklichkeit hinausgehen, auf eine radikal veränderte Gesellschaft hinweisen und kooperative Designs von Produktionsmitteln antizipieren. Dieser Informationskapitalismus wird von Unternehmensinteressen dominiert, was an folgenden Zahlen deutlich wird: das Gesamt-BIP aller 53 afrikanischen Staaten betrug 2007 US $ 1,000,913 Milliarden; das Gesamtvermögen der sechs Top Informationsunternehmen (AT&T, Vodafone, Verizon, Deutsche Telekom, Nippon, Telefonica) betrug 2007 jedoch US $ 1,132,410 Milliarden und war dementsprechend größer als das Gesamt-Afrikanische BIP. Dies zeigt, wie groß die wirtschaftliche Kraft der Informationsunternehmen ist. Sie kontrollieren Definitionen von Realität und sind in der Lage, ein-dimensionale Wirklichkeiten zu konstruieren, die die Verneinung und Kritik dominanter Sichtweisen vernachlässigen und dominante Interessen repräsentieren. Die Macht der Unternehmen erlaubt es ihnen, Weltanschauungen, Arbeitskräfte, Qualitätsstandards, Märkte, politische Kräfte, Preise, technologische Standards und Konsumentenverhalten zu kontrollieren. Der Grad der Beteiligung in den Medien betrifft nicht nur die Verfügbarkeit von Produktions- und Zirkulationstechnologien, sondern auch wie sichtbar eine Information ist, wie viel Aufmerksamkeit sie erregt, welchen Unterschied sie macht, und wie viel Kontrolle über Entscheidungen sie ermöglicht, ebenso wie den Grad, zu dem Strukturen des Eigentums, der Macht und des Diskurses in partizipatorischer und kooperativer Art gestaltet sind. Bei „Kommunikation und Kommerz im Netz dominieren (...) US-Konzerne – sei es Google, Yahoo oder Microsoft, Kreditkarten- und Bezahldienste, die Händler eBay und Amazon." (Schmitt 2010: 5) (S. weiterführend Donoghue 2010, Pappert/Schröter/Fix 2008, Perennec 2008.)

7.5 Infrastrukturen des Aufdeckens: Wikileaks und Online- Journalismus

Allerdings hat sich im Internet selbst bereits eine nicht kommerziell orientierte soziale Bewegung etabliert, Wikileaks, welche die bisherigen Regeln der Informationsbeschaffung, -verbreitung und -bewertung für viele Bereiche radikal transformierte. Dieser Umbruch der Medieninformation gewann Anfang 2011 Unterstützung in den UN, als Brasilien, Indien und Südafrika in der Generalversammlung der Vereinten Nationen in New York vorschlugen,

> „eine neue Arbeitsgruppe zur internationalen Netzpolitik einzurichten. Darin sollen ausschließlich Regierungen Fragen von öffentlichem Interesse zur globalen Netzpolitik diskutieren. Einige westliche Länder, allen voran die USA, lehnten eine solche Arbeitsgruppe ab. Es gehe nicht um die immer wieder befürchtete ‚Übernahme' des Internet durch die UN, sondern im Gegenteil darum, eine ‚Kontrolle' des Netzes durch einzelne zu verhindern, sagte ein brasilianischer Regierungsvertreter. Er nannte ausdrücklich die Aktionen rund um Wikileaks als ein Beispiel für Kontrollversuche im Netz. Den Befürwortern geht es allerdings vor allem darum, die nach wie vor bestehende Aufsicht der USA über die Rootzone wieder auf die Tagesordnung zu setzen. 2011 läuft der aktuelle Vertrag der US-Regierung mit der Internet Corporation for Assigned Names and Numbers (ICANN) über den Betrieb der Internet Assigned Numbers Authority (IANA) aus. IANA ist die Hüterin über die Rootzone und damit das Herzstück des Domain Name Systems (DNS)." (http://www. heise.de/newsticker/meldung/UN-Generalversammlung-diskutiert-Internetpolitik-1153860. html, 18.01.2011)

Damit entstehen neue Koalitionen zwischen Internetgruppierungen, die etablierte Konventionen und Mächte herausfordern und ökonomisch, politisch und kulturell aufsteigenden „Schwellenländern".

Wie die skizzierten Merkmale der Verschleierung erkennen lassen, können auch Aufklärungsversuche wie die von Project Censored einem allgemeinen „Niedergang des investigativen Journalismus infolge schlechter Ausstattung und Bezahlung" nur schwer entgegen wirken: Die zunehmende Beschleunigung lasse, so Lovink und Riemens (2011: 88), „keinen Platz mehr für komplizierte Geschichten. (...) Was Wikileaks antizipiert, aber noch nicht zu organisieren in der Lage ist, ist das sogenannte crowdsourcing, bei der eine nicht näher bestimmte Gruppe digital vernetzter Akteure die eigentliche Interpretation des geheimen Materials übernimmt." Stalder (2011: 104-107) argumentiert:

> „Im Ökosystem des Nachrichtenjournalismus sind die traditionellen Medien nach wie vor die wichtigsten (...) Die rechtlichen Risiken, die mit der Veröffentlichung sensibler Informationen einhergehen, werden allerdings ausgelagert – in extremen Fällen an Wikileaks, unter normalen Umständen an Blogs (...) Zusätzlich stellen neue Kollaborative Infrastrukturen wie Document-Cloud, das sich selbst als eine Plattform für die Speicherung, Auswertung und Veröffentlichung von Primärquellen beschreibt, die Infrastruktur zur Verfügung, um sehr große Materialmengen in mehreren Redaktionen und über Organisationsgrenzen hinaus effektiv bewältigen zu können. (...) In diesem journalistischen Ökosystem ist Wikileaks der Akteur, der das größte Risiko auf sich nimmt (...) Der Druck, der auf dem Projekt lastet, ist gewaltig, und seine institutionelle Basis scheint relativ schwach zu sein".

„Doch", so Moorstedt (2011: 133), das Wikileaks-Archiv erscheint wie ein „Reich, in dem die Grenzen zwischen Fakten, Fiktion, Desinformation und Verschwörungstheorien verschwimmen", in dem aber z.b. frühzeitig „drei Videos, die kurz nach einem schweren Zwischenfall in einem japanischen Atomkraftwerk im Jahr 1995 aufgenommen wurden", zur Verfügung standen (ebd.: 132). Denn „Datenjournalismus gewinnt seine Erkenntnisse aus dem Umgang mit Bergen von Daten", die oft in visualisierter Form veröffentlicht werden: „Visualisierung schafft Überblick und macht somit die Datenmenge zugänglich, ob nun statisch oder interaktiv in Form von Karten, Zeitverläufen, Baumstrukturen und anderen Organigrammen" (Bunz 2011: 136f).

Die Zugänge zu audio-visuellen Daten haben sich gegen alle traditionellen Gatekeeper durch die Mobilisierung und Miniaturisierung von Smart Phones als Teilprozess der Digitalisierung enorm verbessert. Viele Wikileaks-Dokumente „hätten vor ihrer digitalen Miniaturisierung nicht geschmuggelt oder aufgrund ihrer physischen Schwere gar nicht transportiert werden können, geschweige denn gesichtet. (...) Heute assistieren Programme beim Ordnen der Daten; sie erkennen Formate und wissen automatisch, ob es sich um Datum, Uhrzeiten, Orte oder sonstige Angaben handelt." (Ebd.: 138f) Damit wird ein Monopolanspruch staatlicher Institutionen, der das auf die (legitime) Ausübung physischer Gewalt und der Steuererhebung seit jeher begleitete, ausgehebelt. Es beruhte „darauf, daß sich Demokratien bei der Bekämpfung des Mißbrauchs staatlicher Geheimhaltung auf ein Verfahren stützen müssen, das der traditionellen Demokratietheorie fremd ist. Es beruht darauf, daß Informanten belastende Informationen aufdecken, indem sie das Monopol der Exekutive auf Staatsgeheimnisse umgehen." (Sagar 2011: 217)

8. Internationale Medienwissenschaften - Eine europäische Perspektive

Menschliche Gesellschaften haben technologische Verbreitungsmittel entwickelt, ebenso wie symbolisch generalisierte Kommunikationsmedien, generalisierte Erwartungen und längerfristige Orientierungsstrukturen. Diese konstituieren treibende Kräfte und Elemente aller sozialen Entwicklungen. Theorien zivilisatorischer Prozesse, die Kritische Theorie, Theorien des Strukturwandels der Öffentlichkeit, Kombinationen empirischer Medienforschung mit Luhmanns Systemtheorie und Castells' Theorie der Netzwerkgesellschaft werden in diesem Kapitel hinsichtlich ihrer Hauptvertreter, verwandter Disziplinen und Konzepte knapp skizziert, mit besonderem Fokus auf Medien und Kultur, räumlichen und zeitlichen Horizonten. Sie werden außerdem im Bezug auf ausgewählte Herausforderungen für die internationalen Medienwissenschaften in einer europäischen Perspektive beschrieben.

8.1 Die vier Hauptmedienarten

Menschliche Gesellschaften haben eine große Vielfalt von Mitteln der Kommunikation, Des-/Orientierung und Unterhaltung entwickelt. Diese „Medien" dienen den folgenden vier Hauptfunktionen:

(1) Non-verbale Kommunikation, Laute und Wörter entstanden als Mittel der persönlichen Koordination. Bereits die Verbesserung von Sammel- und Jagdfähigkeiten erforderte ein immer spezielleres Vokabular. Wörter und Rauchzeichen, Trommeln oder Lieder erlaubten Kommunikationshandlungen über die unmittelbare persönliche Präsenz hinaus. Im Laufe der menschlichen Geschichte wurden die technologischen Mittel für die Produktion, Verbreitung und Präsentation immer differenzierterer Medien und Mediengenres entwickelt. Hunderte Medien der Kommunikation, Des-/Orientierung und Unterhaltung wurden eingesetzt, von beispielsweise rituellen Vorführungen, Theaterspielen, Predigten via Print- und Rundfunkmedien zu dem gegenwärtigen Wettbewerb und Zusammenspiel verschiedener persönlicher, Gruppen-, Ziel- und Massen-

medien, die teilweise in digitale Netzwerke umgesetzt werden. Die meisten dieser traditionellen Medien existieren heute noch in zeitgenössischen Gesellschaften, auch wenn viele an bestimmte Territorien gebunden bleiben.

(2) Die funktionale Differenzierung der Wirtschaft, Politik, Wissenschaft und Familie erforderte symbolisch generalisierte Kommunikationsmittel. Die Wirtschaft wurde u.a. durch die Verbreitung des Geldes institutionalisiert, die Politik in Form von Macht, die Wissenschaft durch methodologisch erhobene wahre Aussagen und die Familie durch emotionale Bindungen oder Liebe. Fast zeitgleich mit dem Aufstieg der Nationalstaaten wirkten diese symbolisch generalisierten Kommunikationsmittel vorrangig innerhalb dieser besonderen politischen und wirtschaftlichen Einheiten.

(3) Die Eurobarometerstudien haben für „Europa" einen hohen Grad ähnlicher Einstellungen festgestellt, der teilweise in der Annäherung des Lebensstandards und wirtschaftlicher und politischer Strukturen begründet ist. Diese zeitweilig zusammenlaufenden Trends fördern ähnlichere Erwartungen und für selbstverständlich genommene Wertehierarchien (vgl. z.B. Luhmann 1997, Band 1: 409), die hier eine dritte Art symbolisch generalisierter Medien der Erwartungen und Bewertungen konstituieren. Diese Horizonte und Rahmen funktionieren durch Alltagskommunikation in den wichtigen sozialen Bereichen als mehr oder weniger implizite Referenzen für Massen- und Netzwerkmedien. Allgemeinere westliche Werte wie Aktivismus, Rationalität, Individualismus und Universalismus können darüber hinaus genannt werden. Castells (2000: 254) stellte fest: „But, unlike the United States, most Europeans of the European Union continue to long for a culturally and ethnically homogeneous society, which is now irreversibly gone with the global wind. This schizophrenia between self-image and the new demographic reality of Europe constitutes a key feature of cultural and political dynamics linked to the redefinition of European identity." (S. auch Kneißl 2008 und Uricchio 2008.)

(4) Aus einer längerfristigen Perspektive näherten sich ganz grundlegende Mittel der Ex-/Kommunikation und Des-/Orientierung an allgemein verbindliche Standards an. Konzepte von Zeit und Raum, von Pünktlichkeit und intimer, persönlicher oder sozialer Distanz konstituieren wesentliche Bestandteile menschlicher Interaktion. Romano Prodi (2004:xiii) bestimmte eine „europäische Kultur" aufgrund von Interpretationen des World Values Survey: „These surveys were carried out in 36 European countries, including all 25 members of the European Union. They also cover 45 additional countries, making it possible to interpret the beliefs and values of any given society in a genuinely global context. In this broader global context, we find evidence of a ‚European culture‘, reflecting relatively similar beliefs shared by European publics – but we also find that certain basic values are widely shared by publics

throughout the world." Unter Berücksichtigung längerfristiger Entwicklungen fasst Juan Diez Medrano (2003: 247) die empirischen Ergebnisse zu ‚framing Europe' in Deutschland, Spanien und Großbritannien wie folgt zusammen:

> „[The] fear of losing one's national identity as part of the European Union and the closeness one feels to Europe matter in explaining the degree to which one supports membership in the European Union. (…) British skepticism is rooted in a comparatively low degree of identification with Europe and a fear of losing national identity. (…) a desire to modernize and to break with isolation in the case of Spain and a desire to regain the trust of other countries after World War II in the case of West Germany are factors behind their support for European integration."

Die vier gerade skizzierten Haupttypen der Medien und Kommunikation ergänzen sich. Viele Mängel der internationalen Medienwissenschaften beruhen auf ihrer Beschränkung auf technische Verbreitungsmedien. Jedoch entwickeln sich alle vier Hauptmedientypen komplementär oder konfliktreich in interdependenten sozialen Prozessen.

8.2 Elemente internationaler Medienwissenschaften: Ein Überblick

Ausgehend von einer westeuropäischen Perspektive und beschränkt auf angelsächsische und deutsche Traditionen, die jedoch einige Akzeptanz in den meisten europäischen Diskursen und darüber hinaus erfahren haben, wurde in dieser Einführung in „internationale Medienwissenschaften" ein Dialog der folgenden vier Theorien vorgeführt: (1) von Theorien zivilisierender Prozesse mit (2) Jürgen Habermas' Theorie des Strukturwandels der Öffentlichkeit und zu postnationalen Konstellationen mit (3) empirischen Studien der Massenkommunikation, systematisiert durch beispielsweise Denis McQuail ebenso wie durch soziologische Systemtheorien und (4) Theorien des Informationszeitalters und der Netzwerkgesellschaft.

Diese Ansätze verbinden bereits Traditionen, die in anderen Diskussionszusammenhängen getrennt behandelt werden (vgl. z.B. Meyrowitz 2008). Für allgemeinere Horizonte internationaler Medienwissenschaften können sie jedoch hinsichtlich ihrer Hauptvertreter, beispielhaften Studien, wichtigen verwandten Disziplinen, spezifischen Konzepte und Beziehungen zwischen technischen Medien, Kultur und Gesellschaft (unter Berücksichtigung geografischer Räume und Zeithorizonte) charakterisiert werden. Die meisten Studien berücksichtigen die großen Länder/Kulturen/Märkte mehr als die kleineren. (S. Tabelle 19.)

Merkmale For-schungsansätze	(1) Haupt-vertreter	(2) paradigmatische Studien	(3) Disziplinen
Theorie zivilisie-render Prozesse	Norbert Elias	The Civilizing Process (1939), The Symbol Theory (1991)	Soziologie, Geschichte, Psycho-analyse
Kritische Theorie	Theodor W. Adorno, Max Horkheimer,	Dialektik der Aufklärung (1947)	Philosophie
	Jürgen Habermas	Strukturwandel der öffent-lichkeit (1962, 1990)	Geschichte, Politik-wissenschaften
Kulturwissen-schaften	Jessica Evans/ Stuart Hall	Visual culture (1999)	Soziologie, Politik, Kulturgeschichte
Massen-kommunikations-theorien	Denis McQuail Keval Kumar	Mass Communication The-ory (1983, 2010) Mass Communication in India (2011)	Kommunikations-wissenschaften, Sozialwissenschaften
Globalisierungs-theorien	i. Manuel Castells ii. John Urry iii. Guerrieri/ Iapadre/Koopman iv. Zook v. Qiu vi. Beck	i. The Information Age (1996, 97, 98) ii. Global Complexity (2003) iii. Cultural Diversity and Int. Ec. Integration (2005) iv. Internet Industry (2005) v. Working-Class Network Society (2009) vi. Weltrisikogesellschaft (2007)	Soziologie, Wirtschaft, Politik

Tabelle 19: Medien und Gesellschaften.

(4) Konzepte	(5) Medien und Kultur	(6) Raum- und Zeithorizonte
Zivilisationen, Figurationen, Verhaltensstandards, Persönlichkeitsstrukturen, langfristige Prozesse	Medien beobachten und standardisieren menschliches Verhalten und dienen als kulturelle Indikatoren	langfristige europäische und globale Prozesse
Dialektik, Aufklärung Öffentlichkeit, Post-nationale Konstellationen	Medien kontrollieren, manipulieren, aber ermöglichen auch alternative Nutzungsmöglichkeiten	langfristige Prozesse
Geschlecht, Alter, ethnische Gruppen, populäre Kultur	Veränderung der Wahrnehmung	Zeitgenössisches GB, Europa, U.S., Australien
Massenkommunikations, Nutzen, Gratifikation, Agenda	Medien können kulturelle Indikatoren sein	Zeitgenössische Entwicklungen, hauptsächlich in modernen Gesellschaften
Vierte Welt, Informations-Kapitalismus, globale Vielschichtigkeit, kriminelle Ökonomie, Netzwerkstaat Risikokapital, Dot-coms, lokales Wissen	Kultur der realen Virtualität globales Regieren des audiovisuellen Sektors	Zeitgenössische U.S., Europäische Union, Japan, globale Trends, China, Indien, Lateinamerika

Tabelle 19: Medien und Gesellschaften (Fortsetzung).

1983 betonte Elias, dass wirtschaftliche Waren und Dienstleistungen, die Kontrolle von Gewalt, Kommunikations- und Orientierungsmittel sowie die Selbst-Kontrolle einander in allen menschlichen Gesellschaften ergänzen müssen. Die Entwicklung von wirklichkeitsgerechteren Orientierungsmitteln war nötig für längerfristige Lernprozesse. Ludes (1989, 2001 und 2003: Kapitel 8) ergänzte Elias' Schwerpunkt auf Orientierungsmittel durch deren Funktionen als Mittel der Desorientierung, Unterhaltung und expressiven Integration. Europaweit produzieren, präsentieren und verbreiten hunderttausende Medienexperten immer profitablere Formate und Arten von Medieninhalten. Die damit einhergehende Beschleunigung und Audio-Visualisierung der Beobachtung und Beschreibung/Darstellung von Verhaltensstandards hat ehemals uni-lineare Denkstile transformiert, die teilweise durch assoziative visuelle Narrative ersetzt werden. Nach aktuellen Studien zu audio-visueller Kultur (vgl. z.B. Bachmair 1996, Blaukopf/Parzer 2010, Boccia 2005, Kramer/Ludes 2010, Kumar 2010, Ludes 2002a, Neuhoff 2007, Santaella/Nöth 2005 und 2010) kombinieren und rahmen verschiedene Medien Wahrnehmungsmodi des Alltags.

Jürgen Habermas hat vor einem halben Jahrhundert den langfristigen Strukturwandel der Öffentlichkeit erforscht. Demnach verringerten der Konsum von Radio, Film und Fernsehen kritische Perspektiven, die LeserInnen im Hinblick auf Printmedien noch eher einnehmen konnten. Habermas (1962: 260ff., 291 und 299) hat diesen Trend als einen Verlust der Autonomie des Individuums interpretiert, somit als einen Gegentrend zu Individualisierungsprozessen und als „Scheinöffentlichkeiten" – Öffentlichkeiten, die Offenheit nur simulieren: ein Konzept, das in der Diskussion über eine entstehende europäische Öffentlichkeit zu sehr vernachlässigt wurde. Der Wandel der Öffentlichkeiten durch Werbung und Propaganda oder Öffentlichkeitsarbeit kann als Auflösung in eine Sphäre interpretiert werden, die nur so scheint als wäre sie öffentlich (Habermas 1962, § 19: 193, 207 und 211). Gleichermaßen unterscheidet Habermas (2004) zwei Arten von Öffentlichkeit in modernen Mediengesellschaften, die Schaustellung von Stars vs. politische, wissenschaftliche oder literarische Diskurse, in denen Argumente ausgetauscht werden, um ein gemeinsames Verständnis und Verständigung zu erreichen. Schon 1962 hat Habermas (307) festgestellt, dass die Parlamentsdebatten in Shows verwandelt worden seien. 1990 arbeitete Habermas diese Einsichten im Hinblick auf das Fernsehen aus. Der Wandel der Öffentlichkeit musste unter Berücksichtigung des Wandels von Staaten, der Wirtschaft und der Mehrdeutigkeit der Rundfunkmedien neu überdacht werden. (Habermas 1990: 31). Veröffentlichungen von Habermas zur post-nationalen Konstellation haben hingegen die Rolle der öffentlichen Meinungsbildung als Voraussetzung für die öffentliche Kontrolle transnationaler Interdependenzen betont. Neue Voraussetzungen und Grenzen der demokratischen Entscheidungsfindung, der Netzwerke der Solidarität und Kontrolle in Bezug auf Markt und Macht sowie Wirtschaft und politische Institutionen müssen berücksichtigt werden. Die Abhängigkeiten zwischen Multimedia-Netzwerken (sowohl Internet als auch Intranet), der Entwicklung europäischer medienspezifischer Öffentlichkeiten/Märkte und Ko-Orientierung erfordern zusätzliche Untersuchungen. Das allgemeine Problem, Wörter für Erfahrungen und Bilder, Ängste, Beklemmungen und Hoffnungen zu finden, vergrößert sich mit der Kommunikation zwi-

schen Mitgliedern verschiedener Kulturen, selbst in einem gemeinsamen europäischen Kontext. Die gegenwärtige öffentliche Meinungs- und Urteilsbildung
und Entscheidungsfindung wird durch gemischte Medienzeichensysteme entwickelt: persönliche und Telemedien, audio-visuelle und textliche, Echtzeitkoordi-
nation und Kommunikation über Generationen hinweg. Letztere können überle-
benswichtige Informationen über Jahrtausende oder gar Jahrmillionen erfordern,
z.b. für Atommüll (der Milliarden Jahre braucht um zu „natürlichen" Strah-
lungsbelastungen zurückzukehren), und reichen somit jenseits der Langlebigkeit
gesprochener und geschriebener Sprachen.

> „Language functions in any case as the most important medium for interpersonal coordina-
> tion. Moral judgments and positions that rest on internalized norms find expression in an
> emotionally charged language. But when the normative background consensus breaks down
> and new norms have to be worked out, a *different* form of communication is required. The
> participants must then put their trust in the orienting power of ‚normative discourses': (...)
> Thus in normative discourses reaching a rational agreement is replaced by something like
> achieving a mutual harmonization of feelings." (Habermas 1999: 18f.; vgl. auch Brunkhorst
> 2001, Elias 1984, Günther 2001 und Wellmer 2001)

Alle Symbolsysteme implizieren normalerweise einen gewissen Interpretations-
freiraum und somit auch Missverständnisse und Desorientierungen. Nimmt man
an, dass das gemeinsame Ziel einer Verständigung in menschliche Diskurse
eingebaut ist, so ist Sprache dennoch auf kultur- und medienspezifische Wörter
und Grammatiken sowie Denkstile und Überzeugungen angewiesen. Des Weiteren wird Sprache in nonverbale Kommunikation und Vorstellungen von einem
akzeptablen Anfang und Ende eines Diskurses eingebunden. Verweise auf geteilte Erinnerungen an Argumente und Fakten, Kriterien fragwürdiger Behauptungen und für selbstverständlich gehaltene Erlebnisse setzen alle Elemente eines Diskurses erst in einen verständlichen Zusammenhang. Im Hinblick auf diese entscheidenden Punkte des Zusammenlaufens von Ansichten darf das Abru-
fen von kaum verbalisierbaren Erfahrungen nicht unterschätzt werden. Diese
Kontexte werden in Diskursen von Mitgliedern verschiedener Sprachgemeinschaften, Kulturen und Generationen zunehmend problematischer.

Im Gegensatz zu Habermas unterschätzen Vertreter von Kulturstudien die
Manipulation sozialer Bewegungen durch populäre Kultur und deren industriel-
le Vermarktung. Fiskes (1989) Annahme, dass viele Güter in der Kulturwirt-
schaft keine Kosten haben, vernachlässigte, dass selbst in Europa bereits weit
weniger als die Hälfte der Bevölkerung sich Pay-TV leisten kann, ebenso wenig
wie Computer auf dem jeweils höchsten Entwicklungsstand. Wie bereits gezeigt, integrierte McQuail (2010: 2) US-amerikanische und westeuropäische
Forschungsergebnisse und Kommunikationsmodelle. 2004 argumentierte er:

„European media have much in common with each other and are quite distinct from those of the United States, Japan, Latin America, China, etc. (…) Some of the more common features of the different systems include the shared basic principles of law, human rights and democracy that have gradually been established since World War II; the existence of a mixed public and private broadcasting system in all countries; a tradition that permits (even if it discourages) some intervention in the media on grounds of public interest; competitive party political systems that still give shape to the outlook of the media and to their opinion-forming role; the role played by institutions of the European Union and the Council of Europe in regulating for access, diversity, harmonization of regulation and the pursuit of some cultural goals; the similar forces that everywhere make for linguistic and cultural identification, even if they then make for differentiation."

In diesem Sinne haben konvergente sozio-ökonomische Trends die Hauptinstitutionen in europäischen Ländern geprägt und wachsende transeuropäische Regulationen erzwungen. Dennoch argumentiert McQuail (2004: 2) weiter:

„There are some evident dimensions of difference, with varying origins. One such is the variable grip of the mass newspaper reading in general, some countries being avid readers, others not. A similar but not clearly related variable is the relative appeal of television and other audio-visual media, as measured by time spent."

Diese Besonderheiten der Mediengewohnheiten in Europa konstituieren Interpretationsreferenzen für alle Sozialwissenschaftler, Eurokraten, Technokraten und Demokraten. (S. weiterführend auch Trappel/Meier/d'Haenens/Steemers/Thomass 2011). Von einer allgemeineren Perspektive ausgehend zeigen Niklas Luhmanns Studien, insbesondere zur „Wirklichkeit der Massenmedien" (1996), dass der Hauptteil des Wissens in modernen Gesellschaften durch Massenmedien produziert und reproduziert wird; Alltagswissen bezieht sich fast immer auf diese spezielle Art von Wissen. Konkret konstituieren Massenmedien geteilte kollektive Erinnerungen (vgl. Volkmer 2006), die es ermöglichen, das vorauszusetzen, was die meisten Leute wahrscheinlich wissen (Luhmann 1996: 9 und 65). Üblicherweise werden Massenmedien als technische Medien definiert, die verschiedene Inhalte verbreiten ohne persönliche, face-to-face, Kommunikation zu ermöglichen.

Im Gegensatz zu Habermas' Theorie des kommunikativen Handelns betont Luhmann (1997: 826), es sei illusorisch durch unmittelbare Interaktion und Dialoge Konsens zu finden und fordert eine Kombination von Kommunikations-, Evolutions- und funktionalen Differenzierungstheorien, um angemessenere allgemeine Sozialtheorien zu erarbeiten. Verschiedene Arten von Kommunikation, vor allem Sprache, technische Verbreitungsmedien und symbolisch generalisierte Kommunikationsmedien wie Geld oder Macht, wurden in Kultur komprimiert: Bedeutung und Sinn müssen in akzeptablen und verständlichen Konnotationen des Alltagsgebrauchs stabilisiert werden und sich so selbst bestätigen und bereichern (Luhmann 1997: 409).

Wie Luhmann (2010: 77f), auch unter Verweis auf Elias' Zivilisationstheorie, ausführte:

> „Frieden und Versorgung, pax et iustitia, die großen Angstthemen des traditionellen politisch-gesellschaftlichen Philosophierens, sind nun im normalen Leben gesichert durch die gesteigerte Leistung des politischen Systems, der Mensch kann daher langfristiger disponieren, nach der Uhr leben, höflich werden, mehr Spannungen sekundärer Art aushalten, soziale Sensibilität entwickeln, mehr Belastungen absorbieren (...) Ein gesellschaftlich ausdifferenziertes politisches System setzt einen zivilisierten Staatsbürger dieser Art voraus".

Aber diese Voraussetzung ist nicht historisch abgeschlossen, weshalb Ent-/Zivilisierungsprozesse auch von Systemtheoretikern immer wieder beachtet werden müssen.

1995 begann Münch seine Diagnose der Dynamik von Kommunikationsgesellschaften mit einem Schwerpunkt auf Kommunikation als „Motor" der Modernisierung. Basierend auf empirischen Daten für verschiedene Print- und Rundfunkmedien sowie wirtschaftliche Entwicklungen und Verhaltensänderungen in Frankreich, Großbritannien, der Bundesrepublik Deutschland und den Vereinigten Staaten entwickelte er ein Modell moderner Kommunikationsgesellschaften. Im Gegensatz zu Luhmann konzipiert Münch (1998: 146) Medientheorie nicht als eine Anwendung der Systemtheorie sondern als einen wesentlichen Bestandteil allgemeiner Handlungstheorie. Die normativen und integrativen Anforderungen moderner Gesellschaften, Menschenrechte und die Interdependenzen mit Massenmedienkommunikation und Verhaltensmodellen sollten hierdurch angemessener berücksichtigt werden.

Medienglobalisierungen sind als Indikatoren der Auflösung von nationalen Öffentlichkeiten zu verstehen, ersetzt durch beispielsweise die „Ökonomisierung" des öffentlichen Kommunikationssektors (vgl. Murdock/Golding 1999), ein komplexes Netzwerk von Firmen, Produkten und Zielgruppen (vgl. Chalaby 2005) oder den wachsenden politischen und wirtschaftlichen Druck der Re-Konzeptualisierung des Rundfunks als Marktplatz anstelle einer kulturellen Einheit (Papathanassopoulos 2005)? (S. den Überblick in Tab. 20!)

Merkmale Ansätze der Lehre und Forschung	(1) Hauptheraus-forderungen	(2) paradigmatische Forschungsbereiche	(3) zusammenarbei-tende Spezialisten
Theorie zivilisierender Prozesse	Überwachungsgesell-schaften; Trends der Mo-nopolisierung des Zu-gangs zu Kulturerbe	Schulbücher, Predig-ten, Verhaltensmodel-le, Kontrollinstrumen-te, Militär- und Si-cherheitsdienste	Soziologen, Histori-ker, Psychoanalytiker, Bildungsspezialisten, Überwachungs- und Kontrollspezialisten
Kritische Theorie/ Kultur-wissenschaften	Post-nationale Konstella-tion, Geschlecht, Alter, ethnische Gruppen, visu-elle Kulturen, von der Öffentlichkeit zum Markt	Multikulturelle Gesellschaften	transdisziplinäre Kulturwissenschaften
Massenkom-munikations -theorien	Massen-, Markt-, Ziel-gruppen-, Mobile, Netz-Kommunikation	Technische und sym-bolische Kommunika-tionsmedien	Kommunikations-, Sozialwissenschaften
Globalisierungs -theorien	Weltrisikogesellschaft, globale Öffentlichkeiten, Beobachtung komplexer Interdependenzen	Denationalisierung, ökologische, militäri-sche, ökonomische, technologische und kulturelle Interdepen-denzen	Soziologen, Ökono-men, Spezialisten für Ökologie, Militär, Technologie, Kultur, Terrorismus

Tabelle 20: Internationale Medienwissenschaften

(4) Konzepte	(5) Medien: Ökonomie, Gesellschaft und Kultur	(6) Raum- und Zeithorizonte
Zivilisationen, langfristige Prozesse, Figurationen, Verhaltensstandards, Persönlichkeitsstrukturen, Machtgleichgewichte, Zwänge	Medien als Elemente aller Bereiche des sozialen Lebens: bei der Arbeit, in der Freizeit, während reproduktiver Tätigkeiten und im Schlaf	Langfristige regionale, nationale, europäische Entwicklungen, mit ihren historischen Unterschieden
Identifizierung, popularisierte Kulturmodelle	Medien kontrollieren, manipulieren, aber ermöglichen auch alternative Nutzungsmöglichkeiten	siehe oben
Massenkommunikation, Verhalten, Nutzen, Gratifikation, Agenda	Medien: ihre Wirtschaft, soziale und kulturelle Rolle	Zeitgenössische Entwicklungen, hauptsächlich in modernen Gesellschaften
Netzwerkgesellschaft, Globalisierung, Kosmopolitisierung	Kultur der realen Virtualität	Globale Trends, lokale Aneignungen

Tabelle 20: Internationale Medienwissenschaften (Fortsetzung)

8.3 Aufmerksamkeitsmärkte und Ko-Orientierung

Drei Beiträge der Sonderausgabe von „European Societies" 2007 zu den Ergebnissen des Research Networks 18 der European Sociological Association klären die Transformierung des Habermasschen Konzepts der Öffentlichkeit für eine neue Phase europäischer Entwicklungen. Kaitatzi-Whitlock (2007) schlägt eine europaweite Öffentlichkeit supranationaler (nicht-nationaler) Medien paneuropäischer „Kanäle" vor und gibt Kriterien an, um Art und Umfang der Transnationalität dieser Kanäle zu bewerten. Der alte Begriff des Kanals könnte jedoch die angemessene Berücksichtigung komplexer Kontextbildungen persönlicher Kommunikationsmedien (Gestik, Mimik und Sprache) mit technischen

Massenmedien, symbolisch generalisierten Kommunikationsmedien, Medien der Erwartung und generationsübergreifenden Grundstrukturen von Raum und Zeit behindern.

Neverla (2007) argumentiert, dass Journalismus heutzutage als Vermittler in der Formulierung von Meinungen über die europäische Öffentlichkeit und ihre Demokratisierung agieren sollte – ebenso wie der Journalismus des 19. Jahrhunderts essentiell für die Errichtung einer nationalen Öffentlichkeit des Bürgertums ebenso wie für die Demokratisierung der Nationalstaaten war. Nimmt man dies ernst, so sollte es mehr Zusammenarbeit zwischen Journalismusstudien, den Sozialwissenschaften und professionellem europäischen Journalismus geben. (Siehe Veröffentlichungen des Erich-Brost Instituts für Journalismus in Europa an der Technischen Universität Dortmund und Veröffentlichungen des ehemaligen Leiters, Gerd Kopper und der jetzigen Leiterin Susanne Fengler.) Golding (2007) enthüllt konkurrierende Ideologien in der europäischen Mediengesellschaft. Diese Bestrebung bringt ihn dazu verschiedene „Suchaktionen" und „Lösungen" vorzuschlagen: eine europäische Öffentlichkeit; e-Europa; der demokratische Imperativ – die störrische digitale Kluft. Er schlussfolgert, dass der Aufbau einer europäischen Öffentlichkeit ein Trugbild sei.

Warum haben es die Autoren dieser Beiträge in der Sonderausgabe von „European Societies" nicht in Erwägung gezogen, das Konzept der Öffentlichkeit aufzugeben? Warum haben sie die Vermarktung der Aufmerksamkeit für Informationen und Unterhaltung nicht mehr berücksichtigt, derer sie sich sonst sehr wohl bewusst sind?

Im Unterschied hierzu hat Vihalemm (2007) das Potential von Netzwerkanalysen auf dem Mikro- und Makrolevel dargestellt. Er hat Indikatoren sozialer Distanzen korreliert und so gesellschaftliche, wirtschaftliche und kulturelle Räume jenseits nationaler Grenzen bestimmt. Solche Netzwerke und Räume der Strömungen (Castells' „spaces of flows") können in detaillierter Art und Weise analysiert werden und deuten über normative Traditionen des Konzepts der Öffentlichkeit hinaus. Es ist vermutlich kein Zufall, dass Vihalemm nicht über eine europäische Öffentlichkeit schreibt. Er konkretisiert Interdependenzen, die sich nicht mit der EU decken und verknüpft baltische Staaten über Europa im traditionellen Sinne hinaus mit Russland und den USA.

Ponte (2007; vgl. auch Livingstone/Haddon 2009) präsentiert Analysen der Darstellung von Kindern in Nachrichtenmedien in den USA, Lateinamerika, insbesondere Brasilien, Asien, (Süd-) Afrika und Europa, hier insbesondere Portugal. Sie stellt einen Zeitschriftentrend in Richtung neuer Redaktionsentscheidungen fest: kürzere Texte, größere Bilder, ein Fokus auf den Leser als Konsument. Im Hinblick auf das Bild von Europa repräsentieren fünf Länder (Großbritannien, Italien, Deutschland, Spanien, Frankreich) mehr als 75% aller europäischen Nachrichten. Das „europäische Kind", zumeist allein im Bild zu sehen, ist für gewöhnlich weiß und gehört der Mittelschicht an, wohingegen Kinder aus Asien und Afrika als arme Leute oder Flüchtlinge dargestellt werden. Somit präzisiert Ponte (2007) den Trend, der von Teilnehmern an der öffentlichen Meinungsbildung zu Konsumenten geht. Des Weiteren zeigt sie die begrenzte Reichweite von „Europa" so wie es in den Massenmedien dargestellt wird.

Diese Beiträge in der Sonderausgabe von „European Societies" 2007 bieten ein Beispiel für die sich verschiebenden Gleichgewichte zwischen normativen Bewertungen europäischer Kommunikation und empirisch gesättigten Diagnosen neuer Entwicklungen. Diese Ansätze der Theoriebildung können integriert werden, wenn wir die Dimensionen sozialer Entwicklung untersuchen, die über Alltagserfahrungen hinausgehen. Medienzivilisierungen und -globalisierungen stimmen in ihrer Betonung der Länge, Dichte und Flexibilität von Interdependenzen überein, auf die man während verschiedener Zeiträume eingehen kann, während man zugleich wirtschaftliche, politische, technologische und kulturelle Netzwerke oder Figurationen unterscheidet.

In einem Beitrag zu „Europäisierung" führt Koopmans (2010) an, dass eine international vergleichende Medienanalyse die Vermutung widerlegt, dass die Medien der EU zu wenig und zu negative Aufmerksamkeit widmen und so zur Euroskepsis beitragen würden. Dennoch dominieren Regierungsvertreter in Debatten zu europäischen Themen gegenüber Parlamenten, Parteien und Zivilgesellschaften. Koopmans (2010) sieht den Grund hierfür jedoch weniger in der verzerrten Darstellung in den Medien, sondern „in den realen Machtverhältnissen auf der europäischen Ebene" (18). Mit ihrer Ablehnung des Europäischen Verfassungsvertrags 2005, stellten französische und niederländische Wähler klar, dass „die Legitimation europäischer Institutionen und Entscheidungen nicht länger eine Selbstverständlichkeit ist, sondern in einer kritischen Öffentlichkeit hergestellt werden muss." (Koopmans 2010: 18.) Für die oben erwähnte international vergleichende Medienanalyse „wurde für den Zeitraum von 1990 bis 2002 die Berichterstattung in sieben europäischen Ländern ausgewertet: Deutschland, Frankreich, Großbritannien, Italien, Spanien, die Niederlande und die Schweiz." (Ebd.: 18.) Grundlage der Analyse waren ausgewählte Printmedien für jedes Land. „Es zeigt sich, dass die Unterstützung für den europäischen Integrationsprozess im Laufe der Zeit rückläufig ist." (Ebd.: 19.) Dennoch fielen Äußerungen über die europäische Integration in den Medien auch zum Ende des Untersuchungszeitraumes immer noch positiv aus. Im Gegensatz dazu ist die Bewertung europäischer Akteure und Institutionen durchweg negativ, wobei es hier allerdings sinnvoll ist, die negativen Einschätzungen europäischer Institutionen mit denen auf nationaler Ebene zu vergleichen – hier zeigt sich,

„dass europäische Institutionen im Mittel weniger kritisch bewertet werden als nationale Institutionen." (Koopmans 2010: 19.) Weiter zeigt sich,

> „dass Akteure der politischen Exekutive sowohl in nationalen als auch in europäisierten Debatten dominieren, ihr Übergewicht mit einem Anteil von mehr als 60 Prozent in europäisierten Debatten aber viel stärker ausgeprägt ist. (…) Am weitesten abgeschlagen sind die zivilgesellschaftlichen Akteure. Während sie in nationalen Debatten noch auf 20 Prozent kommen, liegt ihr Anteil in der europäisierten Berichterstattung bei lediglich 5 Prozent." (Ebd.: 20.; s. weiterführend auch Koopmans/Statham 2010.)

Es ist ein besonderes Merkmal der vier Hauptmedientypen, die oben skizziert wurden, dass sie Kommunikation über funktionale Bereiche, nationale Sprachgemeinschaften und zeitgenössische Gesellschaften hinweg ermöglichen und fördern. Es gibt klare Indikatoren dafür, dass transnationale wirtschaftliche und politische Interdependenzen sozialer Gruppen innerhalb Europas in den vergangenen Jahrzehnten gewachsen sind. Es ist ebenso offensichtlich, dass Rundfunk und Webmedien transnationale kommunikative Netzwerke vergrößert und intensiviert haben. Die wirkungsvolle Ausübung politischer Macht in Form von Gesetzen und Vorschriften hat nationale Grenzen überschritten. Kommunikative Netzwerke verbessern, beschleunigen und verringern die Kosten transnationalen Austauschs von Informationen und Unterhaltung. Dadurch werden auch Ko-Orientierung und Koordination vorangetrieben. Die Erweiterung von Netzwerken über nationale Grenzen hinweg impliziert neue Arten der Kommunikation; diese Wechsel und Umbrüche von traditionellen Öffentlichkeiten sind signifikant genug, um zumindest die Ergänzung dieses traditionellen und teils überholten Konzepts durch Märkte der Aufmerksamkeit und Sphären der Ko-Orientierung zu gewährleisten.

Geografisch gesehen erstreckt sich Europa vom Atlantik zum Ural, von Portugal bis hin zu den Bergen an der Grenze zwischen Europa und dem asiatischen Russland. Geografie, Wirtschaft, Kultur (insbesondere Religion, Sprachen und Medien), Politik, Wissenschaft und Sport waren nie mit den territorialen Grenzen von dynastischen oder National-Staaten identisch. Europa bleibt deshalb durch mehrstufige und mehrphasige Entwicklungen der Lokalisierung, Regionalisierung, (Re- oder De-) Nationalisierung, Europäisierung, Transnationalisierung und Globalisierung gekennzeichnet. Europas vielfältige Verbindungen zu angrenzenden Kontinenten, das heißt zu Asien, Afrika und Lateinamerika ebenso wie der „neuen Welt" Nordamerikas und insbesondere der USA, und innerhalb des europäischen Kontinents durch diverse politische, wirtschaftliche, kulturelle, Medien- und Sportereignisse verschiedener Tragweite deuten über Europa hinaus (s. z.B. zu den Beziehungen Europa – Brasilien Moreno 2009).

9. Vollsinnliche Erlebnisse

„O mecanismo industrial no mundo inteiro é fazer uma coisa mais superficial para que seja descartada e substituída rapidamente. (...) Essa mediocrizacao geral da música e da cultura popular é uma coisa universal, nao só do Brasil." „Industrialisierung bedeutet weltweit einen Anstieg an Oberflächlichkeiten: die Abkehr von Altem und seinen schnellen Ersatz (...) Diese allgemeine Trivialisierung der Musik und der populären Kultur setzt sich weltweit und nicht nur in Brasilien durch." (Medaglia 2010, Übersetzung durch PL)

9.1 Audio-visuelle Erlebnisse

In der menschlichen Entwicklung, sowohl in der Soziogenese menschlicher Gesellschaften als auch der Psychogenese von individuellen Embryos zu Sterbenden, spielen Deutungen und Bedeutungen (vgl. Tomasello 2009 und Tomasello et al. 2009) eine bildende Rolle, die in allen Kulturen durch tänzerische Bewegungen, Singen und Musik mit Instrumenten ergänzt wird. Erst die medientechnischen Entwicklungen seit Ende des 20. Jahrhunderts erlauben und fördern die Kombination von immer mehr Stand- und Bewegtbildern mit Musik. In den historisch neuartig anschwellenden Strömen der technisch produzierten und verbreiteten Medienbilder werden „Anchorpersons" und „Schlüsselbilder" als Erkennungsmarken notwendig – ebenso wie „Schlüsseltakte" oder leicht erkennbare Teile von „Schlüsselmelodien". Anthropologische Grenzen der Aufmerksamkeitsgewinnung und Gedächtnisbildung präformieren diese Prozesse. Die sozio-ökonomisch jeweils zur Verfügung stehenden Medientechniken (wie Kameras, Mikrofone, Aufnahme-, Archivierungssysteme, Bildschirmgrößen, Lautsprecherqualitäten usw.) rahmen die Entwicklungsmuster von Key Visuals, Key Audios und Key Audio-Visuals. (Vgl. Ludes 2001, 2005, 2010, Boccia/Ludes 2009 ebenso wie Boccia 2011.) Professionelle Medienstrategien planen in diesen Kontexten und versuchen Aufmerksamkeit zu erregen oder aufzudrängen, Bilder und Musikstücke in den Vordergrund zu schieben, ob aus kommerziellen, politischen, religiösen oder kulturellen Gründen.

Die von der Deutschen Forschungsgemeinschaft und der Jacobs University Bremen geförderte Website www.keyvisuals.org bietet seit 2004 systematisch ausgewählte Präsentationen von Geistes-, Sozial- und Computerwissenschaftlern zu Key Visuals – und in einer eigenen Kategorie zu Schlüsseltakten in Verbindung mit Schlüsselbildern: Key Visual Measures oder SchlüsselBildMusik. Noch umfassender als Schlüsseltakte sind Schlüsseltöne bzw. Key Audios (als Teil von Sound Strategien und Konventionen). Veröffentlichungen auf dieser Website argumentieren audio-visuell und ergänzen diesen Text.

In einer solchen Zusammenschau lassen sich die folgenden Kontinuitäten und Wandlungen der Fernseh-Weltanschauungen als „große audio-visuelle Erzählungen" in Brasilien, Deutschland und den USA im ersten Jahrzehnt des 21. Jahrhunderts erkennen:

Brasilien wird als sich rapide modernisierende Gesellschaft präsentiert, in Konsum und Industrialisierung. Staatspräsident Lula erscheint als einer der Weltführer, auf Augenhöhe mit anderen Weltführern, v.a. den Präsidenten der USA, George W. Bush und Barack Obama.

Deutschlands Kanzler, Gerhard Schröder (bis 2005) und Angela Merkel (seit 2005) werden oft mit anderen deutschen und internationalen Politikern gezeigt, aber ähnlich oft mit BürgerInnen oder JournalistInnen. Dies deutet auf ihre demokratische Kontrolle und die wachsende Selbstdarstellungsmacht des Journalismus. Rückblicke auf 60 Jahre Bundesrepublik und 20 Jahre Wiedervereinigung ragen heraus.

Die USA werden gekennzeichnet durch die Entwicklung vom terroristischen Angriff des 11. September 2001 über die kriegerischen Reaktionen in Afghanistan und Irak hin zu einer Finanz- und Wirtschaftskrise historischen Ausmaßes 2008/2009 und einer Re-Regulierung der Finanzmärkte durch den ersten afro-amerikanischen Präsidenten.

Als Universalien der massenmedialen Selbstbeobachtung moderner Gesellschaften durch Fernsehinformationsprogramme lassen sich kultur- und medienspezifische Beobachtungs- und Vernachlässigungsmuster erkennen. Diese werden durch die Bildschirmmedien in relativ kleine, kurze, übersichtliche und oberflächliche audio-visuelle Narrative formatiert, mit wenigen Akteuren, Ereignissen, Orten, Schlüsselbildern und -takten. Kultur- und medienspezifische Praktiken des Zeigens und Sehens etablieren und verfestigen Seh- und Hörgewohnheiten des „Offensichtlichen" und „bekannt Hörbaren", des „Wichtigsten vom Tage oder des Jahres", „aus aller Welt", obwohl nationale Perspektiven vor allem in Brasilien und den USA fast kein Fenster zur Welt öffnen.

Zudem prägen Profitinteressen den Einsatz immer neuer Medienformate, tendenziell von der Nachricht zur Show (Ludes 1993c). „Schlüsselbilder und -takte" dienen nicht allein als Orientierungsmarken, sondern auch als Verführungsmittel, deren Komplementäre „Key Invisibles" und „Key Inaudibles" weitere Desorientierungen durchsetzen. Bemerkenswert ist z.B. der zunehmende

Einsatz von Musik in Informationsprogrammen von ARD, ABC, CBS und NBC, im Unterschied zu den sechziger bis achtziger Jahren des 20. Jahrhunderts. Waren damals Musikuntermalungen noch explizit verboten (Ludes 2001), sind sie inzwischen normal, wenn auch weitaus stärker in Brasilien bei Rede Globo. Sie werden offen hörbar als emotionale Reize und Wertungen eingesetzt, die in gesprochenen Kommentaren (noch?) verpönt sind.

Dadurch rahmen und ordnen Schlüsselbilder Narrative und verleihen Schlüsseltakte ihnen die Melodie. Dies bedeutet eine massenhafte Vermittlung des Eindrucks, die Welt sei leicht durchschaubar und zudem noch unterhaltsam. Komplexe Zusammenhänge werden hierdurch verschleiert. Sie erfordern die Berücksichtigung alternativer Medien wie des Human Development Reports von UNESCO oder der Aufdeckung von systematischen Vernachlässigungen durch www.projectcensored.org. Auch historische und interkulturelle Vergleiche können erweisen, was an „Aufklärung" verloren geht oder gewonnen wird.

Die innovative Erfassung von Schlüsseltakten bzw. (umfassender) Schlüsseltönen oder Key Audios erfolgt erst seit wenigen Jahren (Boccia/Ludes 2009) – im Unterschied zu Key Visuals, die seit Ende der achtziger Jahre des 20. Jahrhunderts systematisch erforscht werden (vgl. z.B. Ludes 1993, 2001, 2011, Kramer/Ludes 2010 und Paech 2005). Die Entdeckung der bisher eher verborgenen Muster der audio-visuellen Präsentation z.B. von Staatsoberhäuptern gegenüber einfachen Leuten im Fernsehen erlaubt es, „diese versteinerten Verhältnisse dadurch zum Tanzen (zu) zwingen, dass man ihnen ihre eigne Melodie vorsingt!" (Marx 1844: 381). Das würde auch die Amputation der menschlichen Sinne auf zwei Sinne (und damit weniger Sinn), Sehen und Hören, aufheben und den anderen Sinnen wieder auf die Sprünge helfen. Denn auch

„wenn bei der Bildwahrnehmung der Gesichtssinn dominiert, ist die Sinneswahrnehmung in ihrer Komplexität beteiligt. Sie ruft dabei Alltagserfahrungen auf, die den im Raum bewegten Körper (Kinästhetik) genauso wie den Körper im sozialen Gefüge meinen, und die ohne die Akteure mit ihren Lebenspraktiken nicht denkbar sind. (...) Den Blick zur Sinnlichkeit hin zu öffnen, das bei allen Nervenreizen menschliche Vermögen der willentlichen Kontrolle und Disziplin in seinen anthropologischen wie historischen Dimensionen mitzubedenken, bleibt eine vielfach angemahnte, bislang noch einzulösende Aufgabe der Systematik in der Bildwissenschaft." (Frank/Lange 2010: 98; s. auch Fahlenbrach 2010 und Marschall 2009.)

Die Metapher des Tanzes im Hinblick auf die brasilianische Kultur wurde von Gannon und Pillai (2010: 94, 100, 102, 104f., und 107) in ihrer „metaphorischen Reise durch 29 Nationen, Gruppen von Nationen, Kontinente und Vielfalt" vorgebracht:

„The samba has truly become a national symbol. (...) The very history of samba is indicative of the importance of physical touch. (...) In Brazil it is common to get things done by circumventing rules and obstacles. Accomplishing a task in the face of the huge amount of bureaucracy found in this country is literally done through the art of dancing around things, as the metaphor of the samba suggests. (...) Dancing around the obstacles that numerous and complex regulations create has become so ingrained in this culture that seemingly only the need to conduct international business will result in Brazilians conforming to more universal norms. (...) As might be expected, Brazilians tend to get lost in this notion of escape and lose track of time (...) to escape tension through the music and dance of samba. (...) When doing business with Brazilians, it is useful to understand their way of going around things instead of confronting them (...) literally dancing around things. Thus, for most Brazilians, the samba represents a stable factor over time, amid changing currencies, inflation, and political parties." (Vgl. auch Béhague 1998.)

Im Unterschied hierzu charakterisieren Gannon und Pillai (2010: 182f., 193, 196 und 199) Deutschland durch die Metapher des 'Orchesters':

„As for the musical instruments, single instruments had been played for centuries. However, prior to the 16th century, musicians had not mastered the art of playing together (...) Since that time nothing matches the capacity of the greatest of all musical instruments, the symphony orchestra, which includes about 100 instruments and uses about four fifths of the range of human hearing (...) The music and performers are brought together by the conductor. A skilled baton unites the disparate personalities and talents of the musicians so that they perform as one, at the literal level of the meaning of the phrase, ‚in concert'. The various musical divisions of style and perspective, such as those between entire sections of strings and the brass and between the individual flutist and percussionist, are melded and molded by the conductor to produce a unified sound. The orchestra, like society, is made up of individuals, each with his or her own likes and dislikes. However, for the greater good, which is the music, individual preference is subordinated to the demands of the conductor and the needs of the symphony. (...) From the horns of the Alps to the brass polka bands and up to the apex of the magnificent operas of Wagner, music is an integral part of German life. German music is not only integral, it is serious; it is not generally an outlet for emotion and craziness as it is in the United States and other societies. Music is foreground, not background. (...) In this chapter we emphasize the following features of the symphony as reflective of German culture and values: the diversity of the musical instruments, positional arrangements of the musicians, the conductor or leader, precision and synchronicity, a unified sound, and the unfinished nature of the genre. (...) One distinctive feature of the German language is that the verb tends to be at the end of the sentence. Similarly the main point is often made at the end of a talk, meeting, or negotiations. Much like classical symphonies, meetings start slow (...) music, sound, tone, modulation, and timing are key to a successful performance. (...) Just as the symphonic orchestra unites the individual musicians, the old tradition of folk festivals unites the German population. (...) Germany will continue to emphasize the characteristics of the symphony, such as positional arrangements, compartmentalization, subordinated individualism, precision and synchronicity, and unity or a unified sound."

Versucht man einmal das Gedankenexperiment, ob mehr Bedeutung in der Metapher eines „brasilianischen Orchesters" oder eines „deutschen Samba" steckt, so wird deutlich, dass es ein tiefgreifendes kulturelles Merkmal in diesen nationalen Medienkulturen gibt, welches am Besten durch Musik erfasst wird.

Wie Trabant 2009 (S. 24-27) erläuterte, sind (mit Bühler 1934) der Ausdruck des Sprechers, Appell an den Hörer und die Darstellung der Welt als

Grunddimensionen des Sprechens zu nennen. An die semantische Dimension ist eine doppelte Gliederung gekoppelt,

> „weil einerseits die Welt in gedankliche Einheiten gegliedert wird und weil dies andererseits mit einer Gliederung der materiellen Sprache, des Lautes, verbunden ist. Der Mensch schafft in der Sprache bestimmte Konzepte, Inhalte, Vorstellungen, Bedeutungen, das heißt, er schafft bestimmte lautliche Größen, die mit einem aus der Welt begriffenen (!) ,Inhalt' verbunden ist. Diese sogenannte ,erste' Gliederung, die Gliederung der Welt in gedankliche Einheiten, ist immer an bestimmte Laute gebunden. (...) Diese riesige Welt von ,Inhalten' ist – und deswegen handelt es sich um eine *doppelte* Gliederung – an *artikulierte Laute* gebunden, die der Sprecher produziert und an den anderen Menschen richtet, der sie hören und ,verstehen' muss."

> „Ein musikalisches Thema, mag man ein einfaches oder ein kompliziertes wählen, ist im ganzen ohne jeden begrifflichen Bezug eine sinnvolle Einheit. Trotzdem hat es seine Gliederungen, seine Flugstrecken und seine Ruhepunkte. Der Musiker nennt letzteres in korrekter Bezeichnung ,Phrasierung'. Durch diese Gliederung kann das Thema (...) in sinnvolle Subeinheiten unterteilt werden (...) kann es nur an den ,Knotenpunkten' auseinander brechen, die durch seine innere Gliederung gegeben sind." (Schütz, Werkausgabe VI.1: 148).

Non-verbale Kommunikation bildet „gleichsam die visuelle Basis der auditiven Kooperation" (Trabant 2009: 34). Es muss hier nicht entschieden werden, ob „Ausdrucksformen, die nicht doppelt gegliedert sind (...) einfach keine Sprachen sind" und es bleibt angesichts massenmedialer Standardisierungen diskussionswürdig, ob gilt: „Bilder z.B. sind nicht doppelt gegliedert: Das materielle und das Inhaltliche sind strukturell identisch. Musik ist nicht doppelt gegliedert, sie ist sicher (oft) artikuliert, aber sie hat keine Semantik im Sinne der Sprache." (Trabant 2009: 57)

Die Offenheit des Sprechens und Singens für neue Interpretationen konstituiert ein Element der innovativen Welterfassungskompetenz, die durch Konventionalisierungen immer wieder kollektiv angenähert wird. Derartige audiovisuelle kollektive Gedächtnisse bleiben aber auf eine überschaubare Anzahl von Schlüsselelementen angewiesen, deren Internationalisierungsgrad zum Beispiel folgendermaßen erfasst werden kann: (1) Anteil kulturspezifischer Schlüsselbilder und Schlüsseltakte in audio-visuellen Massenmedien im Vergleich zu transkulturell verbreiteten; (2) Differenzierung nach Akteursgruppen, Themenbereichen oder Hauptereignissen; (3) Emergenz neuartiger Bildkompositionen als „SchlüsselBildMusik".

Hinweise hierfür bieten die Nationalhymnen (www.nationalanthems.org). Ihre auditiven Symbole zeigen recht unterschiedliche Schicksalsempfindungen und Herausforderungen (die zudem oft mit der nationalen Fahne und besonderen Ereignissen verbunden werden):

Brasilien zum Beispiel als heroisches Volk, das es mit dem Tode selbst aufnimmt für das geliebte, vergötterte Vaterland, ein lebhafter Traum, ein Lebens-

strahl der Liebe und Hoffnung, ein Gigant seiner Natur nach, die liebevolle Mutter der Söhne dieses Landes.
China demgegenüber: „Steht auf! Wir wollen keine Sklaven sein. Die lange Mauer bauet neu aus Fleisch und Blut. Denn Chinas Volk schwebt in der äußersten Gefahr. Und die Bedrückten schreien laut auf: Steht auf! Steht auf! Steht auf! Mit tausend Leibern, doch im Herzen eins, trotz feindlicher Kanonen: Vorwärts! Trotz feindlicher Kanonen: Vorwärts! Vorwärts! Voran!"
Deutschland: „Einigkeit und Recht und Freiheit (...) Sind des Glückes Unterpfand".
Indien: „(...)Himalaya, Vindhya, die heiligen Quellen von Jamna und Ganga, des Ozeans Wellen (...) Gnade sie flehend begehren".
USA: „Kampfesgefahr (...) Und die Blitze der Schlacht (...) Über unserm freien Land, wo der Tapferen Heim steht".
In solchen auditiven Vergemeinschaftungs-Ritualen kommt die kommunikative Kraft der Musik zum Tragen. Denn „Music's expressiveness begins where that of words breaks off. It supports the widespread supposition that music is in essence non-referential, and therefore has no meaning in the everyday, semantic sense of the term." (Kramer 2006: iX) Wie Kramer weiter erläutert, hat Musik diskursive Bedeutungen, die ähnlich wie literarische Texte oder kulturelle Praktiken interpretiert werden können und nicht außerhalb der Musik liegen, sondern unauflöslich mit den formalen Prozessen und stilistischen Ausdrucksformen musikalischer Werke verbunden sind. (S. zur politischen Bedeutung von „Massen-Musik" in den Massenmedien verschiedener Länder Garofalo 1992; zu neuen Musik-Import-Exportströmen Moon/Barnett/Lim 2010, zu Musiksoziologie Blaukopf/Parzer 2010 und zu Hören Gehrke 2009.)
Zur Struktur internationaler Musikströme findet man in einem Artikel von Moon, Barnett und Lim (2010) folgende Daten:

„A recent International Federation of Phonographic Industry statistic (IFPI, 2007) reports the total music sales of individual countries by market for 2006. The report shows that the USA, Japan, the UK and Germany were ranked as the top four countries for total music sales in 2006. Regarding major global record companies, an OECD report indicates that the four major music labels control more than 80 percent of the global market (OECD, 2005)" (382).

Weiter:

„(...) the nations of the top four music companies correspond to the most central nations in international music trade in 2006 (e.g. Germany – Sony, the USA – Warner, the UK – EMI and the Netherlands – Universal). This result implies that the core nations have expanded and controlled the international market as a consequence of media globalization. In other words, it suggests that the benefit of more efficient distribution technologies in the music industry have not enriched all nations equally. Rather, a small number of very large media companies are maintaining and enhancing their positions of economic power through a sequence of merger and acquisition and vertical integrations (...) The finding indicates that the process of media globalization promotes relations of media dependency among nations rather than impartial economic growth. (...) The results indicate that a country's economic development, the language(s) its people speak and technological development are the most influential factors determining the global structure of international music flows. In particular, economic development is the strongest determinant of the global structure of international music flows in three separate regression analyses, consistent with world system theory. (...) Compared to other cultural products, music has received relatively little attention in the study of international media flows, even though it is regarded as a vehicle of transmission of cultural values and ideas. (...) the USA holds a dominant position in digital sales and accounts for approximately 50 percent of international sales in 2008, whereas Japan is the global leader in the mobile music market. These findings imply that the center–periphery structure of the international music flow network also exists within the digital market" (394-396).

Rössel (2009: Tabelle 1, S. 248) befragte zur Struktur der Musikrezeption Opernbesucher und stellte fest, dass sich die Items in sechs Faktoren gruppieren lassen – Gefühle (z.B. Bad in Klängen, Musik geht unter die Haut), Analyse (z.B. achte auf die Gestaltung durch den Komponisten), Eskapismus (z.B. fühle mich weniger einsam), oberflächlich (z.B. höre oft nur mit einem Ohr), vegetativ (z.B. möchte ich mitsummen) und konzentriert (z.B. Musik steht im Vordergrund). Kultur- und medienspezifische Musikrezeptionen rahmen oft audiovisuelle Kommunikationen.

Wir müssen uns in den ersten Jahrzehnten des 21. Jahrhunderts aber auf neuartige Missverständnisse vorbereiten, die durch die „Offensichtlichkeiten" von Bildern nahe gelegt werden. Je nach der generationentypischen, milieuspezifischen und professionellen Einbindung in unterschiedliche massenmediale und zielgruppenspezifische visuelle Zusammenhänge, werden je spezifische Kompetenzen auf- und abgebaut. „Massenkommunikation" in Gesellschaften wie China oder Indien erreicht selten einen Großteil der Bevölkerung für längere Zeit. Kinofilme und das Internet stehen nur Minderheiten kontinuierlich zur Verfügung. Deshalb ist eine Übertragung westlicher Kommunikationstheorien auf nicht-westliche Gesellschaften problematisch: Sie sind oft an die spezifischen Kontexte der Industrialisierung, Verstädterung und Demokratisierung gebunden. Wie Kumar (2005: 37) für Indien erläutert: „‚Mass' culture in our country is still by and large the one that prevails in our villages where over 77 % of our people live, and where Indian culture is barely touched by the mass media (...) Folk media continue to provide the main source of entertainment, and also of instruction and education in religious, social, economic and political matters." Als lehrreiches Beispiel schlägt Kumar (2005: 40) vor, eine Liste derjenigen zehn Worte aufzustellen, die die meisten Gefühle erwecken, mit ihren Konnotationen und Assoziationen. Ähnliches sollte für „Schlüsselbilder" und „Schlüsseltakte" erfolgen. Die Bildung öffentlicher Meinungen als Voraussetzung und

Ausdruck von Entscheidungsfindungen wird zudem nicht nur durch sprachliche Kommunikation, sondern durch sehr verschiedene Medien geprägt: persönliche und Telemedien, Druck-, Rundfunk- und Netzmedien. Sie funktionieren nicht nur als Orientierungs- und Koordinationsmittel für je zeitgenössische Handlungen, sondern auch über Generationen hinweg.

Mit der historisch neuartigen Fähigkeit der Menschheit, sich und den ganzen Planeten durch Massenvernichtungsmittel oder nukleare „Endlager" zu zerstören, wird die Entwicklung langfristiger Orientierungsmittel immer wichtiger. Denn bereits die Entwicklung von „Zeit" als gemeinsam geteiltes Koordinationsmedium erforderte die Konvergenz Jahrtausende währender technischer, ökonomischer, politischer und kultureller Prozesse, die erst vor wenigen Jahren zu fast weltweit bekannten und eingehaltenen Zeitzonen, -regimes und einer entsprechend verbindlichen Weltzeit führten. „Zeit" als Orientierungs- und Kommunikationsmittel währt bereits länger als gesprochene und geschriebene Sprachen. Wie letztere wird sie zwar immer wieder präzisiert, aber unterschiedlich flexibel genutzt. Von derartigen Zeichensystemen ist keine Eindeutigkeit im Gebrauch zu erwarten. Die Identifikation, Klassifikation und Interpretation von Bildern und Musik kann deshalb auch Hinweise für die Multimodalität und Vieldeutigkeiten noch längerfristiger Kommunikationsprozesse liefern.

9.2 Audio-visuelle (Selbst-) Präsentationen: YouTube

Die besondere Bedeutung von YouTube für audio-visuelle (Selbst-) Präsentationen liegt hierbei u.a. in einer weiteren Verkürzung und Verdichtung, Internationalisierung und Ent-Professionalisierung:

> „To what extent do clip aesthetics challenge traditional notions of, for example, textuality, episodic and serial narrative, documentary forms and also the very basic requirements of teaching and research? And what about the relationships between free-for-download video and mobile devices, between mashup software and patented hardware? How does the promise of empowering the ‚broadcasters of tomorrow' (YouTube) correspond to the realities of careers in broadcasting and film, to fan participation and management strategies? And finally: if YouTube is to be regarded as the world's largest archive, how do the texts and practices associated with its use work for and against cultural memory?" (Snickars/Vonderau 2009: 17)

Es lassen sich auch bereits weitere Formatveränderungen erkennen:

> „On January 15, 2009, YouTube's company blog announced a beta version of YouTube for Television: ‚a dynamic, lean-back, 10-foot television viewing experience through a streamlined interface that enables you to discover, watch and share YouTube videos on any TV screen with just a few quick clicks of your remote control. (…) Optional auto-play capability enables users to view related videos sequentially, emulating a traditional television expe-

rience. The TV website is available internationally across 22 geographies and in over 12 languages.' The beta version relies on Sony PS3 and Nintendo Wii game consoles, but YouTube has thrown down the gauntlet, and announced that it plans to extend its platform interfaces. Emulation as a strategy may yet come full circle." (Uricchio 2009: 37)

Allgemeiner lässt sich feststellen, dass das World Wide Web die Kommunikationsnetze erweitert und zersplittert.

„This is why the Internet can have a subversive effect on intellectual life in authoritarian regimes. But at the same time, the less formal, horizontal cross-linking of communication channels weakens the achievements of traditional media. This focuses the attention of an anonymous and dispersed public on select topics and information, allowing citizens to concentrate on the same critically filtered issues and journalistic pieces at any given time. The price we pay for the growth in egalitarianism offered by the Internet is the decentralized access to unedited stories. In this medium, contributions by intellectuals loose their power to create a focus." (Zitiert nach Sørenssen 2009: 142; Original: Habermas, Annahme des Bruno Kreisky Preises 2006)

Dennoch gibt es Kontinuitäten audio-visueller Narrative:

„As a site for exploring scripted spaces, YouTube still stands among some of the major traditions of narrative (the novel, cinema). Close to cinema in its use of visual segments extracted from different (narrative, performative) media, YouTube also gives the illusion – like the realist novel, but also like YouTube's owners, Google – of a kind of totality, a full universe. With the difference that a novel suggests *one* world (among many), while Google suggests *the* world: if you cannot find it on Google or YouTube, many people now seem to believe that it either doesn't exist, or is not worth knowing or having." (Elsaesser 2009: 168)
„Hence, the multiple authorship of the YouTube tales, when joining up with the selectivity and serendipity of the user, make YouTube a very ‚writerly' experience. But the mode of address that I am trying to focus on is also different from the 'writerly' in that it creates an empty space of enunciation, to be filled by the anonymous, but also plural ‚me'. On the one hand, a site like YouTube is inherently addictive, as one video drags one along to another and another and another. Yet after an hour or so, one realizes how precariously balanced and delicately poised one is, between the joy of discovering the unexpected, the marvelous and occasionally even the miraculous, and the rapid descent into an equally palpable anxiety, staring into the void of an unimaginable number of videos, with their proliferation of images, their banality or obscenity in sounds and commentary." (Elsaesser 2009: 183)

Google vermarktet die YouTube-Hits:

„When it introduced advertising to begin fifteen seconds after each video started and cover a fifth of each screen, who lined up first to advertise? News Corporation, 20th Century Fox, New Line Cinema and Warner Music. During the 2008 Summer Olympics, YouTube/Google laid claim to beneficent corporate social responsibility in making highlights available on line, but hid the same images and sounds from US viewers. Why? The company's main concern was getting on well with General Electric (the massive arms supplier and polluter that own NBC-Universal), which held exclusive domestic TV rights to the event. There is a sponsored video space, effectively a spot-bidding system for product placement in which advertisers look for materials they like, where YouTube nests their commercials." (Miller 2009: 428)

Im Dezember 2010 hatte YouTube (deutsch) die folgenden 15 Kategorien, wie Verkehrszeichen oder als Menü: Autos & Fahrzeuge, Bildung, Comedy, Film & Animation, Gemeinnütziges Engagement, Leute & Blogs, Musik, Nachrichten & Politik, Reisen & Events, Spiele, Sport, Tiere, Tipps & Tricks, Unterhaltung, Wissenschaft & Technik. YouTube (englisch) hat die gleichen 15 Kategorien: Autos & Vehicles, Comedy, Education, Entertainment, Film & Animation, Gaming, Howto & Style, Music, News & Politics, Nonprofits & Activism, People & Blogs, Pets & Animals, Science & Technology, Sports, Travel & Events.

9.3 Ungewissheiten

Sprachen, auch YouTube-Suchen und -Darstellungen, implizieren Dissonanzen und Desorientierungen, Exkommunikation und Missverständnisse. Durch die Vervielfachung technisch verbreiteter Zeichensysteme über nationale Sprachräume hinaus werden diese Ungewissheiten eher verstärkt. Dadurch entstehen neue Missverständnisse, für deren Überwindung neue Sprach- und Medienwissenschaften etabliert werden müssen, die hierfür Investitionen auf Kosten der etablierten Natur- und Ingenieurwissenschaften, besonders auch der Militärwissenschaften fordern.

Nimmt man mit Habermas an, das Ziel der Verständigung sei in menschliche Sprach-Diskurse eingebunden, bleibt dennoch weiterhin offensichtlich, dass kulturspezifische Ausdrucksformen und Kontexte, ebenso wie nonverbale Assoziationen und Wertungen, Voraussetzungen für Diskurse sind. Nur mit ihnen können Diskurse beginnen, enden und praktische Auswirkungen haben. Bezugnahmen auf geteilte Erinnerungen, Argumente, Fakten, zweifelhafte Behauptungen und fraglos gegebene Überzeugungen kontextualisieren jedes Diskurselement. Die Absicht, sich auf sprachliche Diskurse einzulassen und sie fortzuführen, ebenso wie der Verständigung zuzustimmen, gründet in vollsinnlichen Erlebnissen. Was als gemeinsam überzeugend gewürdigt oder erlebt wird, verweist in kaum rekonstruierbaren Verweisketten auf das nicht in Worte Fassbare. Diese Kommunikationsformen als Lebensformen (wie das erste Siegener Graduiertenkolleg hieß) gewinnen an Bedeutung, sobald Muttersprachen oder andere gemeinsam gesprochene („beherrschte") Sprachen ihren Geist der Vergemeinschaftung aufgeben müssen.

Nur totale, ganzheitliche, vollsinnliche Erlebnisse begründen sprachübergreifende Gewissheiten. (S. zur Welt der Sinne auch die 3sat Reihe http://www. 3sat.de/page/?source=/ard/sendung/74463/index.html und den Bericht des Howard Hughes Medical Institute http://www.hhmi.org/senses/.) Hierfür muss man nicht zu transzendentalen Kräften des Menschseins Zuflucht nehmen (wie einige Philosophen des 20. Jahrhunderts). Neuere Untersuchungen der Kultur-Anthropologie und Entwicklungspsychologie (insbesondere von Tomasello 2008 und 2009 und Tomasello et al. 2009) verdeutlichen vielmehr die gemeinsamen Grundlagen menschlicher Sinneswahrnehmungen für menschliche Sinnzusprechungen und Bedeutungen.

Das Konzept von Kurt H. Wolff, „Hingebung und Begriff" oder „surrender and catch" (vgl. Wolff 1976 und Ludes 1981 ebenso wie Ludes 2003) gründet in totalen Erlebnissen, die Menschen mit all ihren Sinnen erfassen und herausfordern zu neuen Sinngebungen, Begriffen oder „catches". Die (seltene) Gewisswerdung bestimmter Werte oder Bindungen weist über traditionelle Gruppen und Sprachräume hinaus. Die Aufklärung darüber, warum dies gelang, ergänzt Diskurstheorien, denn nur das fraglos Gegebene motiviert und in diesem Sinne begründet es Beginn und Ende ebenso wie praktische Konsequenzen.

2004 spezifizierte Habermas biographische Hintergründe seiner Theorie des kommunikativen Handelns. Diese sei womöglich durch seine persönliche Sprechstörung motiviert worden. Insgesamt wichtiger ist, dass seine Theoriebildung sich mehr auf kommunikatives Handeln als kommunikative Erlebnisse konzentrierte. Damit blieb er mehr in der Tradition Max Webers und eines dominierenden Rationalisierungsprozesses als in der Tradition Georg Simmels, der die Vieldeutigkeiten von Erlebnissen und Modernisierungsprozessen betonte und eine „Soziologie der Sinne" (Simmel 1908) begründete.

Habermas (1981, Bd. 1: 439 und 446) konzentriert sich zudem auf Handlungen, die in Worte gefasst, ja mit Worten ausgeführt werden. In seiner Theorie gleichen totale Erlebnisse dramaturgischen Handlungen. Diese sind expressiv und fordern existentielle Wahrheiten oder Authentizität im persönlichen Umgang. Aber jeder Diskurs verlangt die Anerkennung des/der anderen, ihn/sie zu akzeptieren, ihm/ihr zuzuhören, ihn/sie als vertrauenswürdig anzusehen. (Vgl. Münch 2004.) Historisch bilden (heilige) Traditionen Begrenzungen, die in den säkularisierten Phasen der Modernisierung (die sicher nicht einfach zunehmen) „verdampfen". Deshalb bleiben als existentiell und absolut (auf Zeit) erlebte Gewissheiten Voraussetzungen gerade für Globalisierungen von neuen Diskursen.

Seit der Gefährdung des Überlebens der Menschheit durch atomare, biologische und chemische Massenvernichtungsmittel müssen auch neuartige Massenkommunikationsmittel über Generationen hinweg entwickelt werden. Weltweites Satellitenfernsehen und das World Wide Web haben militärische, terroristische, ökologische oder ökonomische Katastrophenrisiken nach ihren

„Schlüsselbildern" suchen lassen, wofür es bereits mehrere, je aktualisierte Beispiele gibt (s. Kramer/Ludes 2010 und www.keyvisuals.org).

Mehrere Milliarden Menschen können inzwischen massenmedial vermittelte Katastrophen audio-visuell teilen, in offensichtlich unterschiedlichen Graden
der Betroffenheit. Hierdurch werden vollsinnliche existentielle Erfahrungen
transformiert, wird Mit-Leiden reduziert auf „Compassion light". Dennoch entstehen so auch neue Netze der Solidarität und des Bewusstseins gemeinsamer
Abhängigkeiten. Es setzt sich auch ein Lernen aus den Katastrophen anderer
durch, wie internationale Reaktionen auf die Nuklearkatastrophe in Japan im
März 2011 zeigten. Und nur diejenigen, die bewusst erleben und begreifen,
werden traditionelle Blindheiten aufklären.

In derart komplizierten Sinnes-Zusammenhängen wird die Suche nach Be-
deutungs-Schlüsseln immer wichtiger. Sie können nicht allein in Untersuchungen von Massen- und Netzwerkmedien gründen, noch nur in der kurzfristig erlebten Gegenwart. Nur jenseits lebender Generationen liegen Schlüssel zum
Verständnis von Kommunikationsprozessen. Das erfordert auch Neu-Begründ-
ungen von Gewissheiten: Diese können nicht in individuellen oder zeitgenössischen Erfahrungen allein gründen, sondern erfordern Dialoge zwischen den Generationen weit über die aktuell Lebenden hinaus. Interkulturelle und Inter-
Generationen „Zweifel-Gewissheitsprüfungen" erfordern eigene Institutionen
jenseits der bereits problematischen Sprach-Diskurse. Zudem ist das Ziel eines
gemeinsamen Verständnisses von „Verständigung" nicht selbstverständlich.

Existentielle Wahrheiten bieten Anlässe, Diskurse mit Erlebnissen zu begründen und begreifen, kommunikatives Handeln mit intra-subjektiven Prüfungen. Wenn Menschen sich mehr auf das konzentrieren, was sie als Menschenrechte und -pflichten teilen, Freiheit von Gewalt und von Hunger, von Diskri-
minierung und Betrug, dann entwickeln sie wirklichkeitsgerechtere Orientie-
rungs- und Kommunikationsmittel, die diesen Prinzipien eher gerecht werden
als heute dominierende Medien.

In Habermas' Diskurstheorie gibt es hierfür bereits Ansätze, vor allem in
seiner „Theorie des kommunikativen Handelns". Habermas (1981, Bd. 2: 585)
postuliert drei soziale Bereiche: Wissenschaft, Ethik und die Künste, die funktionale Systeme der Politik oder Ökonomie transzendieren. 1999 betonte er die
Einbeziehung des anderen. Auch die Bedeutung der Religion als einer Quelle
der Transzendenz und der besonderen Sprachbegabung für leidende Menschen
wurden erkannt (Habermas 2001a und Lalonde 1999, s. weiterführend Habermas 1997). Ähnlich wie Wolffs Diagnose eines Umbruchs der Menschheitsge-
fährdung durch Atombomben, sieht Habermas (2001b: 125) historisch neuartige
Herausforderungen durch die Gentechnologie: „Wir haben die Praktiken der
Lebenswelt und der politischen Gemeinschaft auf Prämissen der Vernunftmoral

und der Menschenrechte umgestellt, weil diese eine gemeinsame Basis für ein menschenwürdiges Dasein über weltanschauliche Differenzen hinweg bieten. Vielleicht lässt sich der affektive Widerstand gegen eine befürchtete Veränderung der Gattungsidentität heute aus ähnlichen Motiven erklären – und rechtfertigen."

Weiterentwicklungen der internationalen Medienwissenschaften erfordern deshalb Rückbindungen an globalisierende Diskurse, die Generationen übergreifen und vollsinnliche, existentielle Begründungen suchen. Sie erfordern die Überwindung von Ego- und Kulturzentrismen ebenso wie der alleinigen Konzentration auf individuelle Lebenserwartungen. Auch wenn DiskursteilnehmerInnen innerhalb begrenzter Zeit einen gemeinsam geteilten, überzeugenden Konsens gefunden haben, heißt dies selbstverständlich nicht, dass dieser Konsens einfach auch auf andere (Nicht-DiskursteilnehmerInnen) überzeugend wirkt. Denn weder alle Argumente und mehr oder weniger explizite Verweise sind übertragbar noch ist anzunehmen, dass auch nur die meisten der für andere relevanten Fragen gestellt oder der für andere drängenden Zweifel ausgeräumt werden konnten. Dieses Problem der Übertragbarkeit von individuell gewonnenen Einsichten gilt auch für Norbert Elias' Beispiel der Fischer im Mahlstrom (nach Edgar Allan Poe) und die Überwindung von Ängsten als Voraussetzung distanzierterer Beobachtungen, die erst dadurch zu wirklichkeitsgerechteren Diagnosen und Alternativen führen könnten. (Vgl. Elias 1983 und 1982.) Sowohl Diskurs- als auch Zivilisationstheorien erfordern dementsprechend stärkere Berücksichtigungen internationaler Medienwissenschaften, denn die genannten Herausforderungen der medialisierten Übertragungen multiplizieren sich in internationalen und inter-generationalen Abhängigkeiten.

Warum ist „vor-sichtig" anzunehmen, dass weltweit in unterschiedlichen Ausprägungen und Entwicklungsmustern Erlebnisse mit all unseren Sinnen hierbei wichtiger werden – und nicht weitere „Amputationen" medialer Sinneswahrnehmungen und Sinngebungen? Einerseits wird die Mehrheit der Weltbevölkerung, v.a. in ländlichen Regionen, weiterhin mit allen Fasern und Sinnen ihrer Körper den Naturgewalten und direkter körperlicher Kontrolle durch andere ausgesetzt sein und versuchen, sich diesen zu entziehen bzw. diese zu befrieden. Erst die kontinuierliche Überwindung von Hunger, Durst, Obdachlosigkeit, Verwundungen und Ausgeliefertsein erlaubt ästhetische sinnliche Reduzierungen und technische Vermittlungen kommunikativer Akte als selbstverständliche Koordinatoren. In diesem Sinne ko-existieren in allen menschlichen Gesellschaften unmittelbare körperliche Anreize und Zwänge, auch in weiter Zukunft, unausweichlich bei Kindererziehung, Krankenversorgung oder Unfallhilfe. Dieses tatsächliche Ergriffenwerden von Kindeshaut, -mund, -nasen, -ohren und –

augen an geht jedem eigenen Begreifen voraus und ergänzt es als Verständniser-
fahrung.

Je weiträumiger aber Menschengruppierungen voneinander abhängig werden zur Erfüllung der Elementarfunktionen des physischen Überlebens durch
Nahrung und Wohnung sowie der Kontrolle der Natur und von anderen Menschen ebenso wie durch die Sicherung Verständnis eröffnender Orientierungs-
und Kommunikationsmittel, desto distanzierter und sinnlich reduzierter müssen
auch die sinnlichen Wahrnehmungen erscheinen. Alle Sinne haben recht enge
Wahrnehmungsräume, die bisher nur für Töne, Geräusche, Musik sowie Bilder
und Bildsequenzen durch audio-visuelle Tele-Massen- und Netzwerkmedien
globalisiert wurden. Weiterhin werden aber „Offensichtlichkeiten" nicht allein
an Sichtbares anknüpfen können, sondern von Zeit zu Zeit und immer bei besonders wichtigen Herausforderungen auf vollsinnliche Erlebnisse verweisen,
bei denen man sich ganz sicher sein konnte, dass etwas „tat"sächlich und nicht
nur dem Anschein nach so ist. Menschheitsgefährdungen wie Nuklearkatastrophen oder Computerviren, die lebensnotwendige Infrastrukturen angreifen, entstehen zudem jenseits unserer sinnlichen Wahrnehmungsfähigkeiten, was das
Zusammenwirken von Erkenntnissen der Sensortechniken mit den Medien- und
Kommunikationswissenschaften hervorrufen sollte.

Die Vernetzung dieser unterschiedlichen Kommunikationssplitter gewinnt
an Bedeutung, weil die terroristischen oder ökologischen Kosten der Ausgrenzung großer Menschengruppierungen unbezahlbar werden und weil die allgemeinen Menschenrechte und -pflichten gefördert werden müssen. Das heißt, es
müssen neue „Brückenmedien" entwickelt werden, die über Audio-Visionen
hinaus mehrere Sinne einbeziehen und Sinnfragen in verschiedenen Sinneszu-
sammenhängen klären. Nur durch die Ko-Evolution multimodaler Medien werden technische Verbreitungs- und Netzwerkmedien ergänzt werden, so dass sie
nicht weiter einsinnige Sinnlosigkeiten produzieren. Und erst wenn derartige
Zusammenhänge in internationalen Medienwissenschaften erhellt werden, tragen die Medienwissenschaften weniger zur Fortsetzung von Nationalisierungs-
prozessen und sinnlichen Einseitigkeiten bei. Hierfür werden, jenseits von
Websites, Foren oder Mobilnetzen multimodale vollsinnliche Inseln entstehen,
die Kindheits(t)räume mit Intuitionen in kollektivem Unbewusstem verbinden,
wofür das abschließende Gedicht eine Vorahnung vermitteln mag.

Globale Heimat

Gefühlt von innen, Kinder binnen
Und binnen neun sich freun
Verdrängen Ängste Wasserwesen
Erspüren Knospen lutschend
Erbeißen Wege rege verlassen heimisch

Und können es riechen smell it out
So kommst du auf Geschmack
Begreifst danach und siehst voraus hörst um die Ecken bald

Gemeinsam sinnen Deutung geben
Verstehen teilen vag
(dies ist der erste Tag ...)

Dank und Nachweise

Dank an die Studierenden in Information and Knowledge Society, Transnational and Global Communication, Visual Communication und Mass Media and Network Communication im vergangenen Jahrzehnt an der internationalen Jacobs University Bremen, an die DFG für die Förderung des Projekts „Automatische Identifikation und Klassifikation von Personen als Key-Visual-Kandidaten" (2008-2011), aus dem die Beispiele aus Fernsehjahresrückblicken hervorgingen, für die Förderung der Kooperation mit Prof. Leonardo Boccia, UFBA, Brasilien, zu „SchlüsselBildMusik" (2009 – 2011) und an Jan Müller: er entwickelte unser MultiMediaContentManagement System Kivi und erarbeitete die statistischen Anwendungen. Mein besonderer Dank gilt der School of Humanities and Social Sciences der Jacobs University Bremen für das mir gewährte Sabbatical im Herbst 2010 und Nadine Binder, Studentin an der Jacobs University, für ihre hervorragende Unterstützung bei der Fertigstellung dieses Buches, bei Literaturrecherchen und Übersetzungen. Ich bin ebenfalls Grigory Zabelin, Jacobs University, für die Endformatierung und Barbara Emig-Roller, VS-Verlag, für ihre Verbesserungsvorschläge sehr zu Dank verpflichtet. Die Vernetzung mit Forschungsprojekten brasilianischer, chinesischer, indischer und US-amerikanischer KollegInnen, der öffentliche und private Informationsaustausch mit ihnen und Studierenden aus fast 100 Ländern an der Jacobs University Bremen erforderten zunehmend die Infragestellung westlicher Perspektiven. Mehrere DFG-Projekte seit 1989 trainierten interdisziplinäres Problembewusstsein.

Nachweise: Teile von Kapitel 1 stellte ich in meinem Vortrag „Verschwiegen, verschwunden, verdrängt. Erfahrungen aus 160 Interviews, Nachrichtenanalysen in den USA und der BRD und aus fünf Jahren Initiative Nachrichtenaufklärung" auf dem Mainzer Mediendisput am 30. Oktober 2002 vor. Abschnitt 3 entspricht weitgehend meinem Rezensions-Essay der Trilogie von Castells in Publizistik 2003, Heft 3, erweitert in „Symbolisch vernetzen" (2003) und „Journalismus zwischen Macht und Ohnmacht" (2010).

Kapitel 2 basiert auf „Schlüsselbild-Gewohnheiten. Visuelle Habitualisierungen und Koordinationen", in: Thomas Kieper and Marion Müller (Hg.): Kommunikation visuell, Köln 2001, S. 64-78.

Kapitel 3 beginnt mit einer modifizierten und aktualisierten Fassung von „Informationsüberfluss? Wissensknappheit: China, Deutschland, USA", in: Heidrun Abromeit, Jörg-Uwe Nieland und Thomas Schierl (Hg.): Politik, Medien, Technik. Festschrift für Heribert Schatz, Wiesbaden 2001, S. 380-400, die auf neuere Überlegungen zu Informations- und Wissensgesellschaft, Ignoranz, Arroganz, Desorientierung und Exkommunikation vorbereitet.

Kapitel 4 verdankt viel meinen Gesprächen mit Professor Keval Kumar, Pune, Indien, und Leonardo Boccia, UFBA, Brasilien.

Kapitel 5 aktualisiert „Multiple Symbolisierungen. Technisierung, Trivialisierung, Internationalisierung", in: Rudolf Schlögl, Bernhard Giesen, Jürgen Osterhammel (Hg.): Die Wirklichkeit der Symbole. Grundlagen der Kommunikation in historischen und gegenwärtigen Gesellschaften, Konstanz 2004, S. 263-278. Kap. 5.4 und 5.5 basieren auf Kap. 7.3 und 7.4 in Ludes (2001).

Kapitel 6 aktualisiert und ergänzt „Geld/Schein/Öffentlichkeiten" (Ludes 2009).

Kap. 7 beginnt in 7.1 und 7.2 mit einer sehr verkürzten und aktualisierten Neufassung von „Orientierungsmittel und Desorientierungsfallen. Intermediale und medienspezifische Kulturcodes", in: Ulrich Saxer (Hg.): Publizistik-Sonderheft Medien-Kulturkommunikation, Opladen 1998, S. 160-172, um dann neuere Entwicklungen der Verschleierung und Aufklärung zu skizzieren.

Kapitel 8 basiert auf Vorarbeiten in Deutsch („Mediensoziologie", in: Helmut Schanze (Hg.): Handbuch der Mediengeschichte, Stuttgart 2001, S. 119-139), Englisch (Ludes 2006) und Portugiesisch (Ludes 2009).

Kapitel 9 ist ein Originalbeitrag, wovon aber frühere Fassungen in Portugiesisch und Englisch (Ludes 2011, Kap. 8) veröffentlicht wurden. Alle Vorarbeiten wurden überarbeitet, aktualisiert und in den Gesamtzusammenhang des Buches eingebunden.

Basisliteratur, -DVDs und -Links

Basisliteratur
Castells (2009); Kumar (2010); Kramer und Ludes (Hg. 2010); McQuail (2010); Qiu (2009) und Thussu (2006 und 2008)

Basis-DVDs
Götz, Olaf/Twente, Christian/Koester, Stephan/von Moeller, Erica/Wiezorek, Robert (2008): Die Deutschen (10 DVDs). Grünwald: Komplett Media. Spieldauer: 775 Minuten.
Knopp, Guido (2006): 100 Jahre – Die großen Bilder des 20. Jahrhunderts, Teil 1-5 (DVD). Komplett Video. Spieldauer: 550 Minuten.
Maischberger, Sandra (Darsteller) (2009): 60x Deutschland – Jubiläumsbox (60 Jahre BRD auf 6 DVDs). Hamburg: Edel Germany GmbH (Regisseur). Spieldauer: 840 Minuten.

Basis-Links
Advertising Age: http://adage.com/
Center for Media and Democracy – PR Watch: http://www.prwatch.org/
Columbia Journalism Review: http://www.cjr.org/resources/
Eurobarometer Surveys: http://ec.europa.eu/public_opinion/cf/index_en.cfm
Freedom Forum: http://www.mediastudies.org/
Global Voices: http://globalvoicesonline.org/
Human Development Reports: http://hdr.undp.org/en/reports/
Independent Media Center (Indymedia): http://www.indymedia.org/
Initiative Nachrichtenaufklärung: http://www.nachrichtenaufklaerung.de
International Journal of Communication: http://ijoc.org/ojs/index.php/ijoc
Internet Society: http://www.isoc.org/
Key Visuals: http://www.keyvisuals.org
Media Lens: http://www.medialens.org/
NORDICOM Sampler of International Media and Communications Statistics 2010: http://www.nordicom.gu.se/common/publ_pdf/NMT12.pdf
On the Commons: http://www.onthecommons.org/
Press Reference: http://www.pressreference.com
Project Censored: http://www.projectcensored.org
Reporters Without Borders: http://en.rsf.org
The Communication Initiative Network: http://www.comminit.com/
The Museum of Broadcast Communications: http://www.museum.tv/

Literaturverzeichnis

*(Empfohlene Literatur ist mit einem * gekennzeichnet.)*

Adatto, Kiku (1990): Sound Bite Democracy. Network Evening News Presidential Campaign Coverage 1968 and 1988. Research Paper R-2, Juni 1990: The Joan Shorenstein Baron Center on the Press, Politics and Public Policy. Harvard University.

Adatto, Kiku (1993): Picture Perfect. The Art and Artifice of Public Image Making. New York: Basic Publishing.

Adorno, Theodor W./Horkheimer, Max (1971): Dialektik der Aufklärung. Frankfurt am Main: Suhrkamp. (zuerst veröffentlicht in Amsterdam 1947)

Altheide, David L. (2004a): „The Control Narrative of the Internet", in: Symbolic Interaction, 27. Jg., Heft 2, S. 223-245.

Altheide, David L. (2004b): „Consuming Terrorism", in: Symbolic Interaction, 27. Jg., Heft 3, S. 289-308.

Altheide, David L./Grime, Jennifer N. (2006): „News Management and the Iraq War", in: Phillips, Peter/Project Censored (Hrsg): Censored 2006: The Top 25 Censored Stories, New York: Seven Stories Press, S. 366-372.

Andersen, Robin (2006): „The Military Entertainment News Complex: War as Video Game", in: Phillips, Peter/Project Censored (Hrsg): Censored 2006: The Top 25 Censored Stories, New York: Seven Stories Press, S. 355-363.

Appadurai, Arjun (1996): Modernity at Large: Cultural Dimensions of Globalization. Minneapolis: University of Minnesota Press.

Appadurai, Arjun (2006): Fear of Small Numbers. An Essay on the Geography of Anger. Durham/London: Duke University Press.

Araujo, Valdei L. (2001): „A Sea Full of Waves: Ambiguity and Modernity in Brazilian Culture", in: Brazil 2001: A Revisionary History of Brazilian Literature and Culture. Dartsmouth: University of Massachusetts.

Arditi, Jorge (1999): „Etiquette Books, Discourse and the Deployment of an Order of Things", in: Theory, Culture & Society, 16. Jg., Heft 4, S. 25-48.

Arlt, Hans-Jürgen/Storz, Wolfgang (2010): Wirtschaftsjournalismus in der Krise – Zum massenmedialen Umgang mit Finanzpolitik, Studie der Otto Brenner Stiftung, Arbeitsheft 63, Frankfurt am Main.

Arnoldi, Jakob (2009): Alles Geld verdampft: Finanzkrise in der Weltrisikogesellschaft. Frankfurt am Main: Suhrkamp.

Assmann, Aleida (2000): „Geschichte im Gedächtnis", in: Huber, Martin/ Lauer, Gerhard (Hrsg.): Nach der Sozialgeschichte: Konzepte für eine Literaturwissenschaft zwischen Historischer Anthropologie, Kulturgeschichte und Medientheorie. Tübingen: Niemeyer, S. 15-28.

*Assmann, Aleida (2008): Einführung in die Kulturwissenschaft. Grundbegriffe, Themen, Fragestellungen. 2., neu bearbeitete Auflage. Berlin: Erich Schmidt Verlag.

Athique, Adrian M. (2009): „From monopoly to polyphony. India in the era of television", in: Turner, Graeme/Tay, Jinna (Hrsg.): Television Studies After TV. Understanding Television in the Post-Broadcast Era. London/New York: Routledge, S. 159-167.

Bachmair, Ben (1996): Fernsehkultur. Subjektivität in einer Welt bewegter Bilder. Opladen: Westdeutscher Verlag.

Bachmair, Ben/Pachler, Norbert/Cook, John/Kress, Gunther (2010): Mobile learning? New York: Springer.

Barbieri, Therezinha (2001): Brazilian Fiction Today: A Point of Departure. Dartmouth, MA: University of Massachusetts, RPI Press.

Barnhurst, Kevin G./Steele, Catherine A. (1997): „Image-Bite News. The Visual Coverage of Elections on U.S. Television, 1968-1992", in: The Harvard International Journal of Press/Politics, 2. Jg., Heft 1, S. 40-58.

Batista, Vera M. (2006): „Die soziale Konstruktion der Angst in Rio de Janeiro", in: Medico International, Rundschreiben 02/06, S. 10-14 .

*Beck, Klaus (2010): Kommunikationswissenschaft. 2. Auflage. Reihe: UTB basics. Konstanz: UVK (1. Auflage 2007).

Beck, Ulrich (1986): Risikogesellschaft. Auf dem Weg in eine andere Moderne. Frankfurt am Main: Suhrkamp.

Beck, Ulrich (1997): Was ist Globalisierung? Frankfurt am Main: Suhrkamp.

*Beck, Ulrich (2007): Weltrisikogesellschaft. Frankfurt am Main: Suhrkamp.

*Beck, Ulrich/Grande, Edgar (2004): Das kosmopolitische Europa. Frankfurt am Main: Suhrkamp.

*Beck, Ulrich/Grande, Edgar (2010): „Jenseits des methodologischen Nationalismus. Außereuropäische und europäische Variationen der Zweiten Moderne", in: Soziale Welt 61, S. 187-216.

Béhague, Gerhard H. (1998): „Music, c. 1920 – c. 1980", in: Bethell, Leslie (Hg.): A Cultural History of Latin America. Literature, Music and the Visual Arts in the 19th and 20th Centuries. New York: Cambridge University Press, S. 311-367.

Bell, Daniel (1973): The Coming of Post-Industrial Society. A Venture in Social Forecasting. New York: Basic Books.

Berger, Peter L./Huntington, Samuel P. (Hrsg.) (2002): Many Globalizations. Cultural Diversity in the Contemporary World. New York: Oxford University Press.

Berghaus, Margot (1986): „Zur Theorie der Bildrezeption", in: Publizistik, 31. Jg., S. 278-295.

Bethell, Leslie (Hg.) (1998): A Cultural History of Latin America. Literature, Music and the Visual Arts in the 19th and 20th Centuries. New York: Cambridge University Press.

Blaukopf, Kurt/Parzer, Michael (Hg.) (2010): Was ist Musiksoziologie? Ausgewählte Texte. Frankfurt am Main: Peter Lang.

Boccia, Leonardo (2005): „Key Measures: Music and Sounds in the Most Important TV Stations of Four Countries", in: Ludes, Peter (Hg.): Visual Hegemonies: An Outline, Band 1 von The World Language of Key Visuals. Münster: LIT, S. 68-95.

*Boccia, Leonardo (2011): „Key Audibles", in: Peter Ludes (Hg.): Algorithms of Power - Key Invisibles, Band 3: The World Language of Key Visuals. Münster: LIT, S. 137-162.

*Boccia, Leonardo/Ludes, Peter (2009): „Key Measures and Key Visuals in Brazilian and German TV Annual Reviews", in: Ross, Michael/Garncarz, Joseph/Grauer, Manfred/Freisleben, Bernd (Hrsg.): Digital Tools in Media Studies, Bielefeld: Transcript, S. 159-169.

*Bonfadelli, Heinz (2010): Einführung in die Publizistikwissenschaft. Wiesbaden: VS Verlag.

Bouhs, Daniel (2006): „Kollegenspionage in der Grauzone", in: Fachjournalist, Heft 4/2006, S. 3-6.

Bourke, Thomas (2010): „Chronicle of a Collapse: A Bibliography of the Financial & Economic Crisis", in: EUI review, Herbst 2010, S. 27-28.

*Bornschier, Volker (2008): „Zur Entwicklung der sozialen Ungleichheit im Weltsystem. Fakten, offene Fragen und erste Antworten.", in: Bayer, Michael/Mordt, Gabriele/Terpe, Sylvia/Winter, Martin (Hrsg.): Transnationale Ungleichheitsforschung. Eine neue Herausforderung für die Soziologie. Frankfurt a.M./New York: Campus, S. 97–134.

Boyd-Barrett, Oliver (2000): „Constructing the Global, Constructing the Local: News Agencies Re-Present the World", in: Malek, Abbas/Kavoori, Anandam P. (Hrsg.): The Global Dynamics of News: Studies in International News Coverage and News Agendas. Stamford, Connecticut:. Ablex Pub. Corp., S. 299-323.

*Boyd-Barrett, Oliver (2005): „Journalism, media conglomerates and the Federal Communications Commission", in: Allan, Stuart (Hg.): Journalism: Critical Issues (Issues in Cultural & Media Studies). New York: Open University Press.

Bruhn, Matthias (2003): Bildwirtschaft. Verwaltung und Verwertung der Sichtbarkeit. Weimar: VDG.

*Bruhn, Matthias (2009): Das Bild. Theorie – Geschichte – Praxis. Berlin: Akademie Verlag.

Brunkhorst, Hauke (2001): „Globale Solidarität: Inklusionsprobleme der modernen Gesellschaft", in: Wingert, Lutz/ Günther, Klaus (Hrsg.): Die Öffentlichkeit der Vernunft und die Vernunft der Öffentlichkeit: Festschrift für Jürgen Habermas. Frankfurt am Main: Suhrkamp, S. 605-626.

Bunz, Mercedes (2011): „Das offene Geheimnis: Zur Politik der Wahrheit im Datenjournalismus", in: Wikileaks und die Folgen: Netz - Medien - Politik. Berlin: Suhrkamp Verlag, S. 134-151.

Burke, Peter/Pallares-Burke, Maria Lucía G. (2008): Gilberto Freyre: Social Theory in the Tropics. Oxford: Peter Lang Publishing.

Castells, Manuel (1996): The Information Age. Economy, Society and Culture. Volume I: The Rise of the Network Society. Malden (MA), Oxford: Blackwell Publishing. Verbesserte Auflage 2000.

Castells, Manuel (1997): The Information Age: Economy, Society and Culture. Volume II: The Power of Identity. Malden (MA), Oxford: Blackwell Publishing. Verbesserte Auflage 2004.

Castells, Manuel (1998): The Information Age: Economy, Society and Culture. Vol. III: End of Millenium. Malden (MA), Oxford: Blackwell Publishers. Verbesserte Auflage 2000.

*Castells, Manuel (2001-2003): Das Informationszeitalter I-III, Die Netzwerkgesellschaft, Die Macht der Identität, Jahrtausendwende. Opladen: Leske + Budrich Verlag (The Information Age: Economy, Society and Culture, 3 Volumes, The Rise of the Network Society, The Power of Identity, End of Millennium, Oxford 1996-1998, überarbeitet 2000: Übersetzt von Reinhart Kößler).

Castells, Manuel (Hg.) (2004): The Network Society: A Cross-Cultural Perspective. Cheltenham: Edward Elgar.

Castells, Manuel (2006): „The Network Society: From Knowledge to Policy", in: Castells, Manuel/Cardoso, Gustavo (Hrsg.): The Network Society: From Knowledge to Policy. Washington DC: Johns Hopkins Center for Transatlantic Relations, S. 3-22.

Castells, Manuel (2007): „Communication, Power and Counter-power in the Network Society", in: International Journal of Communication, 1. Jg., S. 238-266.

Castells, Manuel (2008): „The New Public Sphere: Global Civil Society, Communication Networks, and Global Governance", in: Annals, AAPSS, 616. Jg., Heft 1, S. 78-93.

*Castells, Manuel (2009): Communication Power. New York: Oxford University Press.

*Castells, Manuel/Fernandez-Ardevol, Mireia/Qiu, Jack Linchuan/Araba, Sey (2007): Mobile Communication and Society. A Global Perspective. Cambridge/London: MIT Press.

Chalaby, Jean K. (2005): „From Internationalization to Transnationalization", in: Global Media and Communication, 1. Jg., Heft 2, S. 28-33.

Chang, Tsan-Kuo/Chen, Yanru (2000): „Constructing International Spectacle on Television: CCTV News and China's Window on the World, 1992-1996", in: Malek, Abbas/Kavoori, Anandam P. (Hrsg.): The Global Dynamics of News: Studies in International News Coverage and News Agendas. Stamford, Connecticut: Ablex Pub Corp, S. 197-223.

Chen Chang, Tsan-Kuo/Wang, Jian/Chen, Chih-Hsien (1994): „News as Social Knowledge in China: The Changing Worldview of Chinese National Media", in: Journal of Communication, 44. Jg., S. 52-69.

Clarke, Arthur C./McQuay, Mike (1996): Richter 10. London: Spektra.

*Curran, James/Park, Myung-Jin (Hrsg.) (2000): De-Westernizing Media Studies. London/New York: Routledge.

Curran, James/Iyengar, Shanto/Brink, Anker/Salovaara-Moring, Inka (2009): „Media System, Public Knowledge and Democracy: A Comparative Study", in: European Journal of Communication, 24. Jg., Heft 1, S. 5-26.

Dahlgren, Peter (2005): „The Public Sphere: Linking the Media and Civic Cultures", in: Rothen-
buhler, Eric W./Coman, Mihai (Hrsg.): Media Anthropology. London: Sage, S. 318-328.

Davies, Máire Messenger (2009): „'What planet are we on?' Television drama's relationships with
social reality", in: Howells, Richard/Matson, Robert W. (Hrsg.): Using Visual Evidence.
Maidenhead: Open University Press/McGraw Hill Education, S. 153-169.

de Carvalho, Alonso Bezerra/da Fonseca Brandao, Carlos (Hrsg.) (2005): Introduçao à Sociologia
da Cultura. Max Weber e Norbert Elias. São Paulo: Avercamp.

de Castro Rocha, Joao Cezar (2001a): „Introduction - „There is no Brazil": A Poet's Writing of
Cultural History", in: de Castro Rocha, Joao Cezar (Hg.): Brazil 2001: A Revisionary History
of Brazilian Literature and Culture. Dartmouth, MA: University of Massachusetts Press, S.
xvii-xxviii.

de Castro Rocha, Joao Cezar (2001b): „The Origins and Errors of Brazilian Cordiality", in: Brazil
2001: A Revisionary History of Brazilian Literature and Culture, in: de Castro Rocha, Joao
Cezar (Hg.): Brazil 2001: A Revisionary History of Brazilian Literature and Culture. Dartmouth, MA: University of Massachusetts Press, S. 73-85.

de Kerckhove, Derrick (2000): „Medien des Wissens – Wissensherstellung auf Papier, auf dem
Bildschirm und online", in: Maar, Christa/Obrist, Hans Ulrich/Pöppel, Ernst (Hg.): Weltwissen
Wissenswelt. Das globale Netz von Text und Bild. Köln: DuMont.

Debray, Régis (1999): Jenseits der Bilder. Eine Geschichte der Bildbetrachtung im Abendland.
Rodenbach: Avinus Verlag.

Deuze, Mark (2008): „Understanding Journalism as Newswork: How it Changes, and How It Re-
mains the Same", in: Westminster Papers in Communication and Culture, 5. Jg., S. 4-23.

Diez Medrano, Juan (2003): Framing Europe. Attitudes to European Integration in Germany, Spain,
and the United Kingdom. Princeton/Oxford: Princeton University Press.

Dines, Alberto (1981): Morte no paraíso: a tragédia de Stefan Zweig. Rio de Janeiro: Nova Fron-
teira.

dinzzz414 (28. August 2006): 纪录片天安門 六四事件 Tiananmen Square protests Part 1 of 20
with English Subs [YouTube Video]. http://www.youtube.com/watch?v=r7ou2-Kv4UA&
feature=PlayList&p=0938BF24000377A1&index=0&playnext=1, geprüft am 27.04.11.

Dölker, Christian (1999): Ein Bild ist mehr als ein Bild. Visuelle Kompetenz in der Multimedia-
Gesellschaft. 2. verbesserte Auflage, Stuttgart: Klett-Cotta.

Dörner, Andreas (2000): Politische Kultur und Medienunterhaltung. Zur Inszenierung politischer
Identitäten in der amerikanischen Film- und Fernsehwelt. Konstanz: Universitätsverlag Konstanz.

Donoghue, Frank (2010): „Wo viel Licht ist, ist auch Schatten. Hochschulen in den USA zwischen
Elite und Titelmühlen", in: Forschung & Lehre, Nr. 9/10, S. 632-635.

Dullien, Sebastian (2008): „Wirtschaftspolitische Berichterstattung in Deutschland – ein Fall von
Marktversagen", in: Hagemann, Harald/Horn, Gustav/Krupp, Hans-Jürgen (Hrsg.): Aus ge-
samtwirtschaftlicher Sicht. Festschrift für Jürgen Kromphardt. Marburg: Metropolis Verlag, S.
225-244.

Dunning, Eric (2003): „Die Dynamik des modernen Sports: Anmerkungen zum Leistungsstreben
und zur sozialen Bedeutung des Sports", in: Elias, Norbert/Dunning, Eric (Hrsg.): Sport und
Spannung im Prozess der Zivilisation. Frankfurt am Main: Suhrkamp, S. 363-397.

Eisenstadt, Shmuel N. (2000): Die Vielfalt der Moderne. Weilerswist: Velbrueck.

Elias, Norbert (1970): Was ist Soziologie? München: Juventa Verlag.

Elias, Norbert (1977): Über den Prozess der Zivilisation. Soziogenetische und psychogenetische
Untersuchungen. Erster Band: Wandlungen des Verhaltens in den Weltlichen Oberschichten
des Abendlandes. Zweiter Band: Wandlungen der Gesellschaft. Entwurf zu einer Theorie der
Zivilisation, Frankfurt am Main: Suhrkamp, 4. Auflage (1. Aufl. Basel 1939; 2. Aufl. mit einer
neuen Einleitung Bern 1969).

Elias, Norbert (1982): Gespräch mit dem Autor. USA, Bloomington, University of Indiana.

Elias, Norbert (1983): „Über den Rückzug der Soziologen auf die Gegenwart", in: Kölner Zeitschrift für Soziologie und Sozialpsychologie, Nr. 35, S. 29-40.

Elias, Norbert (1984): „Knowledge and Power: An Interview by Peter Ludes", in: Stehr, Nico/Meja, Volker (Hrsg.): Society and Knowledge. Contemporary Perspectives on the Sociology of Knowledge. New Brunswick: Transaction Books, S. 251-291.

Elias, Norbert (1987): Die Gesellschaft der Individuen. Frankfurt am Main: Suhrkamp.

Elias, Norbert (1989a): „The Symbol Theory. An Introduction. Part One", in: Theory, Culture & Society, Vol. 6, S. 169-217.

Elias, Norbert (1989b): „The Symbol Theory. An Introduction. Part Two", in: Theory, Culture & Society, Vol. 6, S. 339-383.

Elias, Norbert (1989c): „The Symbol Theory. An Introduction. Part Three", in: Theory, Culture & Society, Vol. 6, S. 499-537.

*Elias, Norbert (1991): The Symbol Theory. London: Sage.

Elias, Norbert (1997): „Wissen und Macht: Der große Kampf der Intellektuellen. Ein Interview von Peter Ludes", in: Ludes, Peter (Hg.): Sozialwissenschaften als Kunst. Konstanz: UVK.

*Elias, Norbert (2001): Symboltheorie = Gesammelte Schriften, Band 13. Bearbeitet von Helmut Kuzmics. Frankfurt am Main: Suhrkamp (Übersetzung von The Symbol Theory, London: Sage, 1991).

Elias, Norbert (2003a): „Einführung", in: Elias, Norbert/Dunning, Eric (Hrsg.): Sport und Spannung im Prozess der Zivilisation. Frankfurt am Main: Suhrkamp, S. 42-120.

Elias, Norbert (2003b): „Sport und Gewalt", in: Elias, Norbert/Dunning, Eric (Hrsg.): Sport und Spannung im Prozess der Zivilisation. Frankfurt am Main: Suhrkamp, S. 273-315.

Elkins, James (2000): How to Use Your Eyes. New York/London: Routledge.

Elkins, James (Hg.) (2010): Visual Cultures. Bristol: Intellect.

Elliott, Charles W. (2000): „Flows of News from the Middle Kingdom: An Analysis of International News Releases from Xinhua", in: Malek, Abbas/Kavoori, Anandam P. (Hrsg.): The Global Dynamics of News: Studies in International News Coverage and News Agendas. Stamford, Connecticut: Ablex Pub Corp, S. 343-389.

Elsaesser, Thomas (2009): „Tales of Epiphany and Entropy: Around the world in eighty clicks", in: Snickars, Pelle/Vonderau, Patrick (Hrsg.): The YouTube Reader. Stockholm: National Library of Sweden, S. 166-186.

Emirbayer, Mustafa/Goodwin, Jeff (1994): „Network Analysis, Culture, and the Problem of Agency", in: American Journal of Sociology, 99. Jg., Heft 6, S. 1411-1454.

Erlinger, Hans Dieter/Foltin, Hans-Friedrich (1994): „Vorwort", in: Erlinger, Hans Dieter/Foltin, Hans-Friedrich (Hrsg.): Geschichte des Fernsehens in der Bundesrepublik Deutschland. Band 4: Unterhaltung, Werbung und Zielgruppenprogramme. München: Fink, S. 11-23.

Esarey, Ashley/Qiang, Xiao (2011): "Digital Communication and Political Change in China", in International Journal of Communication, 5. Jg., S. 289-319.

Esser, Frank (2008): „Dimensions of political news cultures: Sound bite and image bite news in France, Germany, Great Britain, and the United States", in: The International Journal of Press/Politics, 13. Jg., S. 401-428.

Eurobarometer (2007): Eurobarometer 67. Die öffentliche Meinung in der Europäischen Union. Europäische Kommission. http://ec.europa.eu/public_opinion/archives/eb/eb67/eb67_en.htm

Eurobarometer (2010): Eurobarometer 73. Public Opinion in the European Union. Europäische Kommission. http://ec.europa.eu/public_opinion/archives/eb/eb73/eb73_en.htm

Evans, Jessica/Hall, Stuart (Hrsg.) (1999): Visual Culture. The Reader. London: Sage.

Fahlenbrach, Kathrin (2010): Audiovisuelle Metaphern. Zur Körper- und Affektästhetik in Film und Fernsehen. Marburg: Schüren Verlag.

Fischer-Lichte, Erika (2004): Ästhetik des Performativen. Frankfurt am Main: Suhrkamp.

Fiske, John (1989): „Moments of Television: Neither the text nor the audience", in: Seiter, Ellen/Borchers, Hans/Kreutzner, Gabriele/Warth, Eva-Maria (Hrsg.): Remote Control. Television, Audiences, and Cultural Power. New York/London: Routledge, S. 56–77.

*Frank, Gustav/Lange, Barbara (2010): Einführung in die Bildwissenschaft: Bilder in der visuellen Kultur. Darmstadt: Wissenschaftliche Buchgesellschaft.

Frey, Siegfried (1999): Die Macht des Bildes. Der Einfluss der nonverbalen Kommunikation auf Kultur und Politik. Bern/Göttingen/Toronto/Seattle: Huber.

Fuchs, Christian (2009): „Some Reflections on Manuel Castells' Book „Communication Power"", in: tripleC, 7. Jg., Heft 1, S. 94-108.

Fulbrook, Mary (2007): „Introduction: The Character and Limits of Civilizing Process", in: Fulbrook, Mary (Hg.): Un-Civilizing Processes? Excess and Transgression in German Society and Culture: Perspectives Debating with Nobert Elias. Amsterdam/New York: Rodopi, S. 1-16.

Fung, Anthony Y. H. (2009): „Globalizing televised culture. The case of China", in: Turner, Graeme/Tay, Jinna (Hrsg.): Television Studies After TV. Understanding Television in the Post-Broadcast Era. New York/London: Routledge, S. 178-188.

*Gannon, Martin J./Pillai, Rajnandini (2010): Understanding Global Cultures. Metaphorical Journeys Through 29 Nations, Clusters of Nations, Continents, and Diversity. 4. Auflage. London: Sage.

Ganz-Blättler, Ursula (2000): „Knowledge Oblige. Genrewissen als Statussymbol und Shareware", in: Göttlich, Udo/Winter, Rainer (Hrsg.): Politik des Vergnügens. Zur Diskussion der Populärkultur in den Cultural Studies. Köln: Herbert von Halem Verlag.

Garofalo, Reebee (Hg.) (1992): Rockin' the Boat. Mass Music & Mass Movements. Cambridge/Massachussets: South End Press.

Gavron, Assaf (2007): „Das Gute Kriegsspiel", in: Die Zeit, Nr. 6, 1. Februar 2007, S. 62.

Gehrke, Pat J. (2009): „Introduction to Listening, Ethics, and Dialogue: Between the Ear and the Eye: A Synaesthetic Introduction to Listening Ethics", in: The International Journal of Listening, 23. Jg., S. 1-6.

Gendolla, Peter/Müller, Daniel/Ligensa, Annemone (Hrsg.) (2009): Leitmedien. Konzepte – Relevanz – Geschichte. Band 1, Reihe Medienumbrüche. Bielefeld: Transcript.

Giulianotti, Richard/Robertson, Roland (2004): „The Globalization of Football: A Study in the Glocalization of the 'Serious Life'", in: British Journal of Sociology, 55. Jg., Heft 4, S. 545-568.

Golan, Guy J./Johnson, Thomas J./Wanta, Wayne (Hrsg.) (2010): International Media Communication in a Global Age. New York/Abingdon: Routledge.

Golding, Peter (2007): „Eurocrats, Technocrats, and Democrats", in: European Societies, 9. Jg., Heft 5, S. 719-734.

Goodwin, Ian/Spittle, Steve (2002): „The European Union and the Information Society. Discourse, Power and Policy", in: New Media & Society, 4. Jg., Heft 2, S. 225-249.

Graber, Doris A. (2001): Processing Politics. Learning from Television in the Internet Age. Chicago/London: The University of Chicago Press.

Grauer, Manfred/Merten, Udo (1997): Multimedia. Entwurf, Entwicklung und Einsatz in betrieblichen Informationssystemen. Berlin/Heidelberg: Springer.

Großklaus, Götz (2000): „Interkulturelle Medienwissenschaft. Ein Desiderat der Globalisierungsdiskussion?", in: Robertson, Caroline Y./Winter, Carsten (Hrsg.): Kulturwandel und Globalisierung. Baden-Baden: Nomos, S.225-239.

Günther, Klaus (2001): „Rechtspluralismus und universaler Code der Legalität: Globalisierung als rechtstheoretisches Problem", in: Wingert, Lutz/ Günther, Klaus (Hrsg.): Die Öffentlichkeit der Vernunft und die Vernunft der Öffentlichkeit: Festschrift für Jürgen Habermas. Frankfurt am Main: Suhrkamp, S. 539-567.

Habermas, Jürgen (1962/1990): Strukturwandel der Öffentlichkeit: Untersuchungen zu einer Kategorie der bürgerlichen Gesellschaft. Neuwied/Berlin: Luchterhand. (Taschenbuch mit einem neuen Vorwort Frankfurt am Main: Suhrkamp, 1990)

Habermas, Jürgen (1981): Theorie des kommunikativen Handelns. 2 Bände. Frankfurt am Main: Suhrkamp.

Habermas, Jürgen (1997): Vom sinnlichen Eindruck zum symbolischen Ausdruck. Frankfurt am Main: Suhrkamp.

Habermas (1998): Die postnationale Konstellation. Frankfurt am Main: Suhrkamp.

Habermas, Jürgen (1999): Die Einbeziehung des Anderen. Frankfurt am Main: Suhrkamp.

Habermas, Jürgen (2001a): Glauben und Wissen. Frankfurt am Main: Suhrkamp.

Habermas, Jürgen (2001b): Die Zukunft der menschlichen Natur. Frankfurt am Main: Suhrkamp.

Habermas, Jürgen (2004): „Öffentlicher Raum und politische Öffentlichkeit. Lebensgeschichtliche Wurzeln zweier Gedankenmotive", in: Neue Zürcher Zeitung, Nr. 11/Dezember.

Habermas, Jürgen (2006): „Political Communication in Media Society: Does Democracy Still Enjoy an Epistemic Dimension? The Impact of Normative Theory on Empirical Research", in: Communication Theory, 16. Jg., S. 411-426.

Habermas, Jürgen (2007): „Keine Demokratie kann sich das leisten", in: Süddeutsche Zeitung, 16.05.2007.

Habermas, Jürgen (2009): „Es beginnt mit dem Zeigefinger", in: Die Zeit, Nr. 51, 10.12.2009, S. 45.

Hahn, Alois (2003): Erinnerung und Prognose – Zur Vergegenwärtigung von Vergangenheit und Zukunft. München: Katholische Universität Eichstätt-Ingolstadt: Leske+Budrich.

Hake, Sabine (2007): German National Cinema. 2. Auflage. National Cinemas Series (hrsg. von Susan Hayward). New York/London: Routledge.

Halavais, Alexander (2000): „National borders on the world wide web", in: New Media & Society, 2. Jg., Heft 1, S. 7-28.

Halavais, Alexander (2009): Search Engine Society. Cambridge, Malden: Polity Press.

Hall, Edward (1959): The Silent Language. New York: Anchor.

Hanuschek, Sven/Ort, Nina/Steffen, Kirsten/Triyandafilidis, Rea (Hrsg.) (2000): Die Struktur medialer Revolutionen. Festschrift für Georg Jäger. Frankfurt am Main/Berlin/Bern/Brüssel/NY/Oxford/Wien: Peter Lang.

*Hirst, Monica (2005): The United States and Brazil. A long road of unmet expectations. New York/London: Routledge.

Hoffman, Donald D. (2000): Visuelle Intelligenz. Wie die Welt im Kopf entsteht. Stuttgart: Klett-Cotta.

Holly, Werner (2008): „Audiovisuelle Sigetik – Über verborgene Bedeutungen im Bild-Sprach-Zusammenhang", in: Pappert, Steffen/Schröter, Melani/Fix, Ulla (Hrsg.): Verschlüsseln, Verbergen, Verdecken in öffentlicher und institutioneller Kommunikation. Berlin: Erich Schmidt Verlag, S. 147-169.

Hörisch, Jochen (1992): Brot und Wein – Die Poesie des Abendmahls. 2. Auflage. Frankfurt am Main: Suhrkamp.

Hörisch, Jochen (1998): Kopf oder Zahl – Die Poesie des Geldes. 3. Auflage. Frankfurt am Main: Suhrkamp.

Hörisch, Jochen (1999): Ende der Vorstellung – Die Poesie der Medien. Frankfurt am Main: Suhrkamp.

*Hörisch, Jochen (2009): Bedeutsamkeit. Über den Zusammenhang von Zeit, Sinn und Medien. München: Carl Hanser Verlag.

Horst, Heather, A. (2011): "Free, Social and Inclusive: Appropriation and Resistance of New Media Technologies in Brazil", in: International Journal of Communication, 5. Jg., S. 437-462.

Huang, Li-Ning/McAdams, Katherine C. (2000): „Ideological Manipulation Via Newspaper Accounts of Political Conflict: A Cross-National News Analysis of the 1991 Moscow Coup", in:

Malek, Abbas/Kavoori, Anandam P. (Hrsg.): The Global Dynamics of News: Studies in International News Coverage and News Agendas. Stamford, Connecticut: Ablex Pub Corp, S. 57-75.

Human Development Report (1999): Human Development Report 1999. New York/Oxford: Oxford University Press.

Human Development Report (2005): International Cooperation at a Crossroads: Aid, Trade and Security in an Unequal World. United Nations Development Programme. http://hdr.undp.org/reports/global/2005

Human Development Report (2007/08): Fighting Climate Change. Human Solidarity in a Divided World. http://hdr.undp.org/en/reports/global/hdr2007-8/chapters/

Human Development Report (2010): 20th Anniversary Edition. The Real Wealth of Nations: Pathways to Human Development. United Nations Development Programme. http://hdr.undp.org/en/reports/global/hdr2010/

Illies, Florian (2011): "Die Macht der Bilder", in: Die Zeit, Nr. 12, 17. März 2011, S. 49.

Inglehart, Ronald/Welzel, Christian (2005): Modernization, Cultural Change, and Democracy: The Human Development Sequence. Cambridge: Cambridge University Press.

Isar, Yudhishthir Raj (2010): „,Chindia': A cultural project?", in: Global Media and Communication, 6. Jg., Heft 3, S. 277-284.

Kaitatzi-Whitlock, Sophia (2007): „The Missing European Public Sphere and the Absence of Imagined European Citizenship", in: European Societies, 9. Jg., Heft 5, S. 685-704.

Kegley, Charles (Hg.) (2003): The New Global Terrorism. Characteristics, Causes and Controls. New Jersey: Prentice Hall.

Kepplinger, Hans M. (2001): „Die Medien im Krieg. Journalistische Berichterstattung zu den Terroranschlägen vom 11. September", in: Forschung & Lehre, S. 630-631.

Kleinspehn, Thomas (1989): Der flüchtige Blick. Sehen und Identität in der Kultur der Neuzeit. Reinbek bei Hamburg: Rowohlt.

Kluver, Alan R. (2002): „The Logic of New Media in International Affairs", in: New Media & Society, 4. Jg., Heft 4, S. 499-517.

Kneißl, Daniela (2008): „EuroVisionen. Die Bildsprache des sich einigenden Europa", in: Paul, Gerhard (Hg.): Das Jahrhundert der Bilder. 1949 bis heute. Göttingen: Vandenhoeck & Ruprecht, S. 48-55.

Knieper, Thomas/Müller, Marion G. (Hrsg.) (2005): War Visions. Bildkommunikation und Krieg. Köln: Herbert von Halem.

Koopmans, Ruud (2010): „Europa wird erwachsen. Die EU ist in den Medien präsent, aber noch haben Regierungspolitiker die kräftigste Stimme", in: WZB Mitteilungen, Heft 130 (Dezember 2010), S. 18-21.

Koopmans, Ruud/Statham, Paul (Hrsg.) (2010): The Making of a European Public Sphere. Media Discourse and Political Contention. Cambridge, MA: Cambridge University Press.

Kramer, Stefan (2006): Das chinesische Fernsehpublikum. Bielefeld: Transcript.

*Kramer, Stefan/Ludes, Peter (Hrsg.) (2010): Networks of Culture. Band 2: The World Language of Key Visuals. Münster: LIT.

Krebs, Valdis E. (2002): „Mapping Networks of Terrorist Cells", in: Connections, 24. Jg., Heft 3, S. 43-52.

*Krotz, Friedrich (2009): „Bridging the gap between sociology and communication science. Communication as social action", in: Konig, Ruben P./Nelissen, Paul W. M./Huysmans, Frank J. M. (Hrsg.): Meaningful Media. Communication Research on the Social Construction of Reality. Nijmegen: Tandem Felix, S. 22-36.

Kumar, Keval (2005): Mass Communication in India. 3. vollständig überarbeitete und aktualisierte Auflage. Mumbai: Jaico Publishing House.

*Kumar, Keval (2010): Mass Communication in India. 4. aktualisierte und ergänzte Auflage. Mumbai: Jaico Publishing House.

Kuzmics, Helmut/Axtmann, Roland (2007): Authority, State and National Character. The Civilizing Process in Austria and England, 1700-1900. Burlington, Hampshire: Ashgate.

Lahsen, Myanna (2008): „Knowledge, Democracy, and Uneven Playing Fields: Insights from Climate Politics in – and between – the US and Brazil", in: Stehr, Nico (Hg.): Knowledge & Democracy. A 21st-Century Perspective. New Brunswick, USA/London, UK: Transaction Publishers, S. 163-181.

Lalonde, Marc P. (1999): Critical Theology and the Challenge of Jürgen Habermas. New York: Peter Lang.

Lash, Scott/Urry, John (2002): Economies of Signs and Space. London: Sage.

Lawrence, Regina G. (2008): „Press Freedom and Democratic Accountability in a Time of War, Commercialism, and the Internet", in: Graber, Doris A./McQuail, Denis/Norris, Pippa (Hrsg.): The Politics of the News. The News of Politics. Washington: CQ Press, S. 247-267.

Lee, Paul Siu-nam (1994): „Mass Communication and National Development in China: Media Roles Reconsidered", in: Journal of Communication, 44. Jg., S. 22-37.

Leonard, Mark (2008): What does China think? New York: Public Affairs.

Lesser, Jeffrey (1999): Negotiating National Identity: Immigrants, Minorities, and the Struggle for Ethnicity in Brazil. Durham/London: Duke University Press.

Linklater, Andrew (2010): „Global civilizing processes and the ambiguities of human interconnectedness", in European Journal of International Relations, 16. Jg., Heft 2, S. 155-178.

Livingstone, Sonia (2008): „On the Mediation of Everything": 2008 Presidential Address by Sonia Livingstone. www.icahdq.org/conferences/presaddress.asp, 29.07.2008.

Livingstone, Sonia/Haddon, Leslie (2009): EU Kids Online: Final Report. LSE, London: EU Kids Online. (EC Safer Internet Plus Programme Deliverable D6.5)

Lovink, Geert/Riemens, Patrice (2011): „Zwölf Thesen zu Wikileaks", in: Wikileaks und die Folgen: Netz - Medien - Politik. Berlin: Suhrkamp Verlag, S. 84-95.

Ludes, Peter (1981): „On Kurt H. Wolff's Work", in: Telos, 49. Jg., S. 175-180.

Ludes, Peter (1989): Drei moderne soziologische Theorien. Zur Entwicklung des Orientierungsmittels Alternativen. Göttingen: Schwartz.

Ludes, Peter (1991): „Die Rolle des Fernsehens bei der revolutionären Wende in der DDR", in: Publizistik, 36. Jg., S. 22-31.

Ludes, Peter (1993a): „Scheinöffentlichkeiten. Medienwissenschaftliche Aufklärungsversuche", in: Faulstich, Werner (Hg.): Öffentlichkeit. Bardowick: Wissenschaftler-Verlag, S. 58-82.

Ludes, Peter (1993b): „Visualisierung als Teilprozeß der Modernisierung der Moderne", in: Hickethier, Knut (Hg.): Geschichte des Fernsehens in der Bundesrepublik Deutschland. Band 1: Institution, Technik und Programm. Rahmenaspekte der Programmgeschichte des Fernsehens. München: Fink (Wilhelm), S. 353-370.

Ludes, Peter (1993c): Von der Nachricht zur News Show. Fernsehnachrichten aus der Sicht der Macher. München: Fink (Wilhelm).

Ludes, Peter (Hg.) (1994): Visualizing the Public Spheres. München: Fink (Wilhelm).

Ludes, Peter (Hg.) (1997): Sozialwissenschaften als Kunst. Originalbeiträge von Karl Mannheim, Norbert Elias, Kurt H. Wolff und Agnes Heller. Konstanz: UVK.

Ludes, Peter (1998): „Orientierungsmittel und Desorientierungsfallen. Intermediale und medienspezifische Kulturcodes", in: Saxer, Ulrich (Hg.): Medien-Kulturkommunikation. Opladen: Westdeutscher Verlag, S. 160-172.

*Ludes, Peter (2001): Multimedia und Multi-Moderne: Schlüsselbilder. Mit einer Einleitung von Wolfgang Langenbucher. Buch: Fernsehnachrichten und World Wide Web – Medienzivilisierung in der Europäischen Währungsunion. CD-ROM: Schlüsselbilder: Wissenschaft, Politiker und einfache Leute, Wirtschaft, Militär und Medien. Pressefotos, Spielfilme, Fernsehnachrichtensendungen und Informationsangebote im World Wide Web. Wiesbaden: Westdeutscher Verlag.

*Ludes, Peter [DVD-ROM] (2002a): Medien und Symbole: EUROpäische MedienBILDung. Mit zwei Beiträgen zur Medienzivilisierung von Jürgen Zinnecker. Technik, Gestaltung, Realisation: Medienzentrum der Universität Siegen. Siegen: Universitätsverlag. http://www.universi. uni-siegen.de/katalog/einzelpublikationen/eurcd.html

Ludes, Peter (2002b): „Medienbeobachtungen und Medienausblendungen", in: Gendolla, Peter/Ludes, Peter/Roloff, Volker (Hrsg.): BildschirmMedienTheorien. München: Fink (Wilhelm), S. 133-144.

*Ludes, Peter (2003): Einführung in die Medienwissenschaft. Entwicklungen und Theorien. Mit einer Einleitung von Jochen Hörisch. 2. überarbeitete Auflage. Berlin: Erich Schmidt Verlag.

Ludes, Peter (Hg.) (2005): Visual Hegemonies: An Outline. Band 1: The World Language of Key Visuals. Münster: LIT.

Ludes, Peter (2006): „Toward a European Media Sociology", in: Kaitatzi-Whitlock, Sophia/Alexandros Baltzis (Hrsg.): Innovation and Challenges in the European Media. Thessaloniki: University Studio Press, S. 447-468.

Ludes, Peter (2007a): „Existential Truths as Prerequisites for a Globalizing Discourse Theory", in Backhaus, Gary/Psathas, George (Hrsg.): The Sociology of Radical Commitment: Kurt H. Wolff's Existential Turn. Lanham: Lexington Books, S. 115-136.

Ludes, Peter (2007b): „Verdunkelungsgefahren oder Medienzivilisierung?", in: Pöttker, Horst/Schulzki-Haddouti, Christiane (Hrsg.): Vergessen? Verschwiegen? Verdrängt? 10 Jahre „Initiative Nachrichtenaufklärung". Wiesbaden: VS Verlag für Sozialwissenschaften, S. 63-79.

Ludes, Peter (Hg.) (2008): Convergence and Fragmentation. Media Technology and the Information Society = Changing Media, Changing Europe Series, Band 5. Bristol/Chicago: Intellect.

Ludes, Peter (2009): „Rumo a uma Sociologia Europeia dos Media", in: Media & Jornalismo, A Europa e os Media, Nr. 14, 8. Jg., Heft 1, S. 15-37.

Ludes, Peter (2010): „Social Sciences as Multimedia Games", in: Riha, Daniel (Hg.): Humanity in Cybernetic Environments. Oxford: Inter-Disciplinary Press, S. 185-196.

*Ludes, Peter (Hg.) (2011): Algorithms of Power – Key Invisibles. Band 3: The World Language of Key Visuals. Münster: LIT.

Ludes, Peter/Müller, Jan/Nees, Sarah (2010): „Jenseits der Globalisierung – Medien- und Kommunikationswissenschaften in Deutschland, Sammelbesprechung", in: Soziologische Revue, Nr. 33/1, S. 34-44.

Ludes, Peter/Schanze, Helmut (Hrsg.) (1999): Medienwissenschaften und Medienwertung. Opladen: VS (Verlag für Sozialwissenschaften).

Ludes, Peter/Schütte, Georg (1997): „Informationsumbrüche und eine neue Zuverlässigkeitskluft", in: Ludes, Peter/Werner, Andreas (Hrsg.): Multimedia-Kommunikation. Theorien, Trends und Praxis. Opladen: Westdeutscher Verlag, S. 31-71.

Luhmann, Niklas (1968, 2. erweiterte Aufl. 1973): Vertrauen – Ein Mechanismus der Reduktion sozialer Komplexität. Stuttgart: Ferdinand Enke Verlag.

Luhmann, Niklas (1974): „Symbiotische Mechanismen", in: Rammstedt, Otthein (Hg.): Gewaltverhältnisse und die Ohnmacht der Kritik. Frankfurt am Main: Suhrkamp, S. 107-131.

Luhmann, Niklas (1984): Soziale Systeme. Grundriß einer allgemeinen Theorie. Frankfurt am Main: Suhrkamp.

Luhmann, Niklas (1986): „»Distinctions directrices«. Über Gliederung und Semantik von Systemen", in: Neidhardt, Friedhelm/Lepsius, M. Rainer/Weiß, Johannes (Hrsg.): Kultur und Gesellschaft (in: Kölner Zeitschrift für Soziologie und Sozialpsychologie, Sonderheft 27), S. 145-161.

Luhmann, Niklas (1995a): Die Kunst der Gesellschaft. Frankfurt am Main: Suhrkamp.

Luhmann, Niklas (1995b): Gesellschaftsstruktur und Semantik: Studien zur Wissenssoziologie der modernen Gesellschaft, Band 4. Frankfurt am Main: Suhrkamp.

Luhmann, Niklas (1996): Die Realität der Massenmedien. Opladen: VS (Verlag für Sozialwissenschaften).

Luhmann, Niklas (1997): Die Gesellschaft der Gesellschaft. Frankfurt am Main: Suhrkamp.

Luhmann, Niklas (2010): Die Politik der Gesellschaft. Frankfurt am Main: Suhrkamp.

Machin, David (2004): „Building the World's Visual Language: The Increasing Global Importance of Image Banks in Corporate Media", in: Visual Communication, 3. Jg., Heft 3, S. 316-336.

Maguire, Joseph (2005): „Olympic Games: A Fight for Visual Hegemonies", in: Ludes, Peter (Hg.): Visual Hegemonies: An Outline, Band 1: The World Language of Key Visuals. Münster: LIT, S. 121-133.

Mannheim, Karl (1929): Ideologie und Utopie. Bonn: Friedrich Cohen.

Marschall, Susanne (2009): Farbe im Kino. Marburg: Schüren Verlag.

Marx, Karl (1844): „Zur Kritik der Hegelschen Rechtsphilosophie", in: MEW (1), S. 378-391.

Mayntz, Renate/ Neidhart, Friedhelm/Weingart, Peter/Wengenroth, Ulrich (Hrsg.) (2008): Wissensproduktion und Wissenstransfer: Wissen im Spannungsfeld von Wissenschaft, Politik und Öffentlichkeit. Bielefeld: Transcript.

*McQuail, Denis (2000): „Some Reflections on the Western Bias of Media", in: Asian Journal of Communication, 10. Jg., Heft 2, S. 1-13.

McQuail, Denis (2004): „Introduction", in: Kelly, Mary/Mazzoleni, Gianpietro/McQuail, Denis (Hrsg.): The Media in Europe. The Euromedia Handbook. 3. Auflage. London: Sage, S. 1-3.

McQuail, Denis (2005): Mass Communication Theory. An Introduction. London: Sage, 1983, 1994, 2000. (komplett überarbeitet und aktualisiert 2005 als McQuail's Mass Communication Theory).

*McQuail, Denis (2010): McQuail's Mass Communication Theory. London: Sage.

Medaglia (2010): „A Mediocrizacão da música e da cultura popular é universal", in: Jornal A Tarde. Caderno 2+, Salvador: 20.07.2010.

Medien Tenor (Hg.) (September 2002): Forschungsbericht Nr. 124.

Meng, Bingchun (2010): „Moving Beyond Democratization: A Thought Piece on the China Internet Research Agenda", in: International Journal of Communication, 4. Jg., S. 501-508.

*Mennell, Stephen (2007): The American Civilizing Process. Cambridge, UK/Malden, USA: Polity.

Metykova, Monika (2008): „Drifting Apart? European Journalists and their Audiences", in: Westminster Papers in Communication and Culture, Nr. 5, S. 42-59.

Meyen, Michael/Springer, Nina/Pfaff-Rüdiger, Senta (2008): Freie Journalisten in Deutschland. Berufsstruktur, Selbstverständnis, Arbeitszufriedenheit und Auftragsentwicklung 2008. Eine Online-Befragung (Vollerhebung) im Auftrag des Deutschen Fachjournalistenverbandes. München, 20. Mai 2008.

Meyer, Thomas (1994): Die Transformation des Politischen. Frankfurt am Main: Suhrkamp.

Meyer, Thomas (1996): Verfügungsmacht, Wettbewerb und Präsentationslogik. Vortrag auf der Jahrestagung des Arbeitskreises »Politik und Kommunikation« der DGPuK und der DVPW am 4. und 5. Okt. 1996 im Wissenschaftszentrum Berlin.

*Meyrowitz, Joshua (2008): „Power, Pleasure, Patterns: Intersecting Narratives of Media Influence", in: Journal of Communication, 58. Jg., S. 641-663.

Miller, Toby (2009): „Cybertarians of the world unite: You have nothing to lose but Your Tubes!", in: Snickars, Pelle/Vonderau, Patrick (Hrsg.): The YouTube Reader. Stockholm: National Library of Sweden, S. 424-440.

Mitchell, William J. T. (1994): Picture Theory: essays on verbal and visual representation. Chicago: University of Chicago Press.

Mitchell, William J. T. (2002): „Showing seeing: a critique of visual culture", in: Journal of visual culture, 1. Jg., Heft 2, S. 165-181.

Mitchell, William J. T. (2005): What Do Pictures Want? The Lives and Loves of Images. Chicago/London: The University of Chicago Press.

Moon, Shin-Il/Barnett, George A./Lim, Yon Soo (2010): „The structure of international music flows using network analysis", in: New Media Society, 12. Jg., Heft 3, S. 379-399.

Moorstedt, Michael (2011): „Der Skandal im Datenhaufen: Ein Selbstversuch", in: Wikileaks und die Folgen: Netz - Medien - Politik. Berlin: Suhrkamp Verlag, S. 128-133.

Moreno Domínguez, José Manuel/Montero, David (2009): „Europe as a partner. New spaces for audiovisual cooperation between Latin America and the EU", in: Global Media and Communication, 5. Jg., Heft 1, S. 77-98.

Moreno, Jacob L. (1953): Who Shall Survive? Foundations of Sociometry, Group Psychotherapy and Sociodrama. Boston: Beacon.

Mowlana, Hamid (1993): „The Global Order and Global Ecology", in: Media, Culture and Society, 15. Jg., S. 9-27.

Mowlana, Hamid (1996): Global Communication in Transition. The End of Diversity? London: Sage.

Müller, Achatz von (2001): „Die Währung von Entenhausen", in: Die Zeit, 1. Dezember 2001, S. 41.

Müller, Marion (2008): „Visual Competence: A new paradigm for studying visuals in social sciences?", in: Visual Studies, 23. Jg., S. 101-112.

Münch, Richard (1991): Dialektik der Kommunikationsgesellschaft. Frankfurt am Main: Suhrkamp.

Münch, Richard (1995): Dynamik der Kommunikationsgesellschaft. Frankfurt am Main: Suhrkamp.

Münch, Richard (1997): „Mediale Kommunikationsdynamik", in: Ludes, Peter/Schanze, Helmut (Hrsg.): Qualitative Perspektiven des Medienwandels. Opladen: Leske+Budrich, S. 64-79.

Münch, Richard (1998): Globale Dynamik, lokale Lebenswelten. Der schwierige Weg in die Weltgesellschaft. Frankfurt am Main: Suhrkamp.

Münch, Richard (1999): „Europäische Identitätsbildung. Zwischen globaler Dynamik, nationaler und regionaler Gegenbewegung", in: Viehoff, Reinhold/Segers, Rien T. (Hrsg.): Kultur Identität Europa. Über die Schwierigkeiten und Möglichkeiten einer Konstruktion. Frankfurt am Main, S. 223-252.

Münch, Richard (2001): Nation and Citizenship in the Global Age: From National to Transnational Ties and Identities. Basingstoke, New York: Palgrave.

Münch, Richard (2004): Soziologische Theorie. Band 3: Gesellschaftstheorie. Frankfurt am Main: Campus.

Münkler, Herfried (2002): Die neuen Kriege. Reinbek bei Hamburg: Rowohlt.

Murdock, Graham/Golding, Peter (1999): „Corporate Ambitions and Communication Trends in the UK and Europe", in: Journal of Media Economics, 12. Jg., Heft 2, S. 117-32.

Nationalhymnen: Texte und Melodien (2006). 11. Auflage. Stuttgart: Reclam.

Neidhardt, Friedhelm (2006): Kalkül mit der Angst – Terrorismus, Medien und die Grenzen der Gelassenheit. WZB-Mitteilungen, Heft 113, S. 10-13.

Neuhoff, Hans (2007): „Zwischen Manipulationsverdacht und Autonomieproposition. Medienbasierte Musikrezeption im Lichte klassischer und moderner Wirkungstheorien", in: Schramm, Holger (Hg.): Musik und Medien. Baden-Baden: Nomos, S. 174-192.

Neverla, Irene (2007): „The Birth of a European Public Sphere through European Media Reporting of Risk Communication", in: European Societies, 9. Jg., Heft 5, S. 705-718.

Neys, Joyce/Jansz, Jeroen (2010): „Political Internet games: Engaging an audience", in European Journal of Communication, 25. Jg., Heft 3, S. 227-241.

*NORDICOM (2010): A Sampler of International Media Communication Statistics 2010 (zusammengestellt von Sara Leckner und Ulrika Facht). Nordic Media Trends 12. Göteborg: NORDICOM. http://www.nordicom.gu.se/common/publ_pdf/NMT12.pdf

*Norris, Pippa/Inglehart, Ronald (2009): Cosmopolitan Communications: Cultural Diversity in a Globalized World (Communication, Society and Politics). New York: Cambridge University Press.

Ohloff, Günther (1996): Irdische Düfte, himmlische Lust. Kulturgeschichte der Duftstoffe. Frankfurt am Main/Leipzig: Insel Verlag.

Paech, Joachim (2005): „Medienwissenschaft", in: Sachs-Hombach, Klaus (Hg.): Bildwissenschaft. Disziplinen, Themen, Methoden. Frankfurt am Main: Suhrkamp, S. 79-96.

Panofsky, Erwin (1985): Aufsätze zu Grundfragen der Kunstwissenschaft (hrsg. von Oberer, Hariolf/Verheyen, Egon). Berlin: Spiess.

Papathanassopoulos, Stylianos (2005): „Europe: an exemplary landscape for comprehending globalization", in: Global Media and Communication, 1. Jg., Heft 1, S. 46-50.

*Pappert, Steffen/Schröter, Melanie/Fix, Ulla (2008) (Hrg.): Verschlüsseln, Verbergen, Verdecken in öffentlicher und institutioneller Kommunikation. Berlin: Erich Schmidt Verlag.

Peng, Wei/Lee, Mira/Heeter, Carrie (2010): „The Effects of a Serious Game on Role-Taking and Willingness to Help", in: Journal of Communication, 60. Jg., Heft 4, S. 723-742.

Perennec, Marie-Hélène (2008): „Lässt sich Implizites eigentlich übertragen? Der Fall der Auslandsberichterstattung", in: Pappert, Steffen/Schröter, Melani/Fix, Ulla (Hrsg.): Verschlüsseln, Verbergen, Verdecken in öffentlicher und institutioneller Kommunikation. Berlin: Erich Schmidt Verlag, S. 69-83.

*Phillips, Peter (2011): „International Truth Emergency and Deliberate Disinformation Inside Corporate Media", in: Ludes, Peter (Hg.): Algorithms of Power – Key Invisibles. Band 3: The World Language of Key Visuals. Münster: LIT, S. 179-196.

Ponte, Cristina (2007): „Mapping News on Children in the Mainstream Press", in: European Societies, 9. Jg., Heft 5, S. 735-754.

Prodi, Romano (2004): „Foreword", in: Inglehart, Ronald/Basanez, Miguel/Diez-Medrano, Jaime/Luijkx, Ruud (Hrsg.): Human Beliefs and Values. A cross-cultural sourcebook based on the 1999-2002 values surveys. Mexico, D.F./Buenos Aires: siglo, S. xiii-xiv.

*Qiu, Jack Linchuan (2009): Working-Class Network Society. Communication Technology and the Information Have-Less in Urban China. Cambridge, MA/London: MIT Press.

Rantanen, Terhi (2005a): „Giddens and the 'G'-word. An Interview with Anthony Giddens", in: Global Media and Communication, 1. Jg., Heft 1, S. 63-77.

Rantanen, Terhi (2005b): „The Message is the Medium. An Interview with Manuel Castells", in: Global Media and Communication, 1. Jg., Heft 2, S. 135-147.

*Reichert, Rámon (2009): Das Wissen der Börse. Medien und Praktiken des Finanzmarktes. Bielefeld: Transcript.

Relatório de Desenvolvimento Humano (2005): Racismo, Pobreza e Violência. United Nations Development Programme. http://www.pnud.org.br/rdh.

Result (2007): „„Web 2.0" Begriffsdefinition und eine Analyse der Auswirkungen auf das allgemeine Mediennutzungsverhalten. Grundlagenstudie des Markt- und Medienforschungsinstitutes Result und des Südwestrundfunk", in: Web 2.0. Köln, 1. Februar 2007, www.result.de.

Ribeiro, Darcy (1980): Unterentwicklung, Kultur und Zivilisation. Ungewöhnliche Versuche („Ensaios insólitos").Frankfurt am Main: Suhrkamp.

Ritterfeld, Ute/Cody, Michael/Vorderer, Peter (Hrsg.) (2009): Serious Games. Mechanisms and Effects. New York/Abingdon: Routledge.

Robertson, Alexa (2010): Mediated Cosmopolitanism: The World of Television News. Cambridge/Malden: Polity Press.

Rössel, Jörg (2009): „Kulturelles Kapital und Musikrezeption. Eine empirische Überprüfung von Bourdieus Theorie der Kunstwahrnehmung", in: Soziale Welt, 60. Jg., S. 239-257.

*Rohter, Larry (2010): Brazil on the Rise. The Story of a Country Transformed. New York: Palgrave MacMillan.

Rojecki, André (2005): „Media Discourse on Globalization and Terror", in: Political Communication, 22. Jg., S. 63-81.

Ruhnau, Eva (2000): „Zeit und Bewusstsein - Der Rhythmus des Humanen", in: Huber, Martin/Lauer, Gerhard (Hrsg.): Nach der Sozialgeschichte. Konzepte für eine Literaturwissenschaft zwischen Historischer Anthropologie, Kulturgeschichte und Medientheorie. Tübingen: Max Niemeyer Verlag, S. 47-55.

Rusch, Gebhard/Volkmer, Ingrid (2006): „Germany", in: Volkmer, Ingrid (Hg.): News in Public Memory: An International Study of Media Memories across Generations. New York: Peter Lang Publishing, S. 177-191.

Russett, Bruce M. (1968): „Is There a Long-run Trend Toward Concentration in the International System?", in: Comparative Political Studies, I, S. 103-122.

*Sachs-Hombach, Klaus (Hg.) (2005): Bildwissenschaft. Disziplinen, Themen, Methoden. Frankfurt am Main: Suhrkamp.

*Sachs-Hombach, Klaus (Hg.) (2009): Bildtheorien. Anthropologische und kulturelle Grundlagen des Visualistic Turn. Frankfurt am Main: Suhrkamp.

Sagar, Rahul (2011): „Das missbrauchte Staatsgeheimnis: Wikileaks und die Demokratie", in: Wikileaks und die Folgen: Netz - Medien - Politik. Berlin: Suhrkamp Verlag, S. 201-223.

Santaella, Lucia/Nöth, Winfried (2005): Imagem. Cognição, semiótica, mídia. São Paulo: Iluminuras.

Santaella, Lucia/Nöth, Winfried (2010): Estratégias semióticas da publicidade. São Paulo: Cengage Learning.

Saxer, Ulrich (1997): „Konstituenten einer Medienwissenschaft", in: Ludes, Peter/Schanze, Helmut (Hrsg.): Qualitative Perspektiven des Medienwandels. Opladen: Westdeutscher Verlag, S. 12-24.

*Schätzing, Frank (2009): Limit. Köln: Kiepenheuer & Witsch.

Scheler, Max (1960): Die Wissensformen und die Gesellschaft. Bern/München: Francke.

Schenk, Michael (1995): Soziale Netzwerke und Massenmedien: Untersuchungen zum Einfluss der Persönlichen Kommunikation. Tübingen: Mohr Siebeck.

Schiller, Herbert (1989): Culture Inc. New York: Oxford University Press.

Schmidt, Siegfried J. (1997): Die Zähmung des Blicks. Konstruktivismus – Empirie – Wissenschaft. Frankfurt am Main: Suhrkamp.

Schmitt, Stefan (2010): „Amerikas Netz", in: Die Zeit 51, 16. Dez. 2010.

Schnell, Ralf (2000a): Medienästhetik. Zur Geschichte und Theorie audiovisueller Wahrnehmungsformen. Stuttgart: Metzler.

Schnell, Ralf (Hg.) (2000b): „Einleitung - Taktilität", in: Zeitschrift für Literaturwissenschaft und Linguistik. Heft 117. Stuttgart: Metzler.

Schudson, Michael (1995): The Power of News. Cambridge, MA: Harvard University Press.

Schütte, Georg/Ludes, Peter (1996): „Auf dem Weg zum Computerfernsehen", in: Die Zeit, Nr. 31 vom 26.06.1996, S. 58.

Schütz, Alfred (2003): Theorie der Lebenswelt 1. Die pragmatische Schichtung der Lebenswelt = Alfred Schütz Werkausgabe, Band 1 (hrsg. von Martin Endreß und Ilja Srubar). Konstanz: UVK.

Schwittay, Anke (2011): "New Media Practices in India: Bridging Past and Future, Markets and Development", in: International Journal of Communication, 5. Jg., S. 349-379.

*Scotton, James F./Hachten, William A. (Hrsg.) (2010): New Media for a New China. Malden und Oxford: Wiley und Blackwell.

Seip, Stephan (1998). Netzwerkbildung im globalen Wettbewerb. Transnationalisierung und Standardisierung im Telekommunikationssektor. Berlin: WZB Discussion Paper FS II, S. 98-209.

*Sen, Amartya (2005): The Argumentative Indian. Writings on Indian History, Culture and Identity. New York: Picador.

Sennett, Richard (1998). Der flexible Mensch. Die Kultur des neuen Kapitalismus. 2. Auflage. Berlin: Berlin Verlag.

Shaw, Lisa/Dennison, Stephanie (2007): Brazilian National Cinema. National Cinemas Series (hrsg. von Susan Hayward). New York/London: Routledge.

Sheehan, James (2006): „The Third Military Revolution. What has disappeared from Europe, as have most conscript armies", in: WZB-Mitteilungen, Heft 113, 09/2006, S. 14-16.

Sievert, Holger (1998): Europäischer Journalismus. Theorie und Empirie aktueller Medienkommunikation in der Europäischen Union. Opladen: Westdeutscher Verlag.

Simmel, Georg (1908): Soziologie. Untersuchungen über die Formen der Vergesellschaftung. Berlin: Duncker und Humblot. 4. Auflage 1958.

Sinder, Valter (2001): „The Nation´s Borders and the Construction of Plural Identities: Carnivals, Rogues and Heroes or Roberto DaMatta and the In-between Place of Brazilian Culture", in: de Castro Rocha, Joâo Cezar (Hg.): Brazil 2001: A Revisionary History of Brazilian Literature and Culture. Dartmouth, MA: University of Massachusetts Press, S. 413-419.

Singer, Wolf (2000): „Wissensquellen – Wie kommt das Wissen in den Kopf?", in: Maar, Christa/Obrist, Hans U./Pöppel, Ernst (Hrsg.): Weltwissen Wissenswelt. Das globale Netz von Text und Bild, Köln: DuMont, S. 137-145.

*Singer, Wolf (2009): „Das Bild in uns. Vom Bild zur Wahrnehmung", in: Sachs-Hombach, Klaus (Hg.): Bildtheorien. Anthropologische und kulturelle Grundlagen des Visualistic Turn. Frankfurt am Main: Suhrkamp, S. 104-126.

*Snickars, Pelle/Vonderau, Patrick (2009): „Introduction", in: Snickars, Pelle/Vonderau, Patrick (Hrsg.): The YouTube Reader. Stockholm: National Library of Sweden, S. 9-21.

*Soeffner, Hans-Georg (2000): Gesellschaft ohne Baldachin. Über die Labilität von Ordnungskonstruktionen. Weilerswist: Velbrück Wissenschaft.

Solomon, Norman (2006): „News Media and 'the Madess of Militarism'", in: Phillips, Peter/Project Censored (Hrsg.): Censored 2006: The Top 25 Censored Stories. New York: Seven Stories Press, S. 364-365.

Sørenssen, Bjorn (2009): „Breaking the age barrier in the internet age: The story of Geriatric 1927", in: Snickars, Pelle/Vonderau, Patrick (Hrsg.): The YouTube Reader. Stockholm: National Library of Sweden, S. 140-151.

Soskice, David (1999). „The Political Economy of EMU. Rethinking the effects of monetary integration on Europe", in: Discussion Paper FS I 99 – 302, Wissenschaftszentrum Berlin für Sozialforschung.

Spinner, Helmut F. (1998): Die Architektur der Informationsgesellschaft. Bodenheim: Philo.

Spinner, Helmut F. (2001): Die Architektur der Informationsgesellschaft: Entwurf eines wissensorientierten Gesamtkonzepts. 2. erweiterte Auflage. Bodenheim: Philo.

*Stalder, Felix (2011): „Wikileaks und die neue Ökologie der Nachrichtenmedien", in: Wikileaks und die Folgen: Netz - Medien - Politik. Berlin: Suhrkamp Verlag, S. 96-108.

*Stehr, Nico (2000): Die Zerbrechlichkeit moderner Gesellschaften. Weilerswist: Velbrück Wissenschaft.

Stehr, Nico (2008): „Introduction: Is Freedom a Daughter of Knowledge?", in: Stehr, Nico (Hg.): Knowledge & Democracy. A 21st-Century Perspective. New Brunswick, USA/London, UK: Transaction, S. 1-6.

*Stepan, Peter (Hg.) (2000): Fotos, die die Welt bewegten. Das 20. Jahrhundert. München: Prestel.

Straubhaar, Joe (2010): „Chindia in the context of emerging cultural and media powers", in: Global Media and Communication, 6. Jg., Heft 3, S. 253-262.

Straubhaar, Joseph D. (2007): World Television. From Global to Local. London: Sage.

*Sturken, Marita/Cartwright, Lisa (2009): Practices of Looking: An Introduction to Visual Culture. 2. verbesserte Auflage. New York: Oxford University Press.

Sun, Wanning/Zhao, Yuezhi (2009): „Television culture with 'Chinese characteristics'. The politics of compassion and education", in: Turner, Graeme/Tay, Jinna (Hrsg.): Television Studies After TV. Understanding Television in the Post-Broadcast Era. London/New York: Routledge, S. 96-104.

Tay, Jinna (2009): „Television in Chinese geo-linguistic markets. Deregulation, reregulation and market forces in the post-broadcast era", in: Turner, Graeme/Tay, Jinna (Hrsg.): Television Studies After TV. Understanding Television in the Post-Broadcast Era. London/New York: Routledge, S. 105-114.

Therborn, Göran (2000): Die Gesellschaften Europas 1945-2000. Frankfurt am Main: Campus Verlag.

Therborn, Göran (2011a): „Inequalities and Latin America. From the Enlightenment to the 21st Century", desiguALdades.net Working Paper Series, Nr. 1, Berlin: desiguALdades.net Research Network on Interdependent Inequalities in Latin America.

*Therborn, Göran (2011b): The World: A Beginner's Guide. Cambridge: Polity Press.

*Thussu, Daya (2006): International Communication. Continuity and Change. 2. verbesserte Auflage. London: Sage.

*Thussu, Daya (2008): News as Entertainment: The Rise of Global Infotainment. London: Sage.

Tomasello, Michael (2008): Origins of Human Communication. Cambridge, MA: MIT Press.

Tomasello, Michael (2009): Die Ursprünge der menschlichen Kommunikation (übersetzt von Jürgen Schröder). Frankfurt am Main: Suhrkamp.

Tomasello, Michael/Dweck, Carol/Silk, Joan/Skyrms, Brian/Spelke, Elizabeth S. (2009): Why We Cooperate. Boston Review Book. Cambridge, MA: MIT Press.

Tomlinson, John (2006): „Your Life – To Go: Der kulturelle Einfluss der neuen Medientechnologien", in: Hepp, Andreas/Krotz, Friedrich/Moores, Shaun/Winter, Carsten (Hrsg.): Konnektivität, Netzwerk und Fluss: Konzepte gegenwärtiger Medien-, Kommunikations- und Kulturtheorie. Wiesbaden: VS Verlag für Sozialwissenschaften, S. 69-78.

*Trabant, Jürgen (2009): Die Sprache. München: Beck.

*Trappel, Josef/Meier, Werner A./d'Haenens, Leen/Steemers, Jeanette/Thomass, Barbara (Hrsg.) (2011): Media in Europe today. Bristol/Chicago: Intellect.

Tunstall, Jeremy (2008): The Media Were American: U.S. Mass Media in Decline. New York: Oxford University Press.

Turin, Luca (2006): The Secret of Scent. Adventures in Perfume and the Science of Smell. New York: Harper Collins Publishers.

Turner, Graeme (2009): „Television and the nation. Does this matter anymore?", in: Turner, Graeme/Tay, Jinna (Hrsg.): Television Studies After TV. Understanding Television in the Post-Broadcast Era. London/New York: Routledge, S. 54-64.

UNESCO (2005): Towards Knowledge Societies. UNESCO World Report. Paris: UNESCO Publishing.

*UNESCO (2010): Towards Inclusive Knowledge Societies. A review of UNESCO's action in implementing the WSIS outcomes. Paris: UNESCO Publishing.

*UNDESA (2005): Understanding Knowledge Societies. United Nations Department of Economic and Social Affairs. New York: United Nations Publishing.

UNDESA (2010a): United Nations E-Government Survey 2010. United Nations Department of Economic and Social Affairs. New York: United Nations Publishing.

UNDESA (2010b): World e-Parliament Report 2010. United Nations Department of Economic and Social Affairs. New York: United Nations Publishing.

Updike, John (1996): Brasilien. Reinbek: Rowohlt.

Uricchio, William (Hg.) (2008): We Europeans? Media, Representations, Identities. Band 6: Changing Media, Changing Europe Series. Bristol, UK/Chicago, USA: Intellect.

*Uricchio, William (2009): „The future of a medium once known as television", in: Snickars, Pelle/Vonderau, Patrick (Hrsg.): The YouTube Reader. Stockholm: National Library of Sweden, S. 24-39.

Urry, John (2000): Sociology beyond Societies: Mobilities for the twenty-first Century. New York/London: Routledge.

Urry, John (2002a): „The Global Media and Cosmopolitanism", in: Ostendorf, Berndt (Hg.), Transnational America: The Fading of Borders in the Western Hemisphere. Heidelberg: Winter, S. 91-106.

Urry, John (2002b): The Tourist Gaze. 2. Auflage. London: Sage.

Urry, John (2003): Global Complexity. Cambridge, MA: Polity Press & Blackwell.

Van Dijk, Jan (1999): The Network Society. Social Aspects at New Media. London: Sage.

Van Dijk, Jan (2005): Outline of a Multilevel Approach of the Network Society. Proceedings of the International Communication Association 2005 Annual Meeting, S. 1-21. New York: ICA.

Varela, Francisco J. (2001): „Die biologischen Wurzeln des Wissens – Vier Leitprinzipien für die Zukunft der Kognitionswissenschaft", in: Maar, Christa/Obrist, Hans U./Pöppel, Ernst (Hrsg.): Weltwissen Wissenswelt. Das globale Netz von Text und Bild, Köln: DuMont, S. 146-160.

Ventura, Roberto (2001): „Manoel Bomfim: The State and Elites Seen as Parasites of the People-Nation", in: de Castro Rocha, João Cezar (Hg.): Brazil 2001: A Revisionary History of Brazilian Literature and Culture. Dartmouth, MA: University of Massachusetts Press, S. 313-323.

Vihalemm, Peeter (2007): „Changing Spatial Relations in the Baltic Region and the Role of the Media", in: European Societies, 9. Jg., Heft 5, S. 777-796.

Virilio, Paul (2000): Information und Apokalypse. Die Strategie der Täuschung. München/Wien: Carl Hanser.

*Volkmer, Ingrid (Hg.) (2006): News in Public Memory: An International Study of Media Memories across Generations. New York: Peter Lang Publishing.

*Warnke, Martin (2009): „Bildersuche", in: Zeitschrift für Medienwissenschaft, Heft 01/2009 – Schwerpunkt Motive, S. 28-37. Berlin: Akademie-Verlag.

Warnke, Martin (2011): „Image Search", in: Ludes, Peter (Hg.): Algorithms of Power- Key Invisibles. Band 3: The World Language of Key Visuals. Münster: LIT, S. 87-94.

Weibel, Peter (2000): „Wissen und Vision. Neue Schnittstellentechnologien der Wahrnehmung", in: Maar, Christa/Obrist, Hans U./Pöppel, Ernst (Hrsg.): Weltwissen Wissenswelt. Das globale Netz von Text und Bild, Köln: DuMont, S. 66-73.

Wellmer, Albrecht (2001): „Gibt es eine Wahrheit jenseits der Aussagenwahrheit?", in: Wingert, Lutz/Günther, Klaus (Hrsg.): Die Öffentlichkeit der Vernunft und die Vernunft der Öffentlichkeit: Festschrift für Jürgen Habermas. Frankfurt am Main: Suhrkamp, S. 13-52.

*Wendler, Jürgen (2008): Wahrer Wohlstand. Wegmarken einer menschlichen und naturgerechten Wirtschaftsordnung. Berlin: Xenomoi.

Werle, Raymund (1993): „Politische Techniksteuerung durch europäische Standardisierung?", in: Kubicek, Herbert/Seeger, Peter (Hrsg.): Perspektive Techniksteuerung. Interdisziplinäre Sichtweisen eines Schlüsselproblems entwickelter Industriegesellschaften. Berlin: edition sigma, S. 129-142.

Werner, Ute (1999): Konsum im multikulturellen Umfeld. Eine semiotisch orientierte Analyse der Voraussetzungen kulturübergreifenden Marketings. Frankfurt am Main: Lang.

Weyrauch, Cléila Schiavo (2001): „Stefan Zweig's Brazil, Land of the Future: A Topic of Debate", in: de Castro Rocha, João Cezar (Hg.): Brazil 2001: A Revisionary History of Brazilian Literature and Culture. Dartmouth, MA: University of Massachusetts Press, S. 481-487.

*Whitty, Monica T./Joinson, Adam N. (2009): Truth, lies and trust on the Internet. New York: Routledge.

*Wilke, Jürgen (1984): Nachrichtenauswahl und Medienrealität in vier Jahrhunderten. Eine Modell-studie zur Verbindung von historischer und empirischer Publizistikwissenschaft. Berlin/New York: de Gruyter.

*Willems, Herbert (Hg.) (2009): Threatralisierung der Gesellschaft. Band 2: Medientheatralität und Medientheatralisierung. Wiesbaden: Verlag für Sozialwissenschaften.

Wolff, Kurt H. (1976): Surrender and Catch. Experience and Inquiry Today. Dordrecht/Boston: D. Reidel.

Wolton, Dominique (2003): L'Autre Mondialisation. Paris: Flammarion.

Xin, Xin (2010): „Chindia's challenge to global communication: A perspective from China", in: Global Media and Communication, 6. Jg., Heft 3, S. 296-301.

Xu, Xiaoge/Salamanca, Daniel (2000): „Zwischen Ying und Yang: Der chinesische TV Market wächst", in: Medien Journal, 1/2000, S. 10-17.

Yan, Yunxiang (2002): „Managed Globalization. State Power and Cultural Transition in China", in: Berger, Peter L./Huntington, Samuel P. (Hrsg): Many Globalizations. Cultural Diversity in the Contemporary World. New York: Oxford University Press, S. 19-47.

YouTube. In: Wikipedia. Zuletzt abgerufen am 06.10.2010 von http://en.wikipedia.org/w/index.php?title=YouTube&oldid=388707311.

*Zelizer, Barbie (2011): „Journalism in the Service of Communication", in: Journal of Communica-tion, 21. Jg., Heft 1, S. 1-21.

Zhang, Yingjin (2004): Chinese National Cinema. National Cinemas Series (hrsg. von Susan Hay-ward). New York/London: Routledge.

Zhao, Yuezhi (1998): Media, Market, and Democracy in China: Between the Party Line and the Bottom Line. Urbana/Chicago, IL: University of Illinois Press.

*Zielinski, Siegfried (1989): Audiovisionen: Kino und Fernsehen als Zwischenspiele. Reinbek bei Hamburg: Rowohlt.

Zook, Matthew A. (2005): The Geography of the Internet Industry: Venture Capital, Dot-coms, and Local Knowledge. Malden, MA: Blackwell.

Register

Personenregister

Adatto 108, 171
Adorno 171
Altheide 66, 77, 171
Andersen 76, 171
Appadurai 67, 78, 118, 171
Araba 76, 173
Araujo 68, 171
Arditi 106, 171
Arlt 16, 171
Arnoldi 15, 16, 171
Assmann 14, 35, 44, 171
Athique 80, 171
Axtmann 75, 179
Bachmair 123, 144, 171
Barbieri 68, 171
Barnett 158, 182
Barnhurst 108, 172
Batista 66, 172
Béhague 156, 172
Bell 172
Berger 24, 172, 188
Berghaus 45, 172
Bethell 66, 172
Blaukopf 144, 158, 172
Boccia 144, 153, 155, 168, 169, 172
Bonfadelli 14, 172
Bornschier 26, 172
Bouhs 77, 172
Bourke 93, 172
Boyd-Barrett 58, 172
Brink 29, 173
Bruhn 14, 173
Brunkhorst 145, 173
Burke 67, 173
Cartwright 34, 185
Castells 9, 20, 21, 22, 23, 24, 25,
    27, 28, 31, 51, 76, 92, 94, 104, 111, 117,
    118, 120, 123, 128, 130, 135, 139, 140, 150,
    168, 170, 173, 176, 183
Chalaby 120, 147, 173
Chang 57, 60, 173
Chen 57, 60, 173
Clarke 173
Curran 26, 29, 173
d'Haenens 186
Dahlgren 31, 174
Davies 32, 174
de Carvalho 67
de Castro Rocha 68, 174, 185, 187
de Kerckhove 109, 174
Debray 44, 174
Dennison 136, 185
Deuze 113, 174
Diez Medrano 141, 174
Dines 68, 174
Dölker 44, 174
Donoghue 137, 174
Dörner 42, 174
Dullien 16, 174
Dunning 69, 174, 175
Eisenstadt 11, 45, 174
Elias 9, 18, 24, 25, 46, 65, 67, 68, 69,
    71, 72, 73, 74, 75, 95, 97, 100, 103, 106,
    107, 143, 145, 147, 165, 174, 175, 176, 179
Elkins 12, 33, 175
Elliott 58, 59, 175
Elsaesser 161, 175
Emirbayer 24, 175
Erlinger 125, 175
Esser 108, 175
Evans 12, 35, 175
Fernandez-Ardevol 76, 173
Fischer-Lichte 77, 175
Fiske 176
Fix 137, 177, 183
Frank 155, 174, 175, 176, 178
Frey 9, 35, 39, 42, 96, 100, 101,
    103, 105, 107, 110, 176
Fuchs 29, 136, 176
Fulbrook 71, 176
Fung 53, 176
Gannon 155, 156

Ganz-Blättler 50, 176
Garofalo 158, 176
Gavron 77, 176
Gehrke 158, 176
Gendolla 99, 176, 180
Giulianotti 120, 176
Golding 120, 147, 150, 176, 182
Goodwin 24, 120, 175, 176
Graber 31, 176, 179
Grauer 127, 172, 176
Großklaus 43, 176
Günther 145, 173, 176, 187
Habermas 9, 13, 47, 85, 94, 112,
     114, 115, 119, 139, 141, 144, 145, 146, 161,
     162, 163, 164, 173, 176, 177, 179, 187
Hachten 53, 184
Hahn 69, 78, 177
Hake 136, 177
Halavais 59, 177
Hall 12, 35, 101, 177, 178
Hanuschek 62, 177
Heeter 78, 183
Hirst 69, 177
Hoffman 177
Holly 130, 177
Hörisch 76, 92, 98, 177, 180
Huang 57, 177
Huntington 24, 172, 188
Inglehart 19, 51, 74, 75, 136, 178, 183
Iyengar 29, 173
Joinson 120, 187
Kaitatzi-Whitlock 149, 178, 180
Kegley 66, 178
Kepplinger 87, 178
Kleinspehn 34, 178
Kluver 120, 178
Kneißl 140, 178
Knieper 77, 178
Koopmans 151, 178
Kramer 12, 39, 53, 144, 155, 158,
     164, 170, 178
Krebs 24, 178
Krotz 48, 178, 186
Kumar 9, 26, 79, 80, 144, 159, 169,
     170, 178, 179
Kuzmics 75, 175, 179

Lahsen 69, 179
Lalonde 164, 179
Lash 120, 179
Lawrence 73, 179
Lee 53, 78, 179, 183
Leonard 53, 179
Lesser 68, 179
Lim 158, 182
Livingstone 111, 150, 179
Ludes 1, 9, 11, 12, 14, 19, 25, 30, 31,
     33, 35, 39, 42, 43, 45, 50, 52, 53, 54, 57, 58,
     59, 60, 62, 71, 72, 76, 81, 86, 93, 96, 101,
     111, 112, 119, 122, 124, 127, 128, 130, 143,
     144, 153, 154, 155, 163, 164, 169, 170, 172,
     175, 178, 179, 180, 181, 182, 183, 184, 187
Luhmann 121, 125, 140, 146, 147, 180, 181
Machin 120, 181
Maguire 69, 181
Mannheim 114, 179, 181
Marx 68, 136, 155, 181
Mayntz 119, 181
McAdams 57, 177
McQuail 9, 79, 80, 81, 125, 141,
     145, 179, 181
McQuay 173
Medaglia 153, 181
Meier 146, 186
Meng 53, 181
Mennell 106, 181
Merten 127, 176
Metykova 119, 181
Meyen 113, 181
Meyrowitz 141, 181
Miller 162, 181
Mitchell 34, 181, 182
Montero 182
Moon 158, 182
Moreno 152, 182
Moreno Domínguez 182
Mowlana 63, 182
Müller 25, 35, 45, 77, 92, 168, 178, 180, 182
Münch 13, 121, 147, 163, 182
Münkler 66, 182
Murdock 120, 147, 182
Nees 25, 180
Neidhardt 66, 119, 180, 181, 182

Neuhoff 144, 182
Neverla 150, 182
Norris 19, 51, 75, 136, 179, 183
Nöth 144, 184
Ohloff 85, 183
Ort 62, 68, 177
Paech 155, 183
Pallares-Burke 67, 173
Panofsky 43, 183
Papathanassopoulos 120, 147, 183
Pappert 137, 177, 183
Park 26, 173
Parzer 144, 172
Peng 78, 183
Perennec 137, 183
Pfaff-Rüdiger 113, 181
Phillips 134, 171, 183, 185
Pillai 157, 176
Ponte 150, 183
Pöttker 112, 180
Prodi 140, 183
Qiu 29, 51, 76, 170, 173, 183
Rantanen 120, 183
Reichert 15, 183
Ribeiro 66, 183
Robertson 120, 176
Rohter 69, 183
Rojecki 120, 184
Rössel 159, 183
Ruhnau 35, 184
Rusch 116, 184
Russett 63, 184
Sachs-Hombach 34, 35, 110, 183, 184, 185
Salamanca 53, 188
Salovaara-Moring 29, 173
Santaella 144, 184
Saxer 125, 169, 179, 184
Schanze 180, 182, 184
Schätzing 63, 184
Scheler 126, 184
Schenk 24, 184
Schiller 125, 184
Schmidt 125, 171, 177, 180, 183, 184
Schmitt 137, 184
Schnell 46, 99, 184
Schröter 137, 177, 183

Schudson 60, 184
Schütte 124, 180, 184
Scotton 53, 184
Seip 107, 184
Sen 80, 184
Sennett 95, 185
Shaw 136, 185
Sheehan 66, 185
Sievert 58, 185
Simanowski 99
Simmel 127, 163, 185
Sinder 68, 185
Singer 9, 10, 185
Snickars 160, 175, 181, 185, 187
Soeffner 22, 45, 46, 185
Solomon 76, 185
Sørenssen 161, 185
Soskice 107, 185
Spinner 50, 51, 185
Spittle 120, 176
Springer 32, 113, 171, 176, 181
Steele 108, 172
Steemers 146, 186
Steffen 62, 177, 183
Stehr 11, 45, 50, 175, 179, 185
Stepan 43, 185
Straubhaar 80, 81, 185
Sturken 34, 185
Sun 53, 186
Tay 53, 171, 176, 186
Therborn 45, 186
Thomass 146, 186
Thussu 9, 80, 112, 113, 114, 115,
135, 136, 170, 186
Tomlinson 66, 186
Trabant 10, 156, 157, 186
Trappel 146, 186
Triyandafilidis 62, 177
Tunstall 116, 186
Turin 85, 186
Turner 81, 171, 176, 186
Updike 186
Uricchio 140, 161, 186, 187
Urry 120, 179, 187
Van Dijk 98, 118, 187
Varela 110, 187

Ventura 68, 187
Vihalemm 150, 187
Virilio 34, 76, 187
Volkmer 115, 116, 146, 184, 187
Vonderau 160, 175, 181, 185, 187
Weibel 109, 187
Weingart 119, 181
Wellmer 145, 187
Welzel 74, 178
Wendler 119, 187
Wengenroth 119, 181
Werle 126, 187
Werner 95, 177, 179, 180, 186, 187

Weyrauch 68, 187
Whitty 120, 187
Wilke 60, 188
Willems 76, 188
Wolff 163, 179, 180, 188
Wolton 81
Xu 53, 188
Yan 53, 188
Zhang 136, 188
Zhao 53, 186, 188
Zielinski 13, 188
Zook 120, 188

Sachregister

Ängste.................. 46, 65, 67, 74, 106, 144, 167
Beschleunigung......15, 43, 61, 70, 97, 105, 110, 114, 144
Brückenmedien...................................9, 46, 166
Eurobarometer 28, 175
Exkommunikationsfunktionen 115
Formate............ 59, 91, 106, 118, 119, 123, 144
Habitualisierungen
visuelle................................42, 43, 168
Humanentwicklung................................. 65, 74
Images....................34, 39, 120, 135, 182
Information.....11, 12, 16, 21, 25, 29, 39, 51, 61, 63, 85, 102, 109, 114, 116, 135, 137, 168, 173, 176, 180, 183, 187
Inszenierungsinseln............................76
Internationalisierung........11, 18, 22, 31, 51, 59, 61, 83, 84, 86, 160, 169
Kolonialisierung der Lebenswelt 115
Kommerzialisierung............111, 112, 114, 115
Konventionalisierungen......12, 19, 45, 61, 127, 157
Medialisierung.............. 18, 45, 70, 71, 82, 121
Medien
Druck-.................11, 13, 39, 52, 60, 62, 83, 87, 112, 122, 123
Haupttypen................................100
normative...13
Rundfunk-....................13, 139, 144, 147
Verbreitungs-...............9, 12, 13, 15, 33, 43, 63, 83, 93, 100, 107, 109, 110, 121, 122, 128, 141, 146

Medienzivilisierung
reflexive.......................................100
Mobilmedien.................................... 9
multimodale 9, 48, 166
Mustererkennungen............................ 9
Pew Global Attitudes Project 28
Re-Nationalisierung 59
Re-Nationalisierung der Inhalte 59
Schlüsselbildformate................................ 34
Stereotypen
visuelle...............................34, 39, 120
stummes Medium.................................. 13, 94
Symboltransformationen 14, 109
Technisierung........................... 11, 71, 83, 169
Theatralisierungsprozesse
Ent-...76
Trivialisierung...........11, 18, 85, 153, 169
UNESCO.......12, 26, 32, 50, 66, 130, 134, 155, 186
Verkürzung 35, 57, 76, 114, 160
Verschleierungsspezialisten 114
Visualisierung.........9, 31, 43, 45, 70, 83, 97, 102, 104, 118, 124, 127, 144, 179
visuelle Kulturen...................................... 34
Weltanschauung
Fernseh-...57
Weltteilanschauung...................................... 57
Wissen.................11, 21, 29, 43, 47, 49, 50, 51, 60, 61, 62, 63, 90, 146, 175, 177, 181, 183, 185, 187
Zuverlässigkeit.................................. 61, 62, 63

Lehrbücher / Nachschlagewerke

Medien

Thomas Schick / Tobias Ebbrecht (Hrsg.)

Kino in Bewegung

Perspektiven des deutschen
Gegenwartsfilms

2011. 386 S. (Film, Fernsehen, Medien-
kultur. Schriftenreihe der Hochschule für
Film und Fernsehen „Konrad Wolf") Br.
EUR 29,95
ISBN 978-3-531-17489-1

Susanne Eichner / Lothar Mikos /
Rainer Winter (Hrsg.)

Transnationale Serienkultur

Theorie, Ästhetik, Narration
und Rezeption neuer Fernsehserien

2011. ca. 380 S. (Film, Fernsehen, Medienkultur. Schriftenreihe der Hochschule für
Film und Fernsehen „Konrad Wolf") Br.
ca. EUR 39,95
ISBN 978-3-531-17868-4

Andreas Hepp

Medienkultur

Die Kultur mediatisierter Welten

2011. ca. 160 S. (Medien – Kultur –
Kommunikation) Br. ca. EUR 14,95
ISBN 978-3-531-17217-0

Hans J. Kleinsteuber

Radio

Eine Einführung

2011. ca. 280 S. Br. ca. EUR 24,95
ISBN 978-3-531-15326-1

Erhältlich im Buchhandel oder beim Verlag.
Änderungen vorbehalten. Stand: Juli 2011.

Peter Ludes

**Module internationaler
Medienwissenschaften**

Eine Einführung

2011. ca. 200 S. mit Online-Service. Br.
ca. EUR 19,95
ISBN 978-3-531-18247-6

Claudia Wegener / Mariann Gibbon /
Jesko Jockenhövel

3D-Kino

Studien zur Rezeption und Akzeptanz

2011. ca. 144 S. (Film, Fernsehen, Medienkultur. Schriftenreihe der Hochschule für
Film und Fernsehen „Konrad Wolf") Br.
ca. EUR 19,95
ISBN 978-3-531-17901-8

Michael Wedel (Hrsg.)

**Special Effects in der
Wahrnehmung des Publikums**

Beiträge zur Wirkungsästhetik
und Rezeption transfilmischer Effekte

2012. ca. 280 S. (Film, Fernsehen, Medienkultur. Schriftenreihe der Hochschule für
Film und Fernsehen „Konrad Wolf") Br.
ca. EUR 29,95
ISBN 978-3-531-17465-5

www.vs-verlag.de

VS VERLAG

Abraham-Lincoln-Straße 46
65189 Wiesbaden
tel +49 (0)6221.345 - 4301
fax +49 (0)6221.345 - 4229

MIX
Papier aus verantwortungsvollen Quellen
Paper from responsible sources
FSC® C105338

If you have any concerns about our products,
you can contact us on
ProductSafety@springernature.com

In case Publisher is established outside the EU,
the EU authorized representative is:
Springer Nature Customer Service Center GmbH
Europaplatz 3, 69115 Heidelberg, Germany

Printed by Libri Plureos GmbH
in Hamburg, Germany